安徽省高等学校规划教材　物流管理系列

李亦亮◎总主编

现代仓储管理

第3版

主　编◎徐俊杰
副主编◎徐向东　洪　亮　王　瑛

北京师范大学出版集团
BEIJING NORMAL UNIVERSITY PUBLISHING GROUP
安徽大学出版社

图书在版编目(CIP)数据

现代仓储管理/徐俊杰主编. —3版. —合肥:安徽大学出版社,2022.8
高等学校规划教材. 物流管理系列
ISBN 978-7-5664-2377-1

Ⅰ.①现… Ⅱ.①徐… Ⅲ.①仓库管理-高等学校-教材 Ⅳ.①F253

中国版本图书馆 CIP 数据核字(2022)第 001869 号

现代仓储管理(第3版)

Xiandai Cangchu Guanli

徐俊杰 主编

出版发行:	北京师范大学出版集团 安 徽 大 学 出 版 社 (安徽省合肥市肥西路3号邮编230039) www.bnupg.com www.ahupress.com.cn
印　　刷:	安徽利民印务有限公司
经　　销:	全国新华书店
开　　本:	787mm×1092mm　1/16
印　　张:	21
字　　数:	383 千字
版　　次:	2022 年 8 月第 3 版
印　　次:	2022 年 8 月第 1 次印刷
定　　价:	49.00 元
ISBN 978-7-5664-2377-1	

策划编辑:姚　宁		装帧设计:李伯骥	
责任编辑:邱　昱		美术编辑:李　军	
责任校对:方　青		责任印制:陈　如　孟献辉	

版权所有　侵权必究
反盗版、侵权举报电话:0551-65106311
外埠邮购电话:0551-65107716
本书如有印装质量问题,请与印制管理部联系调换。
印制管理部电话:0551-65106311

《现代仓储管理》(第3版) 编委员

主　编　徐俊杰
副主编　徐向东　洪　亮　王　瑛
编委会　(排名不分先后，以姓氏笔画为序)
　　　　王　瑛　向　隅　李亦亮　苏传胜
　　　　汪　婷　张云丰　张　敏　卓翔之
　　　　施昌霞　姜　凌　洪　亮　夏应芬
　　　　徐向东　徐俊杰　黄先军

总序

　　《物流管理系列教材》先后被列为安徽省高等学校"十一五"规划教材、安徽省高等学校"十二五"规划教材、安徽省2017年省级质量工程规划教材项目,这反映了该系列教材在建设中能够与时俱进,及时把物流管理新理论、新成果吸收到教材中。

　　本系列教材从2008年出版以来,进行了两次幅度比较大的修编。虽然修编教材耗神费力,但是物流教育工作者要有担当,所以对物流管理教材进行及时修编是十分必要的。主要原因有以下几个方面。

　　第一,物流发展形势变化很快。2018年与2008年相比,全国社会物流总额从89.9万亿元增长到283.1万亿元,增长215%;全国物流总费用从5.5万亿元增长到13.3万亿元,增长142%;社会物流总费用占GDP的比率,从18.1%下降到14.8%,下降3.3%;全国快递业务量由15.1亿件增长到507.1亿件,增长更是高达3258%。经过十年的发展,我国物流产业已经开始从规模数量向效率提升转变,从要素驱动向创新驱动转变,从价值链中低端向中高端转变,从建设物流大国向物流强国转变。新时代物流业发展的主要矛盾已经转化为社会对高质量的物流服务需求和物流业发展的不平衡不充分的矛盾。目前,我国物流业正在向高服务质量、高效率目标发展迈进。

　　第二,物流业相关政策密集出台。国家高度重视物流业的发展,十年来,出台了一系列推动物流业发展的政策举措。2009年3月国务院发布《物流业调整和振兴规划》;2011年8月国务院办公厅印发《关于促进物流业健康发展政策措施的意见》;2013年9月国家发展改革委等部门联合发布《全国物流园区发展规划》;2014年9月国务院发布《物流业发展中长期规划》(2014—2020年);2015年10月国务院印发《关于促进快递业发展的若干意见》；2017年5月国务院办公厅印发《关于进一步推进物流降本增效，促进实体经济发展的意见》；2017年10月国务院办公厅印发《关于积极推进供应链创新与应用的指导意见》；2018年12月国家发展改革委等部门联合印发《国家物流枢纽布局和建设规划》。

第三，物流管理学科研究进展很快。物流管理学科实践性很强，我国物流业发展的基础和方式快速变化，必然涌现出一大批物流管理研究新课题、新任务，为物流管理学科开展深度和系统的研究提供丰富的素材。十年来，我国物流管理领域推出了一系列重要理论和实践成果，例如：如何从国民经济基础性、战略性产业高度来认识物流产业；如何用"创新、协调、绿色、开放、共享"发展理念指导物流业发展；如何在供给侧结构性改革中提升、完善、强化物流功能；如何推动以"互联网+"高效物流为标志的"智慧物流"发展；如何围绕国家"制造强国""乡村振兴""一带一路"等重大战略做好物流服务保障；如何坚持以人为中心发展能够满足人民日益增长的对美好生活需要的新物流；如何推动现代物流高质量发展；等等。

物流管理教材要体现其先进性，需要把先进的物流理论、物流实践和最新的物流政策、物流管理理论和实践的成果及时吸纳进教材中。唯有这样，教材才能跟上时代发展，才会有鲜活的生命力和实践指导力。这也是我们对物流管理系列教材进行高频率修编的根本原因。

近年来，我国物流发生了深刻变化，我国高等教育也发生了深刻变化。2018年9月10日全国教育大会在北京召开，大会对新时代人才培养提出了一系列新的要求。例如，要在增强综合素质上下功夫，教育引导学生培养综合能力，培养创新思维；着重培养创新型、复合型、应用型人才；教材体系要围绕立德树人这个目标来设计。教育部2018年9月17日印发《关于加快建设高水平本科教育全面提高人才培养能力的意见》（新高教40条）要求：要把思想政治教育贯穿高水平本科教育全过程；把深化高校创新创业教育改革作为推进高等教育综合改革的突破口；要使教材更加体现科学性、前沿性，进一步增强教材针对性和实效性。高等教育对人才培养的这些新要求，是我们修编教材遵循的基本原则。

本次系列教材修编中，我们努力做到以下几点：一是积极吸纳物流管理新成果，反映物流管理新趋势，指导物流管理新实践；二是深入贯彻全国教育大会精神，充分发挥物流管理教材育人功能；三是按照理论够用、能力为重、启迪思考、激发兴趣的原则，对教材撰写、编排进行优化设计；四是以针对性、实用性为基本着力点，致力培养有素质、有能力、有担当的现代物流管理人才。

《物流管理系列教材》由安庆师范大学经济与管理学院李亦亮教授担任总主编，参加编写的有安徽省开设物流管理与工程类专业高等学校的几十位专家学者和中青年骨干教师。此次系列教材修编吸纳了物流管理实践一线人士、部分物流管理专业任课教师和使用教材的学生一些富有价值的建议，也得到了北京师范大学出版集团安徽大学出版社编辑的大力支持。系列教材修编参考了国内外大量文献资料，借鉴和吸收了国内外众多学者的研究成果。由于编写时间仓促加上编者水平有限，书中不足之处在所难免，欢迎社会各界专家和广大读者提出宝贵意见，以日臻完善。

总主编　李亦亮

目 录

第一章　仓储管理概述 / 001

- 第一节　认识仓储 / 003
- 第二节　仓储的功能 / 009
- 第三节　仓储管理 / 012
- 第四节　工作要求与岗位职责 / 016

第二章　仓库与仓储设施设备 / 021

- 第一节　仓库的类型 / 023
- 第二节　仓库设施与设备 / 028
- 第三节　仓库货架 / 037
- 第四节　自动化立体仓库 / 042

第三章　仓储作业管理 / 051

- 第一节　仓储作业流程 / 053
- 第二节　入库作业管理 / 055
- 第三节　储存定置管理 / 065
- 第四节　货品养护管理 / 074
- 第五节　盘点作业管理 / 082
- 第六节　出库作业管理 / 089

◆ 第七节　仓储成本管理 / 094

第四章　库存控制方法 / 107

◆ 第一节　库存控制概述 / 109
◆ 第二节　ABC 分类管理法 / 114
◆ 第三节　订货点技术 / 118
◆ 第四节　MRP 与库存控制 / 124
◆ 第五节　JIT 存货管理方式 / 129

第五章　仓储经营管理 / 139

◆ 第一节　仓储经营管理概述 / 141
◆ 第二节　仓储基本经营模式 / 144
◆ 第三节　仓储衍生经营模式 / 150
◆ 第四节　仓储商务管理 / 164
◆ 第五节　仓储合同管理 / 169

第六章　仓储安全与质量管理 / 185

◆ 第一节　仓储安全管理概述 / 187
◆ 第二节　治安保卫管理 / 190
◆ 第三节　消防安全管理 / 194
◆ 第四节　台风与雨湿防范管理 / 203
◆ 第五节　作业安全管理 / 207
◆ 第六节　仓储质量管理 / 212

第七章　特殊货品仓储管理 / 223

◆ 第一节　危险品仓储管理 / 225

- 第二节　油品仓储管理 / 231
- 第三节　冷库仓储管理 / 238
- 第四节　粮库仓储管理 / 245

第八章　仓库的选址与布局设计 / 257

- 第一节　仓库选址的影响因素 / 259
- 第二节　仓库选址的程序和方法 / 264
- 第三节　仓库的平面规划 / 274
- 第四节　仓库的储存规划 / 278

第九章　仓储管理绩效评价 / 289

- 第一节　仓储管理绩效评价概述 / 291
- 第二节　仓储管理绩效评价指标体系 / 295
- 第三节　仓储管理绩效评价指标的分析 / 300

第十章　综合研讨案例 / 309

- 案例1　联合利华怎样才能规避仓库断货风波？ / 310
- 案例2　行业巨头为何争相布局零售前置仓？ / 313
- 案例3　应用 ABC 分类法改进库存管理绩效 / 317

参考文献 / 320

后记 / 321

第一章
仓储管理概述

◆学习目标◆

通过本章学习,学生要掌握仓储的概念、性质与作用,理解仓储的基本功能,掌握仓储管理的任务与原则,熟悉仓储管理人员的素质要求。

开篇案例

让仓储焕发生机的秘诀

A公司是一家国有商业储运公司,该公司曾经面临业务萎缩、经营不振的困境,后来公司转变了经营观念,通过多种途径重新步入快速发展轨道。该公司的经营秘诀包括如下几个方面。

第一,坚持专业化发展。该公司业务曾经以储存五金家电为主,后来为了提高库房出租率,也储存过钢材、水泥和建筑涂料等生产资料,但是经过调查和分析,该公司发现生产资料储存业务的投入回报并不高,最终决定还是专注于以家用电器为主的仓储业务。一方面,在家用电器仓储上,该公司加大投入和加强管理,积极拓展与国内外知名家用电器厂商的联系,宣传介绍本企业的专业化发展方向,吸引家电企业进入。另一方面,该公司与原有的非家用电器企业用户协商,建议其转库,同时将自己的非家用电器用户主动介绍给其他同行。

第二,主动延伸服务。在家用电器的运输和使用过程中,经常出现损坏的家用电器。以往,每家生产商都是自己进行维修,综合维修成本很高。经过与用户协商,在得到大多数生产商认可的情况下,这家企业在库内开始了家用电器的维修业务,这样既解决了生产商的售后服务的实际问题,又节省了维修品往返运输的成本和时间,并分流了企业内部的富余人员,一举多得。

第三,探索多样化经营。除了为用户提供仓储服务之外,该公司还向大客户的市场销售部门提供办公场所,大大地提高了客户的满意度,自身也获得不菲的回报。

第四，拓展物流配送业务。通过几年的发展，该公司经营管理水平不断提高，内部资源获得充分挖掘，但该公司也意识到，要想获得进一步发展，不能仅仅停留在仓储业务模式上，应该进一步发展物流配送，提高公司的综合经营能力。经过多方努力，该公司找到一家第三方物流企业，并在其指导下与几家当地的运输企业合作，开始布局区域内的家用电器物流配送。该公司后来成功开发一家跨国公司客户，家用电器的配送范围覆盖我国西南地区多个省份。

（资料来源：中国物流与采购网，文字有删改）

第一节　认识仓储

一　仓储的概念

仓储是物流的基础，仓储管理现代化却是供应链中最易被忽视的环节，其潜力巨大。那么，什么是仓储呢？"仓"也称为"仓库"，即存放货品的建筑物和场地，它可以是房屋、大型容器、洞穴或者特定的场地等，是存放和保护货品的物质基础；"储"表示收存以备使用，具有保管、养护、等待交付使用的意思，当用于描述有形货品时，也称为"储存"。"仓储"概念的原意就是利用仓库存放、储存未即时使用（或转移）货品的行为。与静态的"仓库"概念相比，现代仓储更强调动态的储存行为。因此，在日常工作中，人们可能会直接使用"储存""库存""储备""存储"等词汇替代"仓储"概念，严格来说，这些词汇都弱化了"仓"的内涵。

仓储是伴随社会生产的产品剩余和产品流通的需要而产生的。原始社会已经出现了存放多余猎物和食品的场所；进入资本主义社会，随着货品生产和物流业的快速发展，现代意义上的仓库产生了。作为经济领域专事仓储的行业，仓储业伴随货品生产的发展而诞生。进入21世纪，仓储作为物流系统重要环节，正在发生着巨大变革，是"第三利润源"的重要产生环节。

延伸阅读

第三利润源

1970年,日本早稻田大学西泽修教授在其著作《流通费用——不为人知的第三利润源泉》中,认为物流可以为企业提供大量直接或间接的利润,是形成企业经营利润的主要活动。非但如此,对国民经济而言,物流也是国民经济中创利的主要领域。后来"第三利润源"学说逐步在其他国家流传开来。

在现代经济社会中,经济活动和人们生活中的不均衡和不同步现象普遍存在,这致使许多产品只有经过一定时间的仓储才能进入消费领域,仓储起着消除产品生产与消费时间间隔的作用。

此外,出于政治、军事的需要或为了防止地震、水灾、旱灾、虫灾、风灾等自然灾害,人们也需要进行一定的货品储备,这也属于"仓储"范畴。

二 仓储的性质

仓储的性质是就生产性和非生产性而言的。总的来看,仓储活动是生产性的,这可以从以下几个方面看出。

(一)仓储活动是社会再生产过程中不可缺少的一环

任何产品的生产过程,只有当产品进入消费后才算终结,产品的使用价值只有在消费中才能实现。而产品从脱离生产到进入消费,一般情况下都要经过运输和仓储。产品的仓储和运输一样都是社会再生产过程的中间环节。

(二)仓储活动具有生产三要素

仓储活动同其他物质生产活动一样,具有生产三要素,即劳动力、劳动资料(劳动手段)和劳动对象,三者缺一不可。物质的生产过程就是劳动力借助于劳动资料,作用于劳动对象的过程。仓储活动同样具有生产三要素:劳动力——仓库作业人员、劳动资料——各种仓库设施、劳动对象——储存保管的货品。仓储活动是仓库作业人员借助于仓储设施对货品进行收发保管的过程。

● **（三）仓储活动中的某些环节，已经构成生产过程的一个组成部分**

仓储活动具有生产性质，但它与一般的物质生产活动相比又是不同的，主要表现在以下几个方面。

（1）仓储活动所消耗的物化劳动和活劳动，不改变劳动对象的功能、性质和使用价值，只保持和延续其使用价值。

（2）仓储活动的产品虽无实物形态，但有实际内容，即仓储劳务。"劳务"是指劳动消耗要追加到货品的价值中，追加数量取决于仓储活动的社会必要劳动量。

（3）经过储存保管的产品使用价值不变，但价值增加。这是因为仓储活动的一切劳动消耗都要追加到货品的价值中。

（4）作为仓储活动的产品——仓储劳务，其生产过程和消费过程是同时进行的，既不能储存又不能积累。

（5）在仓储活动中，若消耗一定数量的原材料，则有适当的机械设备相配合，这部分消耗和设备的磨损都要转移到库存货品中去，构成其价值增量的一部分。

三 仓储的作用

产品的仓储活动是由产品生产和产品消费之间的客观矛盾决定的。产品在从生产领域向消费领域转移过程中，一般都要经过仓储阶段，这主要是由产品生产和产品消费在时间上、空间上以及品种和数量等方面的不同步引起的。

● **（一）仓储是社会生产顺利进行的必要条件**

一方面，现代社会生产的一个重要的特征就是专业化和规模化生产，劳动生产率极高，产量巨大，绝大多数产品都不能被即时消费，需要经过仓储的手段进行储存，只有这样才能避免生产过程被堵塞，保证生产过程能够继续进行。另一方面，生产所使用的原料、材料等只有合理储备，才能保证及时供应，满足生产的需要。

仓储本身是因生产率的提高而形成的，仓储的发展又促进了生产率的提高。良好的仓储条件能确保生产规模进一步扩大，促进专业化分工进一步细化，劳动生产率进一步提高。

（二）调整生产和消费的时间差别，维持市场稳定

生产和消费的时间差是一种客观存在。例如，虽然农业生产具有季节性特征，但是农产品消费是持续的，只有通过仓储才能协调两者不一致现象。一些精明的农产品销售商就是利用冷库长时期储存蔬菜瓜果，反季节推向市场，获得高额利润。在服装行业，虽然批量生产往往具有持续性特征，但是消费是季节性的，两者之间存在较大的时间差，此时提前生产并储存就显得非常重要。如果等待进入消费季节组织生产，则产品进入销售渠道时极有可能错过最佳销售时机。

集中生产的产品如果即时推向市场销售，则必然造成市场短时期内产品供给远远大于需求，导致产品价格大幅降低，甚至无法消费而被废弃；相反，在非供应季节，市场供应量少而价格高，只有将产品通过仓储均衡地向市场供给，才能稳定市场，从而有利于生产的持续进行。

延伸阅读

国家储备仓库

国家储备仓库是为防止战争和应付自然灾害以及其他意外事故而储备各类物资的仓库。它是一种特殊的储备仓库，包括国家储备粮库、国家储备物资仓库等。国家储备仓库的特点是储量大、储存期长，它除了保持物资的正常周转外，对于以丰补歉、抗御灾害、应付突发事件、保证经济和社会稳定都有重要意义。

（三）劳动产品价值保存的作用

已生产出来的产品在消费之前必须保持其使用价值，否则将会被废弃。而价值保存这项任务需要由仓储来承担，在仓储过程中对产品进行保护、管理，防止产品因损坏而丧失价值。

同时，仓储是产品进入消费环节的最后一道工序，生产者可以根据市场对产品消费的偏好，对产品进行最后的加工改造或进行流通加工，提高产品的附加值，以促进产品的销售，甚至增加收益。

(四)流通过程的衔接

产品在从生产到消费的流通过程中,需要经过分散、集中、运输等过程,还可能需要经过不同运输工具的转换运输。为了有效率地利用各种运输工具,降低运输过程中的作业难度,实现经济运输,货品需要通过仓储进行配载、包装、成组、分批、疏散等。为了满足销售的需要,货品需要在仓储中进行整合、分类、拆除包装、配送等处理和存放。

存放在仓库里的货品可以提供给购买方进行查看,这是大多数现货批量交易的方法。因而,仓储还具有货品陈列的功能。

(五)市场信息的传感器

生产者都希望自己能够准确把握市场需求动向,观察社会上该产品仓储量的变化规律是了解市场需求动向的重要途径。仓储量减少,周转量加大,表明社会需求旺盛;反之,则为需求不足。厂家存货增加,表明其产品需求减少,或者竞争力降低,或者生产规模不合适。仓储环节所获得的市场信息虽然说比销售信息滞后,但是更为准确和集中,且信息成本低。现代企业特别重视仓储环节的信息反馈,将仓储量的变化作为决定生产量变化的依据。例如,当库存商品降低到预定警戒值(也称为安全库存量)时,即触发组织生产补充库存的信号。

(六)开展物流管理的重要环节

仓储是物流的重要环节,货品在物流过程中相当一部分时间处在仓储状态,进行运输整合、配送准备、流通加工和市场供给调整,仓储成本是物流成本最重要的组成部分。开展物流管理必须特别重视对仓储的管理,有效的仓储管理能实现物流管理的目的。

(七)提供信用保证

在大批量货品的实物交易中,购买方只有检验货品,确定货品的存在和货品的品质,方可成交。购买方可以到仓库查验货品。由仓库保管人出具的货品仓单是实物交易的凭证,可以作为对购买方提供的保证。仓单本身就可作为融资工具,可直接使用仓单进行质押。

(八)交易现货的场所

存货人要转让已在仓库存放的货品时,购买人可以到仓库查验货品,取样化验。

双方可以在仓库进行转让交割。国内众多的批发交易市场既有货品存储功能的交易场所，又有货品交易功能的仓储。众多具有便利交易条件的仓储都提供交易活动服务，甚至部分形成有影响的交易市场。近年来，大量发展的仓储式商店就是仓储交易功能高度发展、仓储与商业密切结合的结果。

延伸阅读

古代粮食仓储管理制度的职能

平抑粮价，调控市场。这是古代仓储制度的一项基本而重要的功能。从周代开始，历代都十分重视发挥仓储的这项职能作用。

古代用于赈灾救荒的仓储主要有常平仓、义仓和社仓三种，它们在设立地点、谷米来源、经办人员、所有权及管理发放制度方面有差异，在饥馑之年发挥了赈灾救荒的社会调控功能。

从汉代设置常平仓制度以来，调控更成为仓储的主要职能。每当青黄不接、灾荒或战乱引起市场谷价上涨时，政府以常平仓所存之谷平价出卖于市，以不致"谷贵伤民"；当谷物丰收市场谷价下跌时，政府又动用库银平价收购，以不致"谷贱伤农"，从而对市场起到稳定、调节作用。

赈灾备荒，安民固本。我国是个灾荒多发国家，历代统治者十分重视"荒政"，他们采取的主要的救荒之策就是设仓积谷，适时救济灾民，安定社会。自隋代起，在已有的官仓之外，又创设了一种民间自置粮仓——义仓，专门供当地备荒赈恤之用。义仓由各州军民共同设置，出粟方式为"劝课"，具有自愿性质；所出粟麦品种"随其所得"，没有固定要求；仓窖造于当地村社，委托社司管理；所储仓谷用于饥荒服给；出粟标准平均每户一石，按"贫富差等"法交纳。

供养军队，备战应战。"兵马未动，粮草先行"，粮食储备是古代战争最重要的物资。西汉一朝，几与战争相始终。作为后勤保障的重要方面，粮仓和武库一起，为西汉军队提供了雄厚的物质基础，使西汉拥有进行战争和维持统治的强大后盾。

第二节 仓储的功能

从物流的角度，仓储的功能可以分为传统功能和延伸功能。仓储的传统功能主要是储存保管、流通控制、数量管理和质量维护。仓储的延伸功能是指利用货品在仓库的存放，开发和开展多种服务来提高仓储附加值，促进货品流通，提高社会资源效益，主要包括交易中介、流通加工、配送、配载等功能。

一 传统功能

（一）储存保管

储存保管是仓储活动的表征，也是仓储最基本的任务，是仓储产生的根本原因。因为有了产品剩余，需要将剩余产品收存，所以形成了仓储需求。储存的对象必须是有价值的产品，储存要在特定的场地进行，即必须将产品转移到适合要求的储存地进行（见图1-1）。储存的目的是确保储存物的价值不受损害，保管人有绝对的义务妥善保管好储存物。储存物始终属于存货人所有，存货人有权控制储存物。

图1-1 整洁有序的仓库内景

（二）流通控制

仓储的货品有可能是长期储存，也可能只是短期的周转储存。存期与存量的控制自然就形成了对流通的控制。反过来，流通的需要决定了货品的储存量与流通量。这也就是仓储的"蓄水池"功能。当交易不利时，将货品储存，等待有利的交易机会。

流通控制的任务就是对货品是仓储还是流通作出安排，确定储存时间和储存地点。

（三）数量管理

仓储的数量管理包括两个方面：一方面是存货人交付保管的仓储物的数量和提取仓储物的数量必须一致；另一方面是保管人可以按照存货人的要求分批收货和分批出货，对储存的货品进行数量控制，配合物流管理的有效实施，同时向存货人提供存货数量的信息服务，以便客户控制存货。

（四）质量维护

根据收货时仓储物的质量交还仓储物是保管人的基本义务。为了保证仓储物的质量不发生变化，保管人需要采用先进的技术、合理的保管措施，妥善地保管仓储物。当仓储物发生危险时，保管人不仅要及时通知存货人，还需要及时采取有效的措施以减少损失。

二、延伸功能

延伸功能是仓储的一种增值服务功能，主要包括交易中介、流通加工、配送、配载等功能。

（一）交易中介

仓储经营人利用大量存放在仓库的有形资产，与货品使用部门开展广泛的业务联系，从而作为交易中介，为开展现货交易提供较为便利的条件，这有利于加快仓储物的周转速度和吸引新的仓储业务。仓储经营人利用仓储物开展货品交易不仅会给仓储经营人带来收益，还能充分利用社会资源，加快社会资金周转速度，减少资金沉淀。交易中介功能的开发是仓储经营发展的重要方向。

（二）流通加工

加工本是生产的环节，但随着消费的个性化、多样化发展，生产企业将产品的定型、分装、组配、装潢等工序留到最接近销售的仓储环节进行，从而使得仓储成为流通加工的重要环节。

（三）配送

仓储经营人往往在生产和消费集中地区设立原材料、零部件或产成品的仓库，为生产车间和销售点提供配送等基本的增值服务。根据生产进度和销售的需要，仓库按照供货指令，多频次、小批量地将货品送到生产线、商店或收货人手上。仓储配送业务的发展有利于生产企业降低存货，减少固定资金的投入，实现准时制生产。商店减少存货，不仅能减少流动资金使用量，还能保证销售量。

（四）配载

大多数运输转换仓储都具有配载功能，货品首先在仓库集中，然后按照运输方向进行分类仓储，当运输工具到达时，同方向货品可以同时出库装运。在仓库中，对运输车辆进行配载，这有助于确保配送及时，并能提高运输工具的利用效率。

延伸阅读

仓储企业的增值服务

最常见的仓库增值服务和包装相关。通常情况下，产品是以散装形式或无标签形式装运到仓库里的，货品之间没有大的区别，但客户在订单上的要求不一定是这样的。仓库经营方可以按照客户要求对货品进行定制和发放。例如，一家汽车电池制造商把未做标记的产品装运到仓库中，并向仓库经营方提供相关的商标牌号及待印图案。一旦接到的客户订单要求使用特定的标志时，仓库经营方就要把标志图案印制到电池上，并用定制的盒子将产品包装起来。虽然进入仓库的产品是无区别的，但是顾客接收到的是定制化的产品和包装，这中间就是仓库经营者提供的增值服务。

此外，仓储可以通过优化包装来提高增值服务水平。例如，满足客户个性化包装需求或者在产品交付客户以前，去除保护性包装。去除或回收大量的包装材料对顾客来说不是很容易能做到的，仓储企业可以在平衡成本的前提下，购入相应机械设备，为客户提供这种增值服务。

仓库还能够进行相关的生产活动，以优化产品特性，或者在仓库里进行装配时，如果发现一些生产质量问题，则可以采取必要的补救措施。例如，将汽车引擎装运到仓库里，如果汽化器发生了质量问题，则可以在仓库里更换，而无须将每一个装置都退回到引擎厂去。在这种情况下，仓库是作为生产的最后阶段进行增值作业的。

另一个与生产相关的增值服务是对诸如水果、蔬菜之类的产品进行温控。仓储企业可以按照客户要求控制储存温度，提前或者延迟水果、蔬菜的成熟时期。

市场的逐步开放与活跃为企业增加了种种机会，当货品的装运周期较长时，仓库增值服务的重要性也随之增加了。提供增值的仓储服务，这让仓储企业承担着特别的责任，面临着巨大的挑战。例如，仓库包装增值服务要求仓库经营者严格执行厂商内部的质量标准。

第三节 仓储管理

一 仓储管理的概念

仓储管理是指对仓库及仓库内储存的货品所进行的管理，是仓储机构对仓储服务所进行的计划、组织、控制的活动总和。具体来说，仓储管理包括仓储资源的获取、作业管理、库存控制、经营管理、仓储保管、安全管理、仓库选址与规划、经济管理等一系列管理工作。

"仓储管理"的内涵随其在社会经济领域中作用的不断扩大而变化。仓储管理从单纯意义上对货品的存储管理发展成为物流过程中的中心环节，它的功能已不是单纯的货品存储，而是兼有包装、分拣、流通加工、简单装配等多种增值服务功能。因此，广义的仓储管理应包括对具有增值服务功能工作的管理。

二 仓储管理的任务

（一）配置仓储资源

市场经济最主要的功能是通过市场的价格和供求关系调节资源的配置，使资源发挥最大效益。仓储管理的目的也是如此。配置仓储资源应以所配置的资源能获得最大效益为原则。配置仓储资源具体任务包括：根据供求关系确定仓储的建设，依据竞争优势选择仓储地址，以生产的差异化决定仓储专业化分工和确定仓储功能，以所确定的功能决定仓储布局，根据设备利用率决定设备配置等。例如，随着分店数量的增加，连锁超市的配送中心一般也要作出适应性调整，包括扩大仓储空间、改进仓储技术、优化仓库位置等等，这些都是连锁超市配置仓储资源的必要工作。

（二）组建仓储管理机构

生产要素特别是人的要素，只有在合理组织的基础上，才能发挥作用。仓储组织机构的确定需要围绕仓储经营的目标，依据管理幅度、因事设岗、权责对等的原则，建立结构简单、分工明确、互相合作、相互促进的管理机构和管理队伍。

仓储管理机构一般有内部行政管理、商务管理、库场管理、机械设备管理、安全保卫管理、财务管理以及其他必要的管理机构。根据仓储管理机构的属性分类，仓储管理机构可分为独立仓储企业的管理组织和附属仓储机构的管理组织。仓储内部大多实行直线职能管理制或者事业部制管理组织结构。

（三）开展仓储商务活动

仓储商务工作是指仓储部门对外的经济联系，包括市场定位、市场营销、交易和合同签订、客户服务、争议处理等。仓储商务工作是关系仓储生存和发展的关键工作，是经营收入和仓储资源充分利用的保证。从仓储经营角度看，商务管理的目的是实现收益最大化，最大限度地满足市场需要。

（四）组织仓储生产

仓储生产包括货品入库、堆存、出库、检验、理货及在仓储期间的保管、质量维护、安全防护等。仓储生产的组织遵循高效、低耗的原则，充分利用机械设备、先进的保管技术和有效的管理手段，实现仓储快进、快出，提高仓储利用率，降低成本，不发生差、损、错事故，保持连续、稳定生产。仓储生产管理的核心在于充分使用先进的生产技术和手段，建立科学的生产作业制度和操作规范，实现严格的监督管理，采取有效的员工激励机制。

（五）塑造仓储企业形象

作为服务型企业，仓储企业的客户主要是生产、流通经营者，企业形象的建立依赖于优良的服务质量以及诚信合作精神，并通过一定的宣传手段在潜在客户中推广。在现代物流管理中，仓储企业不但要有高质量的服务，而且需要获得合作伙伴的充分信任，因此，树立良好的仓储企业形象极为重要。仓储企业只有具有良好的企业形象，才能在物流行业中占有一席之地，适应现代物流发展的需要。

（六）提高仓储管理水平

任何企业的管理都不可能一成不变，都需要随着形势的发展而不断发展，以适应新的变化。仓储管理也要根据仓储企业的经营目标的改变、社会需求的变化而改变。仓储管理要实现从简单管理到复杂管理、从直观管理到系统管理，在管理实践中不断修正、完善，不断提高，实行动态仓储管理，不断提高管理水平。

（七）提高仓储工作员工素质

没有高素质的员工队伍，就不会有优秀的企业。仓储管理的一项基本任务就是加强对员工的培养，提高仓储企业员工素质，加强对员工的约束和激励。

员工素质包括技术素质和精神素质。通过不断系统培训、严格考核，企业应保证每个员工掌握所从事的劳动岗位应知、应会的操作，明白岗位的工作制度和操作规程，明确岗位职责。

同时，企业也要重视员工的地位，不能将员工仅仅看作生产工具或一种等价交换的生产要素，而要对员工在信赖中约束，在激励中规范，使员工人尽其才，劳有所得，人格被尊重，从而热爱企业、自觉奉献、积极向上。

三 仓储管理的原则

（一）效率原则

仓储管理的核心就是效率管理，即以最少的劳动量的投入，获得最高的仓储效率。劳动量的投入包括生产工具、劳动力人口的数量及作业时间。仓储的效率表现在仓容利用率、货品周转率、进出库时间、装卸车时间等指标上。"快进、快出、多存储、保管好"即为高效率仓储。效率管理是仓储其他管理的基础，没有仓储生产的高效率，就不会有仓储经营的高效益，也就无法开展优质的仓储服务。

高效率的实现是管理艺术的体现。企业通过准确地核算、科学地组织、妥善地安排场所和空间、合理地配置机械设备与人员，使部门与部门、人员与人员、设备与设备、人员与设备之间默契配合，使生产作业过程有条不紊地进行。

高效率还需要有效管理过程的保证，包括现场的组织、督促、标准化、制度化的操作管理，严格的质量责任制的约束。如果现场作业混乱、操作随意、作业质量差甚至出现作业事故，则显然不可能有高效率。

●（二）效益原则

企业生产经营的目的是利润最大化，这是经济学的基本假设条件，也是社会现实的反映。利润是经济效益的表现，而实现利润最大化则需要做到经营收入最大化和经营成本最小化。仓储企业应围绕获得最大经济效益这一目标进行组织和经营，但也需要承担部分社会责任，履行环境保护、维护社会安定的义务，实现生产经营的社会效益。

●（三）服务原则

仓储活动本身就是向社会提供服务产品。服务是贯穿在仓储中的一条主线，如仓储的定位、仓储作业、对仓储货品的控制等都是围绕着服务进行的。仓储管理就要围绕服务定位、如何提供服务、改善服务、提高服务质量进行的管理，包括直接的服务管理和以服务为原则的生产管理。

仓储服务水平与仓储经营成本有着"二律背反"的关系。若服务好，成本高，收费就高；若服务差，成本低，收费也就相对低。仓储服务管理就是在降低成本和提高服务水平之间保持平衡的。通常情况下，仓储企业进行服务定位的基本策略如下。

（1）在进入或者引起竞争时期：服务优，价格低，不惜增加仓储成本。

（2）在积极竞争时期：用较低的成本实现有品质的仓储服务。

（3）在稳定竞争时期：提高服务水平，维持成本不变。

（4）在已占有足够的市场份额处于垄断竞争（寡头）时期：服务水平不变，尽力降低成本。

（5）在退出阶段或完全垄断阶段：大幅度降低成本，同时降低服务水平。

第四节　工作要求与岗位职责

一　仓储管理的工作要求

企业仓储管理的基本工作是从生产出发，及时、准确、保质、保量地做好物品供应工作，为企业生产建设服务。以原料库为例，常见要求如下。

严格把好入库验收关，确保入库物品数量准确、质量完好，并使物品储存、供应、销售各环节平衡衔接。做好在库物品保管保养工作，最大限度降低物品损耗，如实登记仓库实物账，经常清洁、盘点库存物品，做到账、物相符。做好物品供应工作，满足生产建设需要，不断提高服务质量。督促物品的合理使用与节约，严格限额发料，做好物品回收和综合利用。健全仓库管理制度，不断提高管理水平。做好仓库主要经济技术指标考核工作，加强经济核算，提高经济效益。加强仓库安全工作，做好安全操作、劳动保护、仓库消防及防台防汛工作。

为了使仓库管理规范化，保证储存的物品完好无损，企业要根据企业管理和财务管理的一般要求，结合物品特征和仓库业务的具体情况，制定仓库管理工作细则。

二　仓储管理人员的岗位职责

认真贯彻仓库保管工作的方针、政策，树立高度的责任感，忠于职守，廉洁奉公，热爱仓库工作，具有敬业精神；树立为客户服务、为生产服务的观点，具有合作精神；树立讲效率、讲效益的思想，关心本企业的经营管理。

严格遵守仓库管理的规章制度和工作规范，严格履行岗位职责，及时做好货品的入库验收、保管保养和出库发运工作；严格遵守各项手续制度，做到收有据、发有凭，登记销账及时准确，手续完备，账、物相符，把好收、发、管三关。

熟悉仓库的结构、布局、技术定额，熟悉仓库规划，熟悉堆码、苫垫技术，掌握堆垛作业要求。在库容使用上做到妥善安排货位，合理高效地利用仓容，堆垛整齐、稳固，间距合理，方便作业、清点、保管、检查、收发。

熟悉仓储货品的特性、保管要求，能有针对性地进行保管，防止货品损坏，提高仓储质量。熟练地填写账表、制作单证，妥善处理各种单证业务；了解仓储合同的义务约定，完整地履行义务；妥善处理风、雨、热、冻等自然灾害对仓储货品的影响，减少损失。

重视仓储成本管理，不断降低仓储成本管理。妥善保管好剩料、废旧包装，收集和处理好地脚货，做好回收工作；妥善保管、细心使用苫垫、货板等用品用具，延长其使用寿命；重视研究货品仓储技术，提高仓储利用率，降低仓储物品耗损率，提高仓储的经济效益。

加强业务学习和训练，熟练使用计量工具等；掌握分管货品的特性、质量标准、保管知识、作业要求、工艺流程；及时掌握仓储管理的新技术、新工艺，适应仓储自动化、现代化、信息化的发展，不断提高仓储管理水平；了解仓库设备设施性能要求，督促设备维护和维修。

严格执行仓库安全管理的规章制度，时刻保持警惕，做好防火、防盗、防破坏、防虫害等安全保卫工作，防止各类灾害和人身伤亡事故，确保人身、货品、设备安全。

延伸阅读

某公司制定的仓库岗位工作职责

1. 仓库主管工作职责

（1）负责仓库整体日常工作的安排。

（2）负责仓库的工作筹划与进度控制，合理调配人力资源，对仓库现场各项工作进行监控。

（3）与公司其他部门进行沟通与协调。

（4）参与公司宏观管理和策略制定。

（5）负责现场管理的督导，掌握"6S"推行情况、目视化管理执行情况。

(6) 审订和修改仓库的工作操作流程和管理制度。

(7) 对下属员工进行业务技能培训和考核,提高员工素质和工作效率。

(8) 与业务部门及生产部门沟通,确认例外事情。

(9) 与相关部门确定工作接口和业务交接标准。

(10) 接受并完成上级交代的其他工作任务。

(11) 签发仓库各种文件和单据。

2. 仓管员工作职责

(1) 服从领导,遵守各项规章制度。

(2) 负责仓库日常管理工作。

(3) 根据实际工作状况,积极提出经营和管理的合理化建议。

(4) 按仓库规定收发物料。

(5) 将物料安排进入仓库,对仓位作筹划,将物料正确摆放。

(6) 做好仓库的安全工作和物料的保管防护工作。

(7) 作业单据的正确开制、确认与交接。

(8) 对每日物料明细账目进行登记。

(9) 对盘点工作进行具体安排、执行与监督。

◆本章小结◆

仓储本质上属于一种生产活动,能够协调生产与消费在数量、时间、地点、方式等方面的冲突,是社会经济系统中的重要环节。现代仓储不仅具有储存保管和流通控制等传统功能,还逐渐承担起交易、流通加工、配送等延伸功能。仓储管理是对仓储活动的计划、组织与控制。仓储管理的工作内容多而复杂,在实践中应以效率、效益和服务为原则,仓储管理人员应履行职责,切实保障仓储管理工作的绩效。

▪案例分析▪

电商前置仓：一种新兴的仓储业态

2019年初，京东到家与山姆共同宣布，双方共建的山姆前置仓已覆盖深圳、上海和北京三座城市，坪效达到普通超市坪效的10倍。双方计划在2019年加速构建前置仓，并覆盖更多城市，为更广大的消费者提供1小时到家的即时消费服务。

为了向山姆会员提供更便捷的消费体验，山姆与达达—京东到家联手在山姆会员及潜在会员集中的区域建设前置仓，将1000余款高频次购买和高渗透率的商品置于仓内，会员通过京东到家或山姆自营平台下单后，由达达骑手将商品在1小时内配送到会员手中。

数据显示，前置仓月复购率高达60%，客单价超过200元。此外，通过前置仓的服务，山姆提升了与会员接触的次数，从而提高了会员黏性，有效拉动了会员续费率。

与零售业内常见的独立前置仓模式不同，山姆依托于门店对前置仓进行补货，降低了供应链成本与补货成本。此外，山姆在京东到家平台设立"非会员"体验系统，让非山姆会员的消费者可通过京东到家购买山姆的商品，并在线购买会籍。京东到家作为全品类的即时消费商城，汇集超过10万门店，为消费者提供超市便利、生鲜果蔬、烘焙蛋糕、鲜花绿植、医药健康等全品类的1小时到家服务，目前已有超过7000万注册用户与超过3000万月活用户。在京东到家的忠实用户中，女性用户占比接近70%，其中以20~45岁的白领女性占比最高，这有效帮助山姆触达更多潜在会员。

山姆会员商店高级副总裁陈志宇表示："未来山姆将持续优化全渠道战略，在重点城市增加前置仓覆盖、提供精选的商品和高效末端配送服务。"

达达—京东到家首席执行官蒯佳祺表示："京东到家与山姆基于优势互补的战略合作，具有非常重要的战略意义。随着线上生鲜消费需求向高品质商品、高品质服务的转变，双方将共同提升生鲜商品的覆盖范围和履约效率，进而有效满足市场需求。"

(资料来源：中国电子商务物流服务网，文字有删改)

问题讨论

1. 电商前置仓为什么能取得更高的坪效？
2. 有人说，电商前置仓不是真正的仓库。你如何看待这个问题？

复习思考题

1. 什么是仓储？什么是仓储管理？
2. 仓储有哪些作用？
3. 简述仓储的功能。
4. 就工厂和超市而言，它们对仓库管理人员的素质要求有何区别？
5. 请拟定一份电子商务企业仓库管理规范。

实训题

走访附近仓储企业，了解该企业的发展情况，思考该企业在发展中存在的问题，并撰写走访心得。

第二章

仓库与仓储设施设备

现代仓储管理(第3版)

◆学习目标◆

通过本章学习,学生要了解仓库的基本类型及特点,熟悉常见的仓库设施与设备及其特点,熟悉货架的基本类型及其特点,掌握自动化立体仓库的概念及基本类型,理解自动化立体仓库的优缺点。

开篇案例

正泰集团采用自动化立体仓库来提高物流速度

正泰集团是中国低压电器行业的大型销售企业,主要设计和制造各种导入低压工业电器、部分中高压电器、电气成套设备、汽车电器、通信电器、仪器仪表等,其产品有150多个系列、5000多个品种、20000多种规格。在全国低压工业电器行业中,正泰首先在国内建立了3级分销网络体系,经销商有1000多家,同时建立了原材料、零部件供应网络体系,协作厂家有1200多家。

正泰集团自动化立体仓库是公司物流系统中的一个重要部分,其占地面积达1600平方米(入库小车通道不占用库房面积),高度近18米,有3个巷道(6排货架)。在正泰集团的自动化立体仓库中,所有货物均采用统一规格的钢制托盘,以提高互换性,降低备用量。该托盘既能满足堆垛机、叉车等设备装卸需求,又能在输送机上运行。该立体仓库使用巷道式堆垛机,堆垛机采用下部支撑、下部驱动、双方柱形式的结构。该机在高层货架的巷道内按X、Y、Z三个坐标方向运行,将位于各巷道口入库台的产品存入指定的货格,或将货格内产品运送到巷道口出库台。

在此基础上,正泰集团实现了对库存货物的优良管理,降低了货物库存周期,提高了资金的周转速度,减少了物流成本和管理费用。自动化立体仓库作为现代化的物流设施,对提高该公司的仓储管理水平无疑具有重要的作用。

(资料来源:锦程物流网,文字有删改)

第一节 仓库的类型

仓库是保管、存储货品的建筑物和场所的总称。作为连接生产者和消费者的纽带，仓库是物流系统中的一个中心环节，是物流网络的节点。现代的仓库已经由过去单纯的"储存、保管商品的场所"向"商品配送服务中心"发展，不仅能储存、保管商品，还具有商品的分类、检验、计量、入库、保管、包装、分拣、出库及配送等各种功能。按照不同的分类依据，仓库可作多种划分。

一、根据仓库在再生产中的作用分类

（一）生产性仓库

生产性仓库主要是为保证生产企业生产正常进行而建立的仓库。这类仓库主要存放生产所需要的原材料、设备、工具等，并存放企业生产的成品。按存放货品性质的不同，生产性仓库可分为原材料仓库、半成品仓库和成品仓库。

（二）转运中心

转运中心的主要工作是承担货品在不同运输方式间的转运。它可以进行两种运输方式的转运，也可以进行多种运输方式的转运，在名称上有的称为"卡车转运中心"，有的称为"火车转运中心"，还有的称为"综合转运中心"。

（三）储备性仓库

储备性仓库是政府为了防止自然灾害、战争及国民经济严重比例失调而设立的。储备性仓库储备的货品一般存储时间较长，对仓储条件、质量维护和安全保卫要求较高。

二　根据仓库营运形态分类

（一）自用仓库

自用仓库是指生产企业或流通企业为了本企业物流业务的需要而修建的附属仓库。这类仓库只储存本企业的原材料、燃料、产品或半成品，一般工厂、企业的仓库以及部队后勤仓库多属于这一类。

（二）公用仓库

公用仓库属于公共服务的配套设施，是为社会物流服务的仓库，如铁路车站的货场仓库、港口的码头仓库、公路货场的货栈仓库等。

三　根据仓库保管条件分类

（一）通用仓库

通用仓库主要储存没有特殊要求的一般货品，其设备与库房建筑构造都比较简单，使用范围较广。这类仓库备有一般性的保管场所和设施，按照通常的货品装卸和搬运方法作业。在货品流通行业的仓库中，这种通用仓库所占用的比重最大。

（二）专用仓库

专用仓库是专门用以储存某一类货品的仓库。某类货品数量较多，或者由于货品本身的特殊性质，如对温度、湿度的特殊要求，或者易对共同储存的货品产生不良影响，要专库储存。例如，金属材料仓库、机电产品仓库、食糖仓库等。

（三）特种仓库

特种仓库用于储存具有特殊性能、要求特殊保管条件的货品。这类仓库必须配备防火、防爆、防虫等专用设备，其建筑构造、安全设施都与一般仓库不同，主要包括冷冻仓库、石油仓库、化学危险品仓库等。

（四）水上仓库

水上仓库是漂浮在水面上的储藏货品的趸船、囤船、浮驳或其他水上建筑，或者在划定水面保管木材的特定水域，沉浸在水下保管货品的水域。由于国际运输油轮的超大型化，许多港口受水深限制，大型船舶不能直接进港卸油，往往在深水区设立大型水面油库转驳运油。

四 根据仓库功能分类

（一）储存仓库

储存仓库主要对货品进行保管，以解决生产和消费的不均衡问题，如将季节性生产的大米储存到第二年卖，而常年性生产的化肥要想在春秋季节集中供应，只有通过仓储才能做到。

（二）流通仓库

流通仓库除具有保管功能，还具有装配、简单加工、包装、理货以及配送的功能，具有周转快、附加值高、时间性强的特点，可以减少在连接生产和消费流通过程中货品因停滞而产生的费用。

（三）集货中心

集货中心是将零星货品集中成批量货品，可设在生产点数量很多且每个生产点产量有限的地区。只要这一地区某些产品总产量达到一定程度，就可以设置有集货作用的物流据点。

（四）分货中心

分货中心可将大批量运到的货品分成批量较小的货品，它是主要从事分货工作的物流据点。企业可以采用大容量包装、集装或散装的方式先将货品运到分货中心，然后按企业生产或销售的需要进行分装，从而降低运输费用。

（五）加工中心

加工中心的主要工作是进行流通加工。设置在供应地的加工中心主要进行以物流为主要目的的加工；设置在消费地的加工中心主要进行以实现销售、强化服务为主要目的的加工。

（六）配送中心

配送中心是向市场或直接向消费者配送货品的仓库。仓库在作为配送中心时，往往会出现存货种类多、每种货品存货量较少的现象，要进行货品包装拆除、配货组合等作业，还可开展配送业务。

（七）物流中心

物流中心是从事物流活动的场所或组织，应基本符合下列要求：主要面向社会服务；物流功能健全；具有完善的信息网络；辐射范围大；仓储货物品种少、批量大；存储、吞吐能力强；物流业务统一经营、管理。

（八）保税仓库

保税仓库是经海关批准，在海关监督下，专供存放未办理关税手续而入境或过境货品的场所。也就是说，保税仓库是获得海关许可的能长期存储外国货品的本国国土上的仓库，同样，保税货场是获得海关许可的能装卸或搬运外国货品并临时存放的场所。

（九）出口监管仓库

出口监管仓库是指经海关批准设立，对已办结海关出口手续的货物进行存储、保税物流配送、提供流通性增值服务的海关专用监管仓库。

五　根据仓库的技术装备水平分类

（一）人力仓库

人力仓库是指存储电子元器件、工具、备品备件等货品的仓库。这种仓库规模较小，采用人工作业方式，无装卸机械设备。

（二）半机械化仓库

半机械化仓库是指入库采用机械作业方式，如叉车作业等，出库采用人工作业方式的仓库。一般适合批量入库、零星出库的情况。

（三）机械化仓库

机械化仓库是指入库和出库均采用机械作业方式，如行车、叉车、输送机作业等的仓库。它一般适合长大笨重货品的储存、整批入库和出库作业情况。机械化仓库一般配备有高层货架，这有利于提高仓库空间利用率。

（四）半自动化仓库

半自动化仓库是自动化仓库的过渡形式。它配备有高层货架和输送系统，采用人工操作巷道堆垛机的方式。

（五）自动化立体仓库

自动化立体仓库是指以高层货架为主体，配备自动巷道作业设备和输送系统的无人仓库，如海尔集团、红塔烟草集团的自动化仓库。

六 根据仓库封闭性分类

（一）封闭式仓库

封闭式仓库俗称"库房"。该结构的仓库封闭性强，便于对库存物进行维护保养，适宜存放对保管条件要求比较高的货品。

（二）半封闭式仓库

半封闭式仓库俗称"货棚"。货棚的保管条件虽不如库房，但出入库作业比较方便，且建造成本较低，适宜存放那些对温湿度要求不高且出入库频繁的货品。

（三）露天式仓库

露天式仓库俗称"货场"。货场最大的优点是装卸作业极其方便，适宜存放较大型的货品（见图2-1）。

图2-1　专门储存钢材的露天式仓库

七 根据仓库建筑结构分类

(一) 平面仓库

平面仓库一般是指建筑高度低于 6 米的单层建筑式仓库。其构造比较简单，建筑费用便宜，人工操作比较方便，是最为广泛的仓库类型。

(二) 楼房仓库

楼房仓库是指二层以上的仓库。它可以减少土地占用面积，进出库作业可采用机械化或半机械化方式，建筑费用和维护成本较高。

(三) 高层货架仓库

高层货架仓库在作业方面主要使用电子计算机控制，采用机械化和自动化方式操作。

(四) 罐式仓库

罐式仓库的构造特殊，呈球形或柱形，主要用来储存石油、天然气和液体化工品等。

(五) 简易仓库

简易仓库的构造简单、造价低廉，一般是在仓库不足而又不能及时建库的情况下采用的临时性仓储方案，包括一些固定或活动的简易货棚等。

第二节 仓库设施与设备

一 计量装置

计量装置是指起到称量计数作用的专门设备，它是仓库进行数量管理的必备工具，必须具有准确性、灵敏性及稳定性等特点。在仓库中使用的计量装置种类有很多，从计量方法的角度可以分为以下几种：重量计量装置，包括各种磅秤、地下及轨道衡器、电子秤等；流体容积计量装置，包括流量计、液面液位计；长度计量装置，包括检尺器、自动长度计量仪等；个数计量装置，如自动计数器及自动计数显示装置等；多功能计量设备，如多功能计量仪表等。

仓库中一般最常用的计量装置以重量计量装置为主。流体容积计量装置用在特殊专用场合，属于专用计量装置。长度计量装置用于钢材、木材等长材尺寸的计量，计量结果可进一步换算为重量或容积，但仅在有限场合使用。个数计量装置随包装的成件杂货品物流量的增大，使用越来越多，尤其在处理成件杂货的配送中心等场所应用较多，它是提高拣货效率的重要装置。

在现代仓库中，应用计算机测量技术、电子技术、光电技术、自动计数装置、核计量装置等是计量装置的发展方向。

二 料棚

料棚又称"货棚"，是一种半封闭式的建筑物或装置。其防护作用低于正式建筑的库房，高于货场。由于造价低、建造方便、建造速度快，它又适用于某些对环境条件要求不高的货品的存放或适用于一些货品的临时存放。

料棚按其结构特点和工作方式，主要有以下两类。

（一）固定料棚

固定料棚是指不可移动的半永久性建筑类型的仓库。这种建筑物立柱、棚顶都是不可移动的，进出货从料棚侧部进行。料棚可以采用完全没有围护结构的敞开式，也可以采用有部分围护结构的半敞式。围护结构是临时性的，侧部进出货较为方便，便于储存大件货品。

（二）活动料棚

活动料棚是指棚顶可移动的料棚。这种设施设有固定的基础和立柱，棚顶及围护结构组成一个圆弧形的整体，围护结构安装滚动或滑动机构并可沿轨道或按一定线路运动。一定尺寸的料棚成为一节，使用时，许多节料棚互相搭接在一起，形成一个条形的储存空间。装货、取货时，只需将料棚移开，就能方便地进行一般的货场作业了。作业时可以使用机械进行货品垂直移动，活动料棚之间的通道较窄，料场利用率较高。由于活动料棚的作业方式是将料棚移开后进行装卸、存储作业,料棚高度较低,空间利用率较高。

三 储存容器

储存容器是指具有封闭性特征的储存设施,常见的储存容器包括储仓、储罐及周转箱等。

(一)储仓

储仓又称"料仓",是专门用于存放粉状、颗粒状、块状等散状非包装货品的刚性容器。

储仓是一种全密闭的储存设施,全部仓容都可用于储存货品。由于采用全封闭结构,储仓的防护、保护效果非常好(见图2-2)。

储仓有多种类型。按仓体横断面的形状区分,有圆形结构、方形结构、矩形结构等,其中圆形结构最为常见。圆形结构储仓是一个圆柱体,上部为仓顶,也是进料口,下部为仓底,出料口设置在此处,出料口多设计成漏斗状。货物从仓顶装入后,可凭借本身重量依次从仓底卸出,因此,圆形结构储仓是一种先进先出型储仓。粮食、水泥、化肥等常采用这种储存设施。

图2-2 储仓实景照片

(二)储罐

储罐是专门用于存放液体、气体货品的刚性容器。储罐也是一种密存型储存设施,全部仓容都可用于储存。储罐大多采用全封闭结构,隔绝效果及防护、保护效果都很好。

储罐种类很多,常见的有立式、卧式储罐,有球形、柱形、槽形等不同形状。圆形和椭圆形截面较大,主要用钢板焊接而成。

立式储罐一般是大型储罐,储量大;卧式储罐一般储量较小,可制成固定式,也可制成活动式,作为临时储罐应用。储罐主要用于储存油料、液体化工材料、煤气等。

(三)料盘、周转箱等储存载体

有些仓库储存单元货品需要借助于其他容器,将散杂货装入后形成一定程度集约的"单元货载"。常使用的载体有料盘(载重从几十千克到上千千克)、料斗、料箱、周转箱等。这些载体的共同特点是自重轻,空载体可以密堆存放,有一定强度及保护性。

(四)集装容器

1. 集装箱

集装箱是进行散货、杂货及特殊单元组合的大型容器型工具。集装箱不仅是一种运输和包装,也是货品的一种存储容器。集装箱是一个小型的货品存储仓库,使用集装箱可以不再配置仓库、库房;集装箱强度高,对所装货品防护能力强,货损低;集装箱可以重叠,这有利于提高单位面积储存量;专用集装箱,如低温集装箱,还可以对内装货品进行特殊保护。

集装箱种类很多,最典型的集装箱是普通集装箱(见图2-3)。普通集装箱的变形体包括笼式集装箱、罐式集装箱、台架式集装箱、平台集装箱、折叠式集装箱等。

图2-3 普通集装箱

2. 托盘

为了使货品能有效地装卸、运输、保管，可将货品按一定数量组合放置于一定形状的台面上，台面有供叉车从下部叉并将台板托起的叉口，以这种结构为基本结构的平板台板和在这种基本结构基础上形成的各种形式的集装器具都可统称为"托盘"。

和集装箱一样，托盘既是一种运输方式，又是一种储存方式。托盘作为一种集装容器，储存量较集装箱小，但能集中一定数量，比一般包装组合量要大得多；托盘的防护作用没有集装箱强，不能露天堆放，需要有仓库等配套设施；托盘装盘容易，采取在托盘表面直接码放的方式，装盘后可采用捆扎、紧包等技术处理，使用简便；托盘可作为存储单位在仓库货架上储存，直接存取，能减少货品单件存取带来的繁重工作量；托盘与叉车共同使用能形成有效装卸系统，大大地提高储存作业效率。

托盘的种类很多，常见的托盘按照构造大致可分为平面托盘、立柱托盘等类型，其中，平面托盘最为常见（见图2-4）。柱式托盘、架式托盘（集装架）、笼式托盘（集装笼）、箱式托盘、折叠式托盘、轮式托盘（台车式托盘）、薄板托盘（滑板）等都是平面托盘的变形体。

图2-4　平面托盘

延伸阅读

托盘标准化

托盘的种类繁多，在装卸搬运、保管、运输和包装等各个物流环节都处于中心位置，具有很重要的衔接功能。托盘虽然只是一个小小的器具，但其规格尺寸是确定包装尺寸、车厢尺寸、集装单元尺寸的关键。只有以托盘尺寸为标准，才能决定包装、卡车车厢、火车车厢、集装箱箱体等配套规格尺寸和系列化规格化标准，才最能体现装卸搬运、保管、运输和包装作业的合理性和效率性。除此之外，托盘的规格尺寸还涉及集装单元货物尺寸。集装单元货物尺寸又涉及包装单元尺寸，卡车车厢、仓库通道及货架尺寸，甚至关系到物流的基础设施，如火车站、港口、码头等货物装卸搬运场所的构造结构、装卸搬运机具的标准尺寸。因此，从某种意义上讲，托盘的标准化，不单单是托盘租赁、托盘流通和循环使用的前提，也是实现装卸搬运、包装、运输和保管作业机械化、自动化的决定因素。

国际标准化组织于2003年对ISO6780《联运通用平托盘主要尺寸及公差》进行了修订，在原有的1200毫米×1000毫米，1200毫米×800毫米，1219毫米×1016毫米（即48英寸×40英寸），1140毫米×1140毫米四种规格的基础上，新增了1100毫米×1100毫米，1067毫米×1067毫米两种规格，即现在的联运平托盘尺寸国际标准共有六种。我国在修订相应国家标准时，重点推行了1200毫米×1000毫米和1100毫米×1100毫米两种规格，且优先推荐了1200毫米×1000毫米尺寸。

四 装卸搬运设备

装卸搬运设备主要用于货品的短距离运输，包括货品上下架、出入库、堆垛、装车、卸载等。

●（一）叉车

叉车又称"铲车""叉式取货机"，是物流领域最常用的具有装卸、搬运双重功能的机械。它以货叉为主要的取货装置，依靠液压起升机构升降货品，由轮胎式行驶系统实现货品的水平搬运。叉车除了使用货叉，还可以更换各类取货装置以适应多种货品的装卸、搬运和堆垛作业。

叉车类型繁多，有平衡重式叉车、前移式叉车、侧面式叉车、拣选式叉车、手动式叉车、多方向堆垛叉车等。这些叉车的适用作业空间、适合作业对象一般是有区别的。平衡重式叉车是叉车当中典型代表（见图2-5），它由司机单独操作完成货品的装卸、搬运、堆垛作业，并可通过变换属具扩大使用范围和提高作业效率。平衡重式叉车主要用于车站、工厂、货场等领域，尤其适用于路面条件较差、搬运距离较长的领域。

图 2-5　平衡重式叉车

叉车具有以下作业特点。

1. 有很强的通用性

仓库、车站、码头和港口都要应用叉车进行作业。叉车与托盘配合是实现搬运作业机械化、提高作业效率的主要措施。

2. 具有装卸和搬运的双重功能

叉车是装卸和搬运一体化的设备，它将装卸和搬运两种作业合二为一，以提升作业效率。

3. 有很强的灵活性

叉车底盘与汽车相比较，轮距较小，因而转弯半径就很小，作业时灵活性增强。其他机具难以使用的领域都可以采用叉车。

（二）巷道堆垛起重机

巷道堆垛起重机（见图 2-6）是仓库中的专用起重、堆垛、装卸设备，主要应用于巷道式货架仓库。巷道堆垛起重机分为有轨巷道堆垛起重机和无轨巷道堆垛起重机两类。其中，有轨式起重高度高、运行稳定、行走通道较狭窄，是巷道堆垛起重机中主要的类别。

巷道堆垛起重机具有以下作业特点。

1. 所需通道宽度比较窄，节约仓库面积

由于在轨道上运行，巷道堆垛起重机上下作业都受轨道的严格制约，所需运行通道的宽度比其他机械窄，一般是叉车的 1/2，这样可以节约空间，扩大仓库的有效作业和存储区域。

2. 运行稳定性好，能提高装卸作业速度

由于轨道的限定，巷道堆垛起重机稳定性好，比叉车的装卸高度大大提高。巷道堆垛起重机一般高度在 6 米以上，最高可达 40 米，这正好和叉车的工作高度互为补充。

3. 进出货工作效率高

由于轨道的引导，运行速度高，巷道堆垛起重机能满足提高仓库进出货工作效率的要求。

4. 可实现全自动操作

巷道堆垛起重机可配合电子计算机及伸缩货叉，实现全自动操作，这也是一般叉车难以做到的。

图 2-6　堆垛起重机

●（三）连续输送机

连续输送机是按照规定的路线连续地从装料点到卸料点均匀运输送物料的机械。连续输送机有固定式和移动式两大类。其牵引构件为有挠性构件时，牵引构件是往复、循环的一个封闭系统，如带式输送机、链式输送机、斗式提升机、悬挂输送机等。在无挠性构件时，输送机的工作特点是利用工作构件的旋转运动或振动，使货品向一定方向运送，它的输送构件不具有往复循环形式，常见的有螺旋输送机、振动输送机等。

连续输送机有运行速度高且稳定、生产率高、冲击小、动作单一、便于实现自动控制、工作过程中负载均匀、搬运成本低廉等优点，缺点是只能按照一定路线输送，无机动性，通用性差，一般不适用于运输重量很大的单件货品，一般不能自行取货而

需采用一定的供料设备。

图 2-7　带式输送机

带式输送机是应用最广泛，适应能力最强的一种输送机（见图 2-7），其广泛应用于仓库、港口、车站、工厂、矿山、建筑工地等。带式输送机的特点是输送距离长、生产率高、结构简单、营运费用低、输送线路可灵活布置、工作平稳可靠、操作简单、安全可靠、易实现自动控制等。

（四）起重机

起重机是在输送机之前曾被广泛使用的具有代表性的一种搬运机械，它是指将货品吊起在一定范围内进行水平运动的机械。

起重机按照其所具有的机构、动作繁简程度以及工作性质和用途，可以归纳为简单起重机、通用起重机械和特种起重机械三种。

简单起重机械一般只进行升降运动或直线运动，只需要具备一个运动机构，并且大多数是手动的，如绞车、手拉葫芦等。

通用起重机械除需要一个使货品升降的机构外，还要有使货品进行水平方向的直线运动或旋转运动的机构，主要用电力驱动。通用起重机械主要包括桥式起重机（见图 2-8）、龙门起重机（见图 2-9）、臂架式起重机等。

图 2-8　桥式起重机

图 2-9　龙门起重机

特种起重机械是具有两个以上机构的多动作起重机械，专用于某些专业性的工作，构造比较复杂，如冶金专用起重机、建筑专用起重机和港口专用起重机等。

第三节　仓库货架

一　货架的概念与功能

（一）货架的概念

货架泛指存放货品的架子。在仓库中的货架是专门存放单元化货品或成件货品的保管设备。仓库管理现代化与货架的种类、功能直接相关。

（二）货架的功能

货架是一种架式结构物，可充分利用仓库空间，提高库容利用率，扩大仓库储存能力。存入货架中的货品，互不挤压，货品损耗小，可完整保证货品本身的性能，减少货品的损失。货架中的货品，存取方便，便于清点及计量，可做到先进先出。为保证存储货品的质量，仓库可采取防潮、通风、防尘、防盗、防破坏等措施。很多新型货架的结构及功能有利于实现仓库的机械化及自动化管理。

二 货架的种类

随着仓库机械化和自动化程度的不断提高，货架技术也在不断提高，尽管出现了许多新型货架，传统的层架、悬臂式货架、托盘货架等依然发挥着重要作用。

(一) 传统货架

1. 层架

层架由立柱、横梁和层板构成，层间用于存放货品（见图2-10）。层架结构简单，适用范围非常广泛，还可以根据需要制作成层格架、抽屉式和橱柜式等形式，以便存放规格复杂多样的小件货品或较贵重、怕尘土、怕潮湿的小件货品。

图2-10 层架

图2-11 悬臂式货架

2. 悬臂式货架

悬臂式货架由3~4个塔形悬臂和纵梁相连而成（见图2-11）。悬臂的尺寸根据所存放货品的外形确定。它在储存长形货品的仓库中被广泛运用。

3. 托盘货架

托盘货架是存放装有货品托盘的货架，每一个托盘占有一个货位（见图2-12）。托盘货架为仓库货品存取机械化和自动化提供了基础。托盘货架基本形式与层架相似。

4. 移动式货架

移动式货架的货架底部装有滑轮，开启控制装置，滑轮可以沿轨道滑动（见图2-13）。移动式货架平时可以密集相连排列，存取货品时通过手动或电动控制装置驱动货架沿轨道滑动,形成通道,从而大幅度减少通道面积,仓库面积利用率可以达到80%,但由于成本较高,它主要在档案管理等重要或贵重货品的保管中使用。

图2-12 托盘货架

图2-13 移动式货架

5. 阁楼式货架

阁楼式货架是将储存空间作出上、下两层规划,利用钢架和楼板将空间分隔为两层,下层货架结构支撑上层楼板(见图2-14),从而有效增加空间使用率。阁楼式货架适用于场地有限、品种繁多、数量少的情况。通常阁楼式货架上层适合存放轻型物品,不适合重型搬运设备行走,上层存放的物品的搬运需配装垂直输送设备。

图2-14 阁楼式货架

6. 驶入/驶出式货架

在一般的自动化仓库中有轨或无轨堆垛机的作业通道是专用的,作业通道不能储存货品,但驶入/驶出驶出式货架仓库的特点是作为托盘单元货品的储存货位与叉车的作业通道是合一的、共同的,这大大提高了仓库的面积利用率。

驶入/驶出驶出式货架采用钢结构，立柱上有水平突出的构件，叉车将托盘货品送入，由货架两边的构件托住托盘（见图2-15）。驶入式货架只有一端可供叉车进出，而驶出式货架可供叉车从中通过，非常便于作业。

图2-15　驶入/驶出式货架

图2-16　旋转式货架

7. 旋转式货架

旋转式货架设有电力驱动装置（见图2-16）。货架沿着由两个直线段和两个曲线段组成的环形轨道运行，用开关或用计算机操纵。存取货品时，把货品所在货格的编号由控制盘或按钮输入，该货格则以最近的距离自动旋转至拣货点停止。通过货架旋转改变货品的位置来代替拣选人员在仓库内的移动，这不但能够大幅度降低拣选作业的劳动强度，而且货架旋转可以选择最短路径，从而可以大大提高拣货效率。

● (二) 新型货架

除了传统货架外，现在还出现了一些新型货架，主要有以下几类。

1. 组合式货架

组合式货架的特点是货格可根据货品的大小而随时调整尺寸，还可根据需要装配和拆掉货架。组合式货架基本构件是带孔型钢的钢立柱，再加上横梁、搁板和其他各种附件，可组成通用性很强的各种货架。临时性仓库适合采用组合式货架。

2. 高层立体货架

高层立体货架是立体仓库的主要组成部分（见图2-17），本书将在"自动化立体仓库"一节中详述。

3. 自动货柜

自动货柜是集声、光、电及计算机管理为一体的高度自动化的全封闭存储设备

（见图2-18），由进出平台组成。它充分利用垂直空间，最大限度地优化存储管理。在一些场所中，自动货柜就是一个高效、便捷的小型立体仓库。

图2-17 自动化立体货架

图2-18 自动货柜

自动货柜通过计算机、条形码识别器等智能工具进行管理，只要按动按键，内存货品即到进出平台。自动货柜可自动统计、自动查找货品，特别适用于体积小、价值高的货品的储存管理，也适合多品种、小批量的货品管理。

延伸阅读

货架设计要注意的问题

货架的设计应该同存放货品的品种、规格、性能、重量和包装形状等条件相适应。货架设计要注意四个问题。

1. 货架结构要坚固耐久，稳当简单。只有坚固稳当的货架，才能保证物资的安全；只有简单的货架，才利于制造、安装和移动。

2. 货架的规格要尽量统一，这有利于仓库内部互换使用。货架的尺寸与货品的存取方便有密切关系。货架过高，顶部不能充分利用；货架过深，存取货物都不方便。一般货架高度不超过2.3米，单面货架深度为0.6~0.8米，双面货架深度为0.8~1.2米。

3. 货架的设计要便于充分利用仓库容积，便于机械操作。

4. 货架在库房内的布置要尽量利用天然采光。

三 货架的选择依据

在现代仓库的管理中，为了改善仓库的功能，货架不但要数量多、功能全，而且要便于仓库的机械化和自动化作业。因此，仓库在选择和配置货架时，必须综合分析库存货品的性质、库存量和单元装载量以及库房管理、库房结构、配套的装卸搬运设备等因素（见图2-19）。

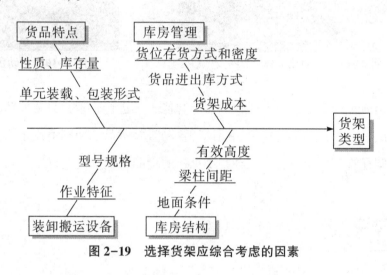

图 2-19 选择货架应综合考虑的因素

第四节 自动化立体仓库

一 自动化立体仓库的概念

自动化仓库是指由电子计算机进行管理和控制，不需要人工搬运作业而实现收发自动化作业的仓库。立体仓库是指采用高层货架以货箱或托盘储存货品，用巷道堆垛起重机及其他机械进行作业的仓库。将上述两种作业形式相结合的仓库即自动化立体仓库（见图2-19）。

自动化立体仓库作为现代化物流的重要组成部分，是一种多层存放货品的高架仓库系统，主要由多排高层货架、巷道、巷道堆垛机、出入库输送设备、自动控制与管理系统所组成。

延伸阅读

立体仓库的产生历史

立体仓库的产生和发展是第二次世界大战之后生产和技术发展的结果。20世纪50年代初，美国出现了采用桥式堆垛起重机的立体仓库，随后又出现了由司机操作的巷道式堆垛起重机立体仓库。1963年，美国率先在立体仓库中采用计算机控制技术，建立了第一座由计算机控制的立体仓库，该仓库在习惯上被称为"自动化立体化仓库"。20世纪60年代中期，日本开始兴建立体化仓库，并且发展速度极快，是当今世界上拥有自动化立体仓库最多的国家之一。我国对立体仓库及其物料搬运设备的研制开始并不晚，在1963年便研制出第一台桥式堆垛起重机。1973年，我国开始研制第一座自动化立体仓库，该仓库并于1980年投入运行。有资料显示，截至2016年，我国自动化立体仓库数量已超过3300座。

二 自动化仓库的分类

（一）按货架高度分类

立体仓库可分为高层立体仓库（货架高度在15米以上）、中层立体仓库（货架高度在5~15米）、低层立体仓库（货架高度在5米以下）。目前，中层立体仓库建造较多，它能充分利用空间，对设备、机械要求不高；高层立体仓库造价过高，对机械装备要求特殊，安装难度也较大，建造相对较少；低层立体仓库主要用于老式仓库的现代货架改造。

图 2-20　自动化立体仓库

(二) 按建筑物构造分类

1. 一体型立体仓库

一体型立体仓库的高层货架与建筑物为一体，高层货架不能单独拆装。这种仓库的高层货架兼作仓库的支撑结构，仓库不再单设柱、梁。货架顶部铺设屋面，货架也起屋架作用，是一种永久性设施。这种仓库省了梁、柱，在一定程度上节约了造价。

2. 分离型立体仓库

分离型立体仓库的建筑物与高层货架是分别建造的，一般是在建筑物完成之后，按设计及规划在建筑物内部安装高层货架及相关的机械装备。分离型立体仓库可以不形成永久性设施，按需要进行重新安装和技术改造，因此比较灵活机动，但一般造价较高。

一体型立体仓库一般层数较高，采用钢结构或钢筋混凝土结构；而分离型立体仓库一般层数较低，主要是钢结构，可装配，也可拆移，具有机动性。

在现代物流系统中，储存型的物流中心、吞吐量及储存量较大的仓库、配送中心的存货库等多采用一体型立体仓库，而车间仓库、配送中心的配货部、转运中心等多采用分离型立体仓库，分离型立体仓库也适合在旧库改造时采用。

(三) 按装取货品机械种类分类

1. 货架叉车立体库

立体仓库所用的叉车有三种：一是高起升高度（高扬程）叉车，二是前移式叉车，三是侧式叉车。后两种叉车也需要有一定的起升高度。叉车由地面承重，不是固定设施，因而较机动。但叉车运行所占通道宽度较宽且最大起升高度一般不超过 6

米，因此只适用于中、低层立体仓库。

2. 巷道堆垛机立体库

在立体库的货架间通道部署巷道堆垛机，所用的巷道堆垛机主要是上部承重的下垂式巷道堆垛机和下部轨道承重、上部导轨限定的巷道堆垛机，主要用于中、高层立体仓库。

● **（四）按出入库操作方式分类**

1. 人工寻址、人工装取方式

先由人工操作机械运行并在高层货架上寻址，然后由人工将货品从货架取出或将搬运车上的货品装入货架。

2. 自动寻址、人工装取方式

按输入的指令，机械自动运行寻址认址，运行到预定货位后自动停住，由人工装货或从货架中取货。

3. 自动寻址、自动装取方式

这是无人操作方式，按控制者的指令或按计算机出库、入库的指令自动操作。

在以上三种方式中，人工寻址、人工装取主要适用于中、低层立体仓库，其他两种适用于中、高层立体仓库。

● **（五）按功能分类**

1. 储存式立体仓库

这种仓库以大量存放货品为主要功能，存放货品种类不多，但数量大，存期较长。各种密集型货架的立体仓库都可作储存式仓库。

2. 拣选式立体仓库

这是以大量进货，多客户、多种类、小批量发出为主要功能的立体仓库。这类仓库要创造方便拣选和快速拣选的条件，往往采取自动寻址认址的方式。由于客户需求差异较大，难以整进整出，不适合用自动化无人作业方式，而适合使用人工拣选。拣选式立体仓库较多用于配送中心。

三 自动化立体仓库的组成

（一）货架

钢铁结构构成储存货品的单元格，单元格内一般存放托盘装货物。一个货位的地址由所在的货架的排数、列数及层数来确定，信息系统据此对所有货位进行管理。

（二）巷道机

在两排高层货架之间一般留有1~1.5米宽的巷道，巷道机在巷道内作来回运动，巷道机上的升降平台可进行上下运动，升降平台上的存取货装置可对巷道机和升降机确定的某一个货位进行货品的存取作业。

（三）输送系统

输送系统所用的机械常有输送机、自动导向车（AGV）等，其作用是配合巷道机完成货物的输送、转移、分拣等作业。

（四）控制系统

自动化立体仓库的计算机中心或中央控制室接收到出库或入库信息后，由管理人员通过计算机发出出入库指令，巷道机、自动分拣机及输送设备按指令启动，共同完成出入库作业。

四 自动化立体仓库的优缺点

（一）自动化立体仓库的优点

1. 能大幅度地减少占地面积和提高库容

目前，高层货架仓库的最高高度已经超过40米，其单位面积储存量要比普通的仓库大得多。例如，一座货架高度为15米的高架层货仓库，储存机电零件和外协件，其单位面积储存量为每平方米2~150吨，是普通货架仓库的4~7倍。

2. 提高仓库出入库频率

自动化立体仓库采用机械化、自动化作业方式，货品出入库频率高。自动化立体仓库能融入整个企业的物流系统，成为系统中的一环，从而使企业物流运作更为合理。

3. 提高仓库管理水平

借助于计算机管理，企业能有效地利用仓库储存能力，便于清点盘库，合理减少库存，节约流动资金，还能对半成品进行跟踪。

4. 有助于减少货损

由于采用货架储存方式，并结合计算机管理，货品可以很容易实现先进先出，防止因存储时间过长而自然老化、变质。自动化立体仓库也可降低货品丢失的概率。

5. 能较好地适应黑暗、有毒、低温等特殊场合的需要

例如，胶片厂储存胶片卷轴的自动化仓库，在完全黑暗的条件下，通过计算机控制可实现胶片卷轴的自动入库和出库。

（二）自动化立体仓库的缺点

结构复杂，所需配套设备多，建筑和设备投资较高；货架安装精度要求高，施工比较困难，且施工周期长；储存货品的品种受到一定限制，不适于储存超长和较重的货品；对仓库管理人员和技术人员要求较高，人员须经过专门培训；变化困难，仓库一旦建成，就很难根据货品及储存特性进行调整；对设备的保养和维护要求高。

自动化立体仓库有优点也有缺点，在选择建设自动化立体仓库时，企业必须综合考虑自动化立体仓库在整个企业中的营运策略地位和设置自动化立体仓库的目的，不能为了自动化而自动化。

延伸阅读

自动仓储系统发展趋势

1. 自动化程度不断提高

采用可编程序控制器、微机控制搬运设备的仓库和采用计算机管理与可编程序控制器联网控制的全自动化仓库在提高作业效率和控制精度、降低误差率等方面优势突出。生产企业的自动化仓库作为全厂计算机集成制造系统的一部分与全厂计算机系统联网的应用能收到很好的效果。

2. 与工艺流程结合更为紧密

自动仓储使高架仓库与生产企业的工艺流程密切结合，成为生产物流或销售物流的一个组成部分，如柔性加工系统中的自动化仓库。在配送中心，自动化仓库与货品的拣选、配送相结合，并成为配送中心的一个组成部分。

3. 储存货品品种多样化

不管是长6米以上、重4~10吨的钢板、钢管等长大件，还是电子元器件等小件，高架仓库都可以储存，专门用作汽车储存的高架仓库也已出现。

4. 提高仓库出入库周转率

除管理因素外，仓库要提高出入库周转率，在技术上主要是提高物品搬运设备的工作速度。巷道堆垛起重机的起升速度已达90米/分，运行速度240米/分，货叉伸缩速度达30米/分。有的高架仓库采用上、下两层结构巷道堆垛机进行搬运作业的方法来提高出入库能力。

5. 提高仓库运转的可靠性与安全性及降低噪声

例如，在自动控制与信息传输中，采用高可靠性的硬件、软件，增强抗干扰能力；采用自动消防系统，将货架涂刷耐火涂层，开发新的更可靠的检测与认址器件；采用低噪声车轮和传动元件等。

◆本章小结◆

仓库是保管、存储货品的建筑物和场所的总称。仓库类型多种多样，每一种仓库都有自身的特点。仓储设施与设备主要包括计量装置、料棚、存储容器、装卸搬运设备及货架等。仓库货架是专门存放单元化货品或成品物件的保管设备，包括传统货架和新型货架。自动化立体仓库是自动化仓储技术和立体仓库的结合，具有空间节约和仓储技术先进的优点，但也存在一定的缺点。自动化立体仓库从不同角度可以划分为多种类型，每一种类型都有独特价值。

■案例分析■

菜鸟网络建造中国最大规模机器人仓库

2018年10月,菜鸟网络宣布位于江苏无锡的中国首个IoT未来园区正式投入服务。该园区内近700台自动导引运输车(AGV)机器人正式上线运行,成为中国目前拥有机器人规模最大的智能仓库。

未来园区的高密度自动存储仓库储量是普通仓库的5倍。在3万平方米的库区内,近700台机器人形成一个繁忙的智能运输和工作系统,它们会互相避让,并且能够自主充电。它们主要负责带着订单箱到货架指定区拣货、移动货架和找到订单箱装货。菜鸟网络表示,通过利用自动化技术,他们可以实现国内24小时、国际72小时配送到家的最终目标。

未来园区的智能设备可以自动识别人员进出,指引货车行驶和装卸,也能对周界安全、消防通道甚至抽烟等细节行为进行识别和自动报警。在仓库内,用上算法的摄像头学会了"思考",而不再只是记录和保存视频画面,还可以不间断动态扫描仓内,自动计算货物存储堆积和进出情况,实时反馈到调度系统。目前,整个园区运营效率相较于传统园区提高了20%。

"自动化绝对是物流未来的关键,我们正在努力做更多的自动化实践。"菜鸟网络副总裁在接受媒体采访时表示,在不久的将来,人类将与机器人一起在仓库中工作,但最终可以完全自动化。"我们确实预计,未来我们将看到一个完全自动化的仓库。"

其实,菜鸟网络并不是唯一一个试图为仓库带来更多自动化的公司。在全球范围内,亚马逊也使用机器人运输包裹,英国电商平台Ocado在其仓库中使用各种自动化机器。

(资料来源:浙江在线,文字有删改)

问题讨论

1. 智能技术对仓储管理人员具有替代效应吗？
2. 依据案例，谈谈你对智能化仓库的认识。

复习思考题

1. 什么是仓库？仓库有哪些类型？
2. 常用的仓库设施与设备有哪些？它们主要发挥什么样的作用？
3. 何谓货架？货架有何作用？
4. 试简述新型货架的结构和特点。
5. 自动化立体仓库有哪些类型？各有什么特点？
6. 自动化立体仓库有哪些优缺点？

实训题

某公司刚刚注册，注册资金为一百万元，注册地址在上海市嘉定区南翔镇。该公司主要经营螺钉、螺母、螺栓等小五金的储存服务，计划建造小型单层仓库，要求机械化程度达到中等。试为该公司的仓库规划配置库内设备。

请分组完成上述训练，每组2~4人，要写出需配置的各种仓库设备的种类、规格，并请详细描述选择各种设备的理由，以组为单位提交仓储设备配置方案说明。

第三章

仓储作业管理

◆学习目标◆

通过本章学习,学生要熟悉入库作业基本环节及其要求,掌握储存定置管理概念、内容与方法,掌握库存货品变化原因与养护方法,掌握库存货品盘点内容、流程及盘点结果处理措施,掌握库存货品出库要求、出库程序与出库问题处理方法,了解仓储成本的构成内容,掌握降低仓储成本的基本途径。

开篇案例

亚马逊的"混乱库存管理制度"

不管你信不信,全球最大的零售电商亚马逊的仓库库存就是这样随机摆放的。其仓库采用混乱无序的方式存放各种类型的商品。这需要整治吗?不需要!在这种无序存储的背后,隐藏着一整套能够产生最大化运作功效的"混乱库存管理制度"。

混乱库存管理制度是如何运作的?混乱库存管理制度——有时也被称为"随机存放制度",本质上就是一个存放商品的货架系统。表面上看,混乱库存管理存在效率瓶颈,但是实际上,这种担忧是多余的,亚马逊的平均出错率远低于普通固定存货系统,这依赖于其独特的"货找人"而非"人找货"分拣方式。

从分区的商品开始,仓库的工作人员把进货运至货架系统,找个空位存放。每个货架和每个商品位都有一个独一无二的条形码。工作人员用手持扫描仪扫描货架位和对应商品,由电脑存储该商品的具体位置。

当订单来需要进仓库取货时,电脑会自动输出一组提货单。提货单上显示的商品会是距离负责提取该商品的员工最近的那些货架,精准而高效。每个物件从货架取下时都要再扫描一次,这样做保证了数据库能够即时更新信息。

这里要指出的是,混乱管理并不是混乱操作,也并不意味着是全自动化管理系统,因为全自动操作一个混乱存储系统虽然可行,但是成本太高,所以这不是亚马逊的优先选择。亚马逊通过一项模拟存储进程的实验发现，雇佣适当的仓库管理员工比全自动化更节省成本。

（资料来源：中国物流与采购网，文字有删改）

第一节　仓储作业流程

一、仓储作业流程

仓储作业流程是指以保管活动为中心，从仓库接受货品入库开始，到按需要把货品全部完好地发送出去的全部过程。仓储作业流程一般由入库作业、保管作业、出库作业三大阶段构成，包括围绕这三大阶段进行的一系列作业环节。图3-1描述了仓储作业的基本内容。

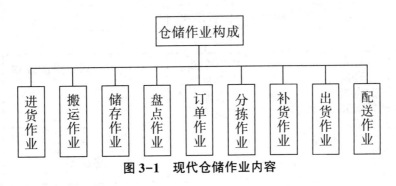

图3-1　现代仓储作业内容

仓储作业流程包括实物流过程和信息流过程两个方面。

（一）实物流

实物流是指库存物实体的空间移动过程。在仓库里，它是从库外流向库内，并经合理停留后再流向库外的过程，见图3-2。

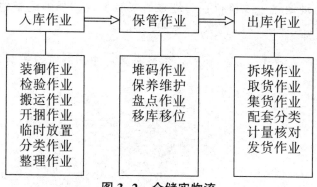

图 3-2 仓储实物流

从作业内容和作业顺序来看，主要包括接运、验收、入库、保管、保养、出库、发运等环节。实物流是仓库作业的最基本的运动过程。仓库各部门、各作业阶段与环节的工作都要保证和促进库存物的合理流动。

（二）信息流

信息流是指仓库库存物信息的流动。实物流组织是借助于一定的信息来实现的。这些信息包括与实物流有关的货品单据、凭证、台账、报表、技术资料等，通过在仓库各作业阶段、环节的填制、核对、传递、保存形成信息流。信息是实物流的前提，控制着实物流的流量、流向、速度和节奏，见图 3-3。

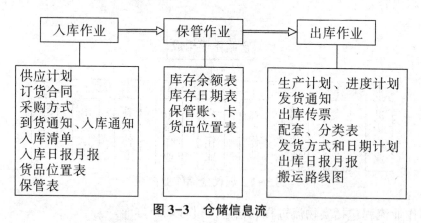

图 3-3 仓储信息流

二 仓储作业流程的特点

仓储作业过程的特点主要表现在以下四个方面。

（一）作业过程不连续

尽管存在就站直拨、就港直拨的情况，但是入库的每批货品不论储存时间长短都要在仓库中经历一段时间，每批货品从入库到出库并不是连续的，而是间断进行的。

（二）作业量不均衡

仓库每天发生的作业量有很大的差别，各月之间的作业量也有很大的不同，这种日、月作业量的不均衡主要是由于仓库入库作业和出库作业在时间上的不均衡（不确定）和批量大小不等造成的。

（三）作业对象复杂

除专用性仓库外，仓库的作业对象可以是各式各样的货品，可以有成千上万个品种。不同的库存货品可能要求不同的作业手段、方法和技术，因而仓库作业情况会比较复杂。

（四）作业范围广泛

仓库的各个作业环节大部分是在仓库范围内进行的，但也有一部分作业是在仓库以外进行的，如接运、配送等作业可能要在生产企业、中转仓库、车站、港口或者客户指定地点进行，因此，作业范围相当广泛。

第二节 入库作业管理

货品入库作业程序一般包括入库前准备、货品接运、货品验收、入库交接四个环节。

一 入库前准备

（一）编制仓库货品入库计划

货品入库计划是仓库业务计划的重要组成部分。它是根据企业货品供应业务部门提供的货品进货计划来编制的。货品进货计划主要内容包括各类货品的进库时间、品种、规格、数量等,也可称为"货品储存计划"。仓库部门根据供应计划部门提交的采购进度计划,结合仓库本身的储存能力、设备条件、劳动力情况和各种仓库业务操作过程所需要的时间,综合确定仓库的入库业务计划。

企业货品供应部门的货品储存计划、进货安排会经常发生变化。为适应这种情况,仓库管理可采取长计划短安排的办法,按月编制作业计划。

●(二)入库前的准备工作

货品入库前的准备工作主要是制定仓库接受货品入库的具体实施方案。

1. 组织人力

按照货品到达的时间、地点、数量等预先做好到货接运、装卸搬运、检验、堆码等人力组织安排。

2. 准备物力

根据入库货品的种类、包装、数量等情况以及接运方式,确定搬运、检验、计量等方法,配备好所用车辆、检验器材、度量器具和装卸、搬运、堆码的工具以及必要的防护用品用具等。

3. 安排仓位

根据入库货品的品种、性能、数量、存放时间等,结合货品的堆码要求,维修、核算占用仓位的面积以及进行必要的腾仓、清场、打扫、消毒等,准备好验收场地。

4. 备足苫垫用品

根据入库货品的性能、储存要求、数量和保管场地的具体条件等,确定入库货品的堆码形式和苫盖、下垫形式,准备好苫垫物料,做到货品的堆放与苫垫工作同时一次完成,以确保货品的安全和避免以后的重复工作。

二 货品接运

货品接运人员要根据不同的接运方式,处理接运中的各种问题。

●(一)专用线接运

这是铁路部门将转运的货品直接送到仓库内部专用线的一种接运方式。在操作时，主要从以下几个方面考虑。

1. 卸车前的检查

卸车前的检查包括核对车号，检查车门、车窗、货封有无异样，货品名称、箱件数是否与货品运单上相符。对盖有篷布的敞车，应检查覆盖状况是否严密完好，尤其要查看有无雨水渗漏的痕迹和破损、散捆等情况。

2. 卸车过程中的注意事项

货品应按车号、品名、规格，分别堆码，层次分明，便于清点，并标明车号和卸车日期；注意外包装的指示标志；妥善苫盖，防止受潮和污损。保管人员应参与卸货，争取在卸车时将货品件数一次点清。卸货后，货垛之间要留有通道，与消防、电力设施保持一定距离，与专用线铁轨外侧距离要在1.5米以上。卸车人员应正确使用装卸机具和安全防护用具，确保人身和货品安全。

3. 卸车后的清理

检查车内货品是否卸净，关好车门、车窗，通知车站取车。做好卸车记录，办理内部交接手续，主要包括将卸车记录和运输记录交付保管人员，将进货货品清点交付保管人员。

● **（二）车站、码头提货**

提货人到车站提货，应向车站出示"领货凭证"，若无"领货凭证"，也可以凭单位证明或在货票存查联上加盖单位提货专用章，将货品提回。

到码头提货手续稍有不同，提货人要事先在提货单上签名并加盖公章或附单位提货证明，到港口换取货运单，到指定的库房提取货品。

提货时，要根据运单和有关资料认真核对检查，并填写相关记录。

货到库后，接运人员应及时将运单连同提取的货品向保管人员当面交点清楚，双方共同办理交接手续。

● **（三）自己提货**

仓库直接到供货方提货叫"自提"，这种方式的特点是提货与验收同时进行。仓库根据提货通知，了解所提货品的性质、规格、数量，准备好提货所需的设备、工具、人员；到供货单位当场进行货品验收，清点数量，查看外观质量，做好验收记录；提货回仓库后，交验收员或保管员复验。

(四)送货上门

这是供货方直接将货品送达仓库的方式。当货品到达后,保管员或验收员直接与送货人员进行接收工作,当面验收并办理交接手续。如果有差错,则要立即作出记录,让送货人员签章。

(五)装卸搬运服务

确定接运方式后,仓库还需要根据合同约定,组织装卸搬运设备及人员,及时完成货品装卸服务。仓库应该根据货品特征及时限要求,合理选择装卸工艺。例如,从专用线上卸载稻谷、煤炭等大宗散装货品时,应优先考虑架设带式输送机。到车站提取袋装大米时,宜采取叉车装卸方式。装卸搬运操作务必小心谨慎,避免发生作业事故,从而引发合同纠纷。

(六)差错处理

在接运过程中,如果发生差错,除了由于不可抗力或货品本身性质引起的意外,所有差错的损失都要向责任者提出索赔。因此,差错的记录显得尤为重要。

差错事故记录主要有以下两种。

1. 货运记录

货运记录是表明承运方负有责任事故、收货方据此索赔的基本文件。货品在运输过程中发生以下差错均须填写货运记录:货品名称、件数与运单记载数字不符,货品被盗、丢失或损坏,货品污损、受潮、生锈、霉变或其他货品差错等。记录必须在收货方卸车或提货前,经承运方复查确认后,由承运方填写交给收货方。

2. 普通记录

这是承运方开具的一般性证明文件,不具备索赔的效力,仅作为收货方向有关部门交涉处理的依据。遇到下述情况并发生货损货差时,需填写普通记录。普通记录内容包括:铁路专用线自装自卸的货品;棚车的铅封印纹不清、不符或没有按规定施封;施封的车门、车窗关闭不严,或者门窗有损坏;篷布苫盖不严漏雨或其他异状;责任判明为供货方负责的其他事故。以上情况的发生,责任一般在供货方,收货方可以凭普通记录向供货方交涉处理,必要时向供货方索赔。

(六)接运记录

在完成货品接运过程的同时,每一步骤应有详细的记录。接运记录要详细列明接运货品到达、接运、交接等各个环节的情况。

采用完整记录的目的是：检查接运工作各个环节的效率，防止遗漏和积压；作为接运工作的基础统计；分清责任，追踪有关资料，保证验收、索赔、交涉等工作的顺利进行；有利于清理在途货品。

三 货品验收

货品验收是按照验收业务作业流程，核对凭证等规定的程序和手续，对入库货品进行数量和质量检验的经济技术活动的总称。凡货品进入仓库储存，必须经过检查验收，只有验收通过后才可入库保管。

（一）验收的作用

所有到库货品必须在入库前进行验收。验收作业的必要性在于以下两点：其一，各种到库货品来源复杂、渠道繁多，从结束生产过程到进入仓库前经过了一系列储运环节，由于各种外界条件的影响，其质量和数量可能发生某种程度的变化；其二，各类货品虽然在出厂前都经过了检验，但偶尔会出现错检、漏检，使一些不合格货品按合格货品交货，或者供货厂家的配货作业发生差错，出现错配、误配的情形。

货品验收的作用，主要表现在以下方面：验收是做好货品保管保养的基础，杜绝问题货品流入仓库；验收记录是仓库提出退货、换货和索赔的依据；验收是避免货品积压，减少经济损失的重要手段。

由此可见，货品验收对于仓储作业管理是十分重要的，它是整个仓储作业的管理控制入口。任何疏忽大意都会造成保管工作的混乱，给企业带来经济损失。

（二）验收的要求

货品验收工作是一项技术要求高、组织严密的工作，关系整个仓储业务的顺利进行。验收的基本要求就是及时、准确、严格、经济。

1. 验收要及时

到达仓库的货品必须在规定的期限内完成验收。在仓储制度中，一般都规定未经过验收的货品不能入库入账，更不能供应给使用部门。只有及时验收，尽快提出检验报告，才能保证货品尽快入库保管，满足用料单位需要，加快货品和资金周转。同时，货品的托收承付和索赔都有一定的期限，如果验收时发现货品不符合规定要求，退货、换货或赔偿等要求均应在规定的期限内提出，否则供应方或承运方不再承担责任。

2. 验收要准确

验收的目的是要弄清货品数量和质量方面的实际情况，如果验收不准确，就失去了存在的价值。不准确的验收会给人假象，造成错误的判断，引起保管工作的混乱，严重时还可能危及营运安全。因此，验收的各项数据或检验报告必须准确无误。

3. 验收要严格

仓库有关各方都要严肃认真地对待货品验收工作。验收工作直接关系国家和企业利益，也关系以后各项仓储业务的顺利开展。仓库领导应高度重视验收工作，直接参与人员更要以高度负责的态度来对待这项工作。

4. 验收要经济

在多数情况下，货品验收不但需要检验设备和验收人员，而且需要装卸搬运机具和设备以及相应工种操作人员的配合。这就要求各工种密切协作、人员与设备合理组织调配，以节省作业费用。此外，验收方法也有破坏与非破坏的区别，验收工作应尽可能保护原包装，减少或避免破坏性试验，这也是提高作业经济性的有效手段。

● **（三）验收的流程**

货品验收包括验收准备、核对证件和检验实物三个作业环节。

1. 验收准备

仓库接到到货通知后，应根据货品的性质和批量提前做好验收前的准备工作。验收准备主要是指人员、资料、工具的准备工作。

（1）人员准备。人员准备是指提前安排好仓库所属验收人员或使用单位（或部门）的专业技术人员、装卸搬运人员。

（2）资料准备。资料准备是指收集并熟悉待验货品的有关文件，例如，技术标准、订货合同等。

（3）工具准备。工具准备是指准备好验收用的检验工具，例如，衡器、量具等，并校验准确。另外，需要根据实际情况做好装卸搬运机械设备的安排。

此外，对于有些特殊货品的验收，如毒害品、腐蚀品、放射品等，还要准备相应的防护用品。

2. 核对凭证

入库货品一般必须具备下列凭证。

（1）入库通知单和订货合同副本。

（2）供货单位提供的材质证明书、装箱单、磅码单、发货明细表等。

（3）货品承运单位提供的运单。若货品在入库前发现残损情况，则要有承运部门提供的货运记录或普通记录，以此作为向责任方交涉的依据。

核对凭证的流程主要是将上述凭证加以整理核对，只有全部相符后，才可进入下一步实物检验阶段。这里需要说明的是，具体的凭证类型随企业经营要求而异。凭证核对时，尤其要检查货品的规格、货运方式、到货日期是否与合同中相应条款一致。

3. 实物检验

实物检验是根据入库单和有关资料（采购合同、质量保证协定等），对货品实物进行数量与质量检验。

（1）数量检验。数量检验是进行清点计量作业，由仓库保管职能机构组织进行，一般情况下应该全检。数量检验分为计件、检斤、检尺求积三种形式。

计件适合按件数供货或者以件数为计量单位的货品，在一般情况下，应逐一清点。国内货品只检查外包装，不拆包检查；进口货品按合同或惯例办理。

检斤是指对于按重量供货或以重量为计量单位的货品，进行数量验收时称重。金属材料和某些化工产品常为检斤验收，所有检斤的货品都应填写磅码单。对于进口货品，原则上应全部检斤，除非采购合同另有约定。

检尺求积是指对以体积为计量单位的货品先检尺，后求体积。例如，木材、竹材、砂石等。

在实践中，具体选择哪种检验方式应根据货品的特点和包装而定，甚至可以灵活转换。比如，金属材料如果检斤不便，可以在采购合同许可下先检尺求积，再利用理论公式换算成重量。又如，螺母等小型零配件，直接计件工作量很大，可以先检斤，再根据单个零件的重量估算总体数量。

对于某些货品，在数量检验时，可以接受一定范围内的数量差异，这一差异限度在供货合同中应详细规定或者按照惯例处理。如果检验差异可以接受但不可忽略，那么应在检验报告中详细说明，以便财务部门根据检验结果调整实际付款数额。

（2）质量检验。质量检验包括外观检验、尺寸检验、理化检验三种形式。对于普通货品,仓库一般只采取前两种检验形式。

外观检验是指通过人的感觉器官,检验货品的包装外形或装饰有无缺陷;检查货品包装是否牢固;检查货品有无损伤;检查货品是否被雨、雪、油污等污染,有无潮湿、霉腐、生虫等。外观有缺陷的货品有时可能影响质量,要单独存放,防止混存,等待处理。

尺寸检验是指检查货品的规格是否符合要求。需要进行尺寸精度检验的货品,主要是金属材料中的型材、部分机电产品和少数建筑材料。不同型材的尺寸检验各有特点,例如,管材主要检验壁厚和内径尺寸,板材主要检验厚度及其均匀度等。对部分机电产品的检验,一般请用料单位派员进行。尺寸精度检验是一项技术性强且很费时间的工作,全部检验的工作量大,并且有些产品质量的特征只有通过破坏性的检验才能测到,一般采用抽验的方式进行。尺寸检验与数量检验中的检尺求积虽然都需要计量尺寸,但是两者目的不同,前者是检验精度是否符合要求,后者是为了测算货品体积。

理化检验是对货品内在质量和物理化学性质的检验。检验者要有一定的专业知识和检验技术。理化检验一般由专门的技术检验部门负责。

上述质量检验是指货品入库前的验收,属于事后检验的范畴。现代质量管理的范围已从传统的事后检验延伸到制造过程检验,尤其是合作伙伴型供应商,在供货单位完工时或在产品制造过程中,由需方派员到供货单位检验。应当指出,即使在供货单位检验过的货品,或者因为运输条件不良,或者因为质量不稳定,也可能在进库时发生质量问题,因此入库前的检验是有必要的。检验结束后,检验人员需填写检验单(见表3-1),以此作为货品入库或退货的必备凭证。

表 3-1　某仓库入库检验单　　编号:QR-PZ006

货品名称		入库数量	
货品图号		抽检数量	
材料牌号		合格率	
材料批号		尺寸要求	
生产批号		外表质量	
检验结论			

主管:　　　　　　　检验员:　　　　　　　年　月　日

(四) 验收的方式

验收的方式主要有全检与抽检两种方式。

货品的验收方式应该由供求双方协商，并在采购合同或者其他质量协议中明确规定。在进行数量和外观验收时，一般要求全检；在质量验收中，当批量小、规格复杂、包装不整齐或要求严格验收时，可以采用全检。全检虽然需要大量的人力、物力和时间，但是可以保证验收的质量。当产品批量大、规格和包装整齐且供货单位的信誉较高，或在验收条件有限的情况下，验收通常采用抽检的方式。货品质量和储运管理水平的提高及数理统计方法的发展，为抽检方式提供了物质条件和理论依据。

● （五）验收中发现问题的处理

在货品验收中，验收者可能会发现诸如产品证件不齐、数量短缺、质量不符合要求等问题，此时应区分不同情况，及时处理。凡在验收中发现问题等待处理的货品应该单独存放，妥善保管，防止混存、丢失、损坏。

1. 数量短缺

数量短缺在规定磅差范围内的，可按原数入账；凡超过规定磅差范围的，应查对核实，做成验收记录和磅码单交给主管部门会同货主向供货单位交涉。凡实际数量多于原发料量的，可由主管部门向供货单位退回多发数。

2. 质量验收不符合规定

应及时向供货单位办理退货或者换货，或征得供货单位同意代为修理，或在不影响使用前提下让步接收。货品规格不符或错发时，应先将规格对的先行入库，规格不对的做成验收记录交给主管部门办理换货。

3. 证件未到或不齐时

应及时向供货单位索取，到库货品应作为待检验货品堆放在待验区，待证件到齐后再进行验收。坚持"证件没有齐备就不能验收，不能入库，更不能被使用部门提取使用"的原则。

4. 对于承运部门造成的货品数量短少或外观包装严重残损

应及时依据接运提货时索取的"货运记录"向承运部门索赔。

5. 货品价格不符

应主动联系相关部门，及时更正。

6. "入库通知单"或其他证件已到，但在规定的时间未见货品到库

应及时向主管部门反映，以便查询处理。

四 入库交接

（一）交接手续

交接手续是指仓库对收到的货品向承运方进行确认，表示已接受货品。办理完交接手续，意味着划清运输部门、送货部门和仓库的责任。完整的交接手续如下。

1. 接受货品

仓库通过理货、查验货品，将不良的货品剔出、退回或者编制残损单证等以明确责任，确定收到货品的数量准确，货品表面状态良好。

2. 接受文件

接受送货人送交的货品资料、运输的货运记录、普通记录等以及运输单证上注明的相应文件，如图纸、准运证等。

3. 签署单证

仓库与送货人或承运人共同在送货人交来的送货单、交接清单上签字，并留存相应单证，见表3-2。

表3-2　某仓库到货交接单

填表时间：　　年　月　日

收货人	发站	发货人	品名	单位	件数	重量	车号	运单号	合同号
备注									
送货人			接货人				经办人		

（二）登账

仓库应建立详细反映货品仓储的明细账，登记货品入库、出库、结存的详细情况，用以记录库存货品动态和入出库过程。

登账的主要内容有货品名称、规格、数量、件数、累计数或结存数、存货人、批次、金额，注明货位号或运输工具、接（发）货经办人等。

（三）立卡

在人工管理的仓库中，货品入库或上架后，货品名称、规格、数量或出入状态等内容要填在料卡上,这称为"立卡"。料卡又称为"货卡""货牌",插放在货架上的货品下方的支架上或摆放在货垛正面明显位置。

(四)建档

仓库应为入库的货品建立存货档案,以便货品管理和维护客户联系,也为将来可能发生的争议保留凭据,同时有助于总结和积累仓库保管经验、研究仓储管理规律。

存货档案应一货一档设置,将货品入库、保管、交付的相应单证、报表、作业安排等原件或者附件、复制件存档。存货档案的内容主要包括:货品的各种技术资料、合格证、装箱单、质量标准、送货单、发货清单等;货品运输单据、普通记录、货运记录、残损记录、装载图等;入库通知单、验收记录、磅码单、技术检验报告;保管期间的检查、保养作业、通风除湿、翻仓、事故等直接操作记录;存货期间的温度、湿度、特殊天气的记录等;出库凭证、交接签单、送出货单、检查报告等;其他有关该货品仓储保管的特别文件和报告记录。

第三节 储存定置管理

进入仓库的货品由于性质不同往往需要分类保管,为了实现物得其所的储存目标,仓库需要对库存货品进行储存定置管理,即进行定区(货区管理)、定位(货位管理)、定型(堆码管理)。

一 货区管理

货区管理就是按照库存货品的性质(理化性质或流向)划分出类别,根据各类货品储存量的计划任务,结合各种库房、货场、起重运输设备的具体条件,确定各种货品应该储存的空间区域。

（一）货区分类方法

1. 按库存货品理化性质不同进行货区分类

这种方式就是按照库存货品的理化性质进行分类管理，例如，化工品区、金属材料区、纺织品区、冷藏品区、危险品区等。在这样的分区分类方法下，理化性质相同的货品集中存放，这便于仓库对库存货品采取相应的养护措施，还便于对同种库存货品进行清查盘点。从空间利用情况看，同种货品在集中存放时可以进行集中堆码，从而提高仓库货位的利用率。

2. 按库存货品的使用方向或按货主不同进行规划

在仓库中经常出现同样的货品却分属于不同客户的情况，如果此时依然按照货品的性质来进行货位规划，那么串发的可能性就非常大。此时需要根据货品的所有权关系来进行分区分类管理，以便于仓库发货或货主提货。但这种方式的缺点也是显而易见的，即非常容易造成货位的交叉占用，从而增加货品的质量保管难度。

3. 混合货位规划

由于按库存货品理化性质不同进行规划和按库存货品使用方向或按货主不同进行规划都有明显的优势和缺点，在通常情况下，通用货品多按理化性质分类保管，专用货品则按使用方向分类保管。

（二）货区分类原则

1. 存放在同一货区的货品必须具有互容性

也就是说，性质互有影响和相互抵触的货品不能同库保存。

2. 保管条件不同的不应混存

当货品保管要求的温湿度等条件不同时，也不宜存放在一起，在一个保管空间同时满足两个或多个保管条件是不可能的，更是不经济的。

3. 作业手段不同的不应混存

这是指当存放在同一场所中的货品体积和重量悬殊时，将严重影响该货区所配置设备的利用率，还增加了作业组合的复杂性和作业难度，从而使作业风险增加。

4. 灭火措施不同的绝不能混存

灭火方法不同的货品存放在一起，不仅使安全隐患大大增加，还增加了火灾控制和补救的难度。

二 货位管理

货位管理要求将入库的货品在既定货区内选择适当的储存货位。进入仓库储存的每一笔货品在其理化性质、来源、去向、批号、保质期等各方面都有独自特性，仓库要为这些货品确定一个合理的货位，既要满足保管的需要，又要便于仓库的作业和管理。

（一）货位的存货方式

1. 固定型

固定型利用信息系统事先将货架进行分类、编号，并贴付货架代码，各货架内装置的货品事先加以确定。各个货位只用于存放确定的货品，严格地区分使用，决不混用、串用。

固定货位具有货位固定，便于拣选、查找货品，仓容利用率较低的特点。固定型适用于仓储货品品种不多的仓库，长期货源的计划库存也大多采用固定型货位方式。

2. 流动型

流动型是指所有货品按顺序摆放在空的货架上，不事先确定各类货品专用的货架。流动型货位虽然有利于提高仓容利用率，但是仓库内显得混乱，不便查找和管理。周转速度极快的专业流通仓库和大型配送中心，由于货品保管时间极短，大多采用流动型货位方式。

3. 混合型

混合型综合了前两种货位布置的特点，对货位进行分区规划，同一区内只存放一类货品，区内的货位则采用流动存货方式。这种方式有利于货品保管也较方便查找，仓容利用率可以提高。大多数仓库采用这种方式。

（二）优选货位的原则

1. 根据货品的尺寸、货量、特性、保管要求选择货位

该原则同时关注通风、光照、温度、排水、防风、防雨等条件与货品保管的需要，做到货位尺度与货品尺度相匹配。大件、长件货品的货位周围应有足够的装卸空间；货位的容量应与货品量接近；选择货位时应考虑相近货位货品的情况，防止因货品保管条件不相容而影响货品质量；需要经常检查的货品应存放在便于检查的货位，如靠近入口的货位。

2. 根据保证"先进先出""缓不围急"的原则选择货位

"先进先出"是仓储的一般原则，可避免货品因超期存储而变质。但应了解，为了促进库存管理水平提高，仓库也可实施"后进先出"的保管制度。在货位安排时，要避免后进货品围堵先进货品。存期较长的货品不能围堵存期较短的货品。

3. 根据出入库频率高低和储存期长短来选择货位

出入库频率高的货品应安排在靠近出入口的货位，以方便出入。流动性差的货品则可以离出入口较远。同样道理，存期短的货品安排在出入口附近。

4. 根据"小票集中""大不围小""重近轻远"的原则选择货位

多种小批量货品应合用一个货位或者集中在一个货位区，避免夹在大批量货品的货位中，以便查找；重货应离装卸作业区最近，减少搬运作业量或者直接采用装卸设备进行作业；重货应放在货架或货垛的下层，轻货则应放在上层。

5. 根据操作的便利性原则来选择货位

所安排的货位要能保证搬运、堆垛、上架作业方便，要有足够的机动作业场地和装卸空间，能使用机械进行直达作业。

6. 根据作业量均衡的原则来选择货位

所安排的货位应尽可能避免同作业线路上有多项作业同时进行，以免相互妨碍。尽量实现各货位的同时装卸作业，以提高效率。这在大型仓储中心或码头中应该得到特别重视。作业均衡可以提高业务吞吐量，不仅能够提高作业效率，还能提高仓储经营的业绩。

（三）货位编号

货位编号是将库房、货场、货垛、货架以及货品的存放具体位置按顺序统一编列号码并明显标识。具体的编号方法可以按仓库的不同条件和实际需要灵活运用垂直、平面或立体的序列。最常用的是"四号定位"法，第一号表示仓库序号，第二号表示货架号，第三号表示货架的层号，第四号表示货位号。例如，数字 2-11-3-4，表示第 2 号库房，第 11 个货架，第 3 层的第 4 号货位。

三 堆码管理

堆码是指根据货品的包装、外形、性质、特点、重量和数量，结合季节和气候情况及储存时间，将货品按一定的规律码成各种形状的货垛。

堆码管理的主要目的是便于对货品进行维护、查验、点数等管理和提高仓容利用率。

（一）堆码的基本原则

1. 分类存放

分类存放是仓库储存的基本要求，是保证货品质量的重要手段，也是堆码需要遵循的基本原则。这里需要注意：不同类别的货品分类存放，甚至需要分区分库存放；不同规格、不同批次的货品也要分位、分堆存放；残损货品要与原货品分开；对于需要分拣的货品，在分拣之后，应分位存放；分类存放还包括将不同流向、不同经营方式的货品分类存放。

延伸阅读

什么是SKU？

SKU的英文原意是Stock Keeping Unit，即保存库存控制的最小可用单位。SKU通常以件、盒、托盘等为单位，它是大型连锁超市配送中心及电商仓储管理中的一个基本概念，现在已经被引申为"产品统一编号"的简称。仓库中每种产品的单品均对应有唯一的SKU号（单品是指一种商品的品牌、型号、配置、等级、花色、包装容量、单位、生产日期、保质期、用途、价格、产地等属性与其他商品存在不同）。例如，一款粉红色女装的S码可构成一个SKU，M码可构成另一个SKU，L码还可以构成一个SKU。

2. 选择适当的搬运活性

为了减少作业时间、次数，提高仓库物流速度，仓库应根据货品作业的要求，合理选择货品的搬运活性。

（二）堆垛的基本要求

货品堆垛是一项技术性工作，堆垛设计应满足以下基本要求。

1. 合理

合理是指不同性质、品种、规格、等级、批次和不同客户的货品应分开堆放。货垛形式应适应货品的性质，这有利于货品的保管，可充分利用仓容和空间；货垛间距应符合作业要求及防火安全要求；大货不压小货，重货不压轻货，缓货不压急货，不围堵货品，特别要注意后进货品不围堵先进货品，确保"先进先出"。

2. 牢固

牢固是指货物堆放稳定结实，货垛稳定牢固，不偏不斜。必要时可采用衬垫物固定，以免压坏底层货品或外包装，但要注意不超过库场地坪承载能力。当货垛较高时，上部应适当向内收缩。易滚动的货品应使用木楔或三角木固定，必要时可使用绳索、绳网对货垛进行绑扎固定。

3. 定量

定量是指每一货垛的货品数量保持一致，采用固定的长度和宽度，每层货量相同或成固定比例递减，能过目知数。每垛的数字标记清楚，货垛牌或料卡填写完整且排放在明显位置。

4. 整齐

整齐是指货垛堆放整齐，垛形、垛高、垛距标准化和统一化，货垛上的每件货品都摆放整齐，垛边横竖成列，垛不压线，货品外包装的标记和标志一律朝向垛外。

5. 节约

节约是指尽可能堆高，避免少量货品占用一个货位，以节约仓容，提高仓库利用率；妥善组织安排，做到一次作业到位，避免重复，节约劳动消耗；合理使用苫垫材料，避免浪费。

6. 方便

方便是指选用的垛形、尺度、堆垛方法应方便堆垛、搬运及装卸作业，以提高作业效率；垛形方便理数、查验货品，方便通风、苫盖等保管作业。

堆码作业必须参照货品的仓容定额、地坪承载能力、允许堆积层数等条件进行。

仓容定额是某种货品在单位面积上的最高储存量，其单位是吨/平方米。不同货品的仓容定额是不同的，同种货品在不同的储存条件下，其仓容定额也不相同。仓容定额受货品本身的外形、包装状态、仓库地坪的承载能力和装卸作业手段等因素的影响。

（三）堆码方法

1. 散堆法

散堆法是指用堆场机或者铲车从确定的货位后端直接将货品堆高，在达到预定的货垛高度时，逐步后退堆货，后端先形成立体梯形，再成垛，整个垛形呈立体梯形的堆垛方法。由于散货具有流动性、散落性，堆货时货品不能离垛位四边太近，以免货垛散落使货品超出预定的货位。散堆法不能采用先堆高后平垛的堆垛方法，以免货品超重压坏场地。

散堆法适用于露天存放的没有包装的大宗货品，如煤炭、矿石、黄沙等堆垛，也适用于库内少量存放的谷物、碎料等散装货品堆垛。

延伸阅读

堆码的"五距"安全要求

堆码的"五距"是指顶距、灯距、墙距、柱距和堆距。顶距是指货堆的顶部与仓库屋顶平面之间的距离。留顶距主要是便于仓库通风，平顶楼房的顶距应在50厘米以上。灯距是指仓库里的照明灯与货品之间的距离。留灯距主要是防止火灾，货品与灯的距离一般不应少于50厘米。墙距是指货垛与墙的距离。留墙距主要是防止渗水，便于通风散潮。柱距是指货堆与屋柱之间的距离。留柱距是防止货品受潮和保护柱脚，一般留10~20厘米。堆距是指货堆与货堆之间的距离。留堆距是便于仓库通风和检查货品，一般留10厘米即可。

2. 堆垛法

有包装（如箱、桶、袋）的货品，包括裸装（如木材、钢材）的计件货品，都可采取堆垛法储存。采取堆垛法储存货品能充分利用仓容，做到货垛整齐，方便作业和保管。常见的堆垛方式主要有以下几种。

（1）重叠式。重叠式也称"直堆式"，指货品逐件、逐层向上重叠堆码，一件货压一件货的堆码方式。为了保证货垛稳定，堆码到一定层数后改变方向继续向上，或者长宽方向各减少一件货继续向上堆放（俗称"四面收半件"）。该方式虽可以方便作业、计数，但稳定性较差，适用于袋装货品、箱装货品以及平板式、片式货品等堆码。

（2）纵横交错式。该方式指每层货品都改变方向向上堆放，适用于管材及捆装、长箱装等货品堆码。该堆垛方式虽较为稳定，但操作不便。

（3）仰伏相间式。该方法适用于槽钢、钢轨等堆码。堆垛时先将货品仰放一层，再在反面伏放一层，仰伏相间相扣。该堆垛方式虽极为稳定，但操作不便。

（4）压缝式。该方式将底层货品并排摆放，上层货品放在下层的两件货品之间。如果每层货品都不改变方向，则形成梯形；如果每层都改变方向，则类似于纵横交错式。上下层件数的关系分为"2顶1""3顶2""4顶3""5顶4"等。

（5）通风式。该方式指货品在堆码时，每件相邻的货品之间都留有空隙，以便通风。层与层之间采用压缝式或者纵横交叉式堆码。此方式适用于需要较大通风量的货品堆垛。

（6）栽柱式。该方式指在码放货品前，先在货垛两侧栽上木桩或者钢棒（如U形货架），再将货品平码在桩与柱之间，经过几层后用铁丝将相对两边的柱拴联，往上摆放货品。此方式适用于棒材、管材等长条状货品堆码。

（7）衬垫式。该方式指在码垛时，隔一层或隔几层铺放衬垫物，在衬垫物平整牢靠后，再往上堆码货品。此方式适用于外形不规则且较重的货品，如无包装电机、水泵等堆码。

（8）直立式。直立式是指货品保持垂直方向码放的方法。此方式适用于不能侧压的货品，如玻璃、油毡、油桶、塑料桶等堆码。

（9）架式堆垛。架式堆垛是指利用货架存放物资，主要用于存放零星和怕压的货品。该方式可以采用移动式货架，由于货架可沿轨道水平移动，从而可减少货架间的通道面积，提高仓库利用率。

（10）托盘堆垛。近年来，托盘堆垛成为迅速发展的一种堆码方式。其特点是物资直接放在托盘上存放。物资从装卸、搬运入库到出库运输，始终不离开托盘，这样可以大大提高机械化作业的程度，减少搬运次数。包装整齐不怕压的货品可以使用平托盘，散装的货品可以使用箱式托盘，怕压和形状不规则的货品可以使用立柱式托盘。

● **（四）货品苫垫**

1. 苫盖

苫盖一般是指对堆放在露天货场的货品，为避免直接日晒和风、雨、霜、雪的侵蚀所采取的保护措施。苫盖的基本要求是风刮不开、雨漏不进、垛要整齐、肩有斜度。其具体方法如下。

（1）苫布（篷布、塑料布等）苫盖法。这是用苫布等把整个货垛遮盖起来的方法。苫布等不留空隙，垛顶斜面必须平整，以免下雨时低凹地方积水，雨水渗入垛内使货品受损（见图3-4）。垛底的枕木、石块不可露在苫布等的外面，以防止雨水顺延渗入垛内。苫盖后，要把苫布等的绳子紧拴在石墩上或地面特设的拉攀（石柱、铁环等）上，以免苫布等被大风掀起。堆垛大小要根据苫布等面积而定，如垛大布小，就要将多块苫布等连接起来，苫布等连接处要放宽重叠部分（一般要求为1.5米），上面块在外，下面块在内，以防止水从连接处渗入货垛。

图3-1　采取苫盖保护的露天货场

（2）席片苫盖法。这是指用芦席或草席自货垛底部逐渐向上做围盖，盖好后外形似鱼鳞状的苫盖方法，也称"鱼鳞苫盖法"，可防止漏雨。

（3）竹架苫盖法。这是以竹竿在垛顶先搭起人字架（人字架搭建数量依据货垛长度而定，一般以每隔1米放1个为宜，货垛两端必须要放），再在人字架上苫盖席子（席子要上面块在外，下面块在内，一直往下顺延，层层连接，直至整个货垛全部遮满）的方法。

(4) 隔离苫盖法。这种方法主要适用于怕热、怕潮货品的苫盖。操作时，垛间可用席片、竹片隔离，垛围可用席片反转向上层层钉牢，货垛与席片之间留有一定空隙，以起到散热、散潮的作用。

2. 垫底

垫底一般是指在货垛下面使用各种物料铺垫，为隔地面的潮湿，便于通风，防止货品受潮、霉变、残损所采取的保护措施。货品如何垫底，首先取决于储存货位的现实状况和货品性能这两个基本条件。

相对于库房而言，在料场和货棚中垫底更是不可缺少的作业环节，堆场的实际条件很复杂，堆场多数是泥土、煤渣或水泥地坪，地坪本身所含水分的蒸发或冷暖空气的侵入，都会使堆垛底部一、二层货品受潮、霉变。因此，采取垫底措施十分必要。

在堆场上存放的货垛一般大且重，要选择较坚固耐压的垫底材料，例如，枕木、水泥块、花岗石等。垫底高度应视气候条件和防汛要求而定，一般不低于30厘米，若在地势低洼和可能积水的场地，则要适当加高。垫底贴地一层可放花岗岩或者水泥条（垫木贴在地面容易腐朽），上面再架设垫木或者垫木架。垫木或垫木架不能露在货垛外面，以防雨水顺着垫木流进货垛。

第四节 货品养护管理

库存货品养护的基本任务是根据库存数量、货品质变速度、季节变化条件等，研究制定相应的技术措施，从而使货品质量可尽能地保持不变，最大限度地减少货品损失，降低保管损耗。

一 库存货品的变化

货品在仓储过程中的变化归纳起来有物理机械变化、化学变化、生化变化及其他生物所引起的变化四种。

(一) 货品的物理机械变化

物理机械变化是指只改变物质本身的外表形态，而不改变其本质，没有新物质的生成，并且可以反复进行的变化。货品的机械变化是指货品在外力的作用下发生形态的变化。货品物理机械变化的后果不是数量损失，就是质量降低，甚至失去使用价值。货品常发生的物理机械变化有货品的挥发、溶化、熔化、渗漏、串味、沉淀、沾污、破碎与变形等。

1. 挥发

挥发是指低沸点的液体货品或经液化的气体货品，经汽化而散发到空气中的现象。挥发速度快与气温高、空气流动速度快、液体表面接触空气面积大成正比关系。液体挥发不仅能减少货品的有效成分，增加货品损耗，影响货品质量，还可能引起火灾和空气污染。另外，有些液体货品受到气温升高的影响而体积膨胀，包装内部压力增大，当包装内部压力超过包装的承受极限时可能发生爆炸。

防止货品挥发的主要措施是加强包装密封。此外，需要控制仓库温度，如在高温季节采取降温措施。

2. 溶化

溶化是指固体货品在保管过程中，受到气候变化的影响，吸收空气中的水分，当吸收数量达到一定程度时由固体变成液体的现象。货品的溶化是由货品本身的性质所决定的，即同时具有吸湿性和水溶性的特点。货品的吸湿性是指货品吸收或放出水分的性质。这类货品在一定条件下不断地从空气中吸收水分，随着水分含量的增加，货品逐渐潮解，以至完全溶解成液体。货品的水溶性是指货品吸收水分后，逐渐溶解在所吸收的水分中成为液体的性能。

货品溶化与空气温度、湿度、堆码高度有密切关系。在保管过程中，一些结晶粒状或粉状易溶化货品，在空气比较干燥的条件下，慢慢失水后结成硬块。特别是货垛底层承受压力较重的部位结块较严重。虽然货品本身的性质并没有发生变化，但是由于形态改变，给储存、运输及销售带来很大的不便。易溶化的货品应按货品性能，分区分类存放在干燥阴凉的库房内，不适合与含水量高的货品同储。在堆码时，要注意底层货品的防潮和隔潮，垛底要垫得高一些。有条件的还可以在密封库内保管，并采取吸潮和通风相结合的温湿度管理方法来防止货品吸湿溶化。

3. 熔化

熔化是指低熔点的货品受热后发生软化以至化为液体的现象。货品的熔化除受气温的影响外,与货品本身的熔点、货品中的杂质种类和含量密切相关。熔点越低,越易熔化;杂质含量越高,越易熔化。

货品熔化有的会导致货品流失、粘连包装或者沾污其他货品;有的因产生溶解热而体积膨胀,使包装爆破;有的因货品软化而使货垛倒塌。预防货品的熔化应根据货品的熔点选择阴凉通风的库房储存。在保管过程中,一般可采取密封和隔热措施,加强仓库的温度管理,防止日光照射,尽量减少温度的影响。

4. 渗漏

渗漏主要是指液体货品,特别是易挥发的液体货品,由于包装容器不严密,或包装质量不符合货品性能的要求,或在搬运装卸时损坏了包装,而使货品发生冒、漏、渗的现象。

5. 串味

串味是指吸附性较强的货品因吸附其他气味而改变本来气味的现象。例如,粮食、茶叶、卷烟、食糖、饼干会因吸附煤油、汽油、樟脑、香皂或农药的气味而影响食用价值。

货品串味与货品表面状况、异味物质接触面积、接触时间以及环境中异味的浓度有关。对于易被串味的货品要尽量采取密封包装,在运输中不得与有强烈气味的货品同车(船)并运或同库储藏,还要注意运输工具和仓储环境的清洁卫生。

6. 沉淀

沉淀是指含有胶质和易挥发成分的货品,在低温或高温等因素的影响下,引起部分物质的凝固,进而发生膏体分离的现象。墨汁、饮料等货品在储存过程中容易沉淀。

预防货品的沉淀必须保证货品包装的严密,并做好货品冬季保湿工作和夏季降温工作。

7. 沾污

沾污是指货品外表沾染其他污渍的现象。货品沾污主要是生产、储运卫生条件差及包装不严所致。对一些外观质量要求较高的货品,如绸缎、呢绒等要注意防沾污,精密仪器、仪表等也要特别注意。

8. 破碎与变形

破碎与变形是常见的机械变化，是指物品在外力作用下发生形态的改变。

货品的破碎主要是指脆性较大的货品，如玻璃、陶瓷等，因包装不良或在搬运过程中受到碰、撞、挤、压、抛、掷等而破碎。货品的变形通常是指塑性较大的货品，如铝制品、皮革、塑料、橡胶等，由于受到强烈的外力撞击或长期重压，丧失回弹功能，形态发生改变。容易发生破碎和变形的货品应注意妥善包装，轻拿轻放。堆垛高度不能超过一定的压力限度。

●（二）货品的化学变化

化学变化不仅改变物质的外表形态，也改变物质的本质，并生成新物质，且不能恢复原状。货品若发生严重化学变化，则会完全丧失使用价值。常见的化学变化有化合、分解、氧化、聚合、老化、风化、陈化等。

1. 化合

化合是指货品在储存期间，因受到外界条件影响而使两种或两种以上物质互相作用，生成一种新物质的现象。例如，硫磺燃烧会产生二氧化硫，二氧化硫遇水生成的亚硫酸有漂白作用，会改变纺织品的颜色。

2. 分解

分解是指某些化学性质不稳定的货品，在光、热、酸、碱及潮湿空气的影响下，会由一种物质分解成两种或两种以上的物质的现象。货品在分解后，数量减少，质量降低。例如，漂白粉遇空气和水时会分解出氯，进而生成次氯酸，最终影响漂白粉的纯度。

3. 氧化

氧化是指货品与空气中的氧或其他放氧物质接触，所发生的化学变化。货品的氧化不仅会降低货品的质量，有的还会在氧化过程中产生热量，发生自燃，甚至发生爆炸事故。锈蚀也是一种氧化现象，它是金属制品的特有现象，即金属制品在潮湿空气及酸、碱、盐等作用下发生腐蚀的现象。易发生氧化的货品包括棉、麻、桐油布、油纸以及某些化工材料。

4. 聚合

聚合是指某些货品组成中的化学键在外界条件影响下发生聚合反应，从而改变货品性质的现象。例如，福尔马林在低温下容易聚合而成三聚甲醛或多聚甲醛，产生混浊沉淀。在保管易发生聚合反应的货品时，要特别注意温度和日光的影响，以防发生聚合反应而降低货品质量。

5. 老化

老化是指高分子材料（如橡胶、塑料、合成纤维等）在储存过程中，受到光、热、氧等的作用，出现发黏、龟裂、变脆等失去原有性能的现象。在保管易老化货品时，要注意防止日光照射和高温的影响，堆码不能过高，以免底层的塑料、橡胶制品受压变形，受热发黏。塑料制品还应避免与各种有色织品接触，以防颜色感染；合成纤维织品应注意防止日光照射特别是曝晒，并防止高温影响。

6. 风化

风化是指含结晶水货品在一定温度和干燥空气中因失去结晶水而使晶体崩解，变成非结晶状态的无水物质的现象。常见的易风化货品含有硫酸钠、硫酸锌、硫酸铜、硫酸钙等化学物质，这些化学物质都含有不同数量的结晶水，在不利温度条件或干燥空气中，有可能因失去结晶水而风化。玻璃长期在不利温湿度条件的影响下，也会风化，导致光泽度和透明度降低。

预防货品风化的主要措施是密封货品包装，在炎热干燥季节要加强储藏环境的温湿度控制。如果环境过于干燥，那么应适当加湿，以维持正常的空气湿度。

7. 陈化

陈化是指茶叶等货品在长期储藏中，即使不霉变，质量也会降低，出现如色泽灰暗，香气变淡，滋味欠浓等现象。这些现象随着储存时间的延长而更加显著。茶叶陈化在极大程度上取决于茶叶中的水分含量，即水分含量越高的茶叶，陈化的速度也越快。

● **（三）货品的生化变化及其他生物引起的变化**

生化变化是指有生命活动的有机体货品，在生长发育过程中，为了维持生命所进行的一系列变化，如粮食、水果、蔬菜、鲜鱼、鲜肉、鲜蛋等有机体，在储存过程中，受到外界条件的影响，和其他生物作用，往往会发生一系列变化。这些变化主要有呼吸、发芽、胚胎发育、后熟、霉腐、虫蛀等。

1. 呼吸

呼吸是指有机体货品（食品）在生命活动过程中，不断地进行呼吸，分解体内有机物质，产生热量以维持其本身的生命活动的现象。呼吸可分为有氧呼吸和无氧呼吸两种类型：有氧呼吸是有机体中的葡萄糖在空气中氧的作用和呼吸酶的催化下，经过氧化还原转为水和二氧化碳并释放热量的过程；无氧呼吸是在缺氧的条件下，有机体利用分子内的氧进行呼吸作用，将葡萄糖转化成酒精、二氧化碳并放出热量的过程。

正常的呼吸是有机体货品最基本的生理活动，有利于抵抗微生物的侵害。不论是有氧呼吸还是无氧呼吸，呼吸过程都要消耗营养物质葡萄糖，降低食品的质量。在呼吸时，热的产生和积累往往使食品腐败变质。因此，有机体货品在储存期间，既要保持正常呼吸，又要抑制旺盛呼吸，即设法控制呼吸强度。呼吸作用与有机体的水分、温度、通风条件等有关，仓库要正确掌握有机体货品的安全含水量，控制温湿度，以控制呼吸作用。

2. 发芽

发芽是指有机体货品在适宜条件和酶的作用下，冲破"休眠"状态的现象。发芽使有机体货品的营养成分转化为可溶性物质，供给有机体本身的需要，从而降低有机体货品的质量。如粮食发芽会降低加工成品率和食用价值；马铃薯发芽会产生有毒物质。为了延长这些货品的保管期，仓库必须控制货品的水分，加强温湿度管理，最好是低温保管，使有机体货品被迫处于"休眠"状态。

3. 胚胎发育

胚胎发育主要是指鲜蛋的胚胎发育。在鲜蛋的保管过程中，当温度和供氧条件适宜时，胚胎会发育成血丝蛋、血环蛋。经过胚胎发育的禽蛋新鲜度和食用价值大大降低。为抑制鲜蛋的胚胎发育，仓库应加强温湿度管理，最好是低温保管，或停止供氧，亦可采用饱和石灰水浸藏。

4. 后熟

后熟是指水果、蔬菜等鲜活食品在脱离母株后继续成熟的现象，它能改进色、香、味以及硬脆度等食用性能，但当后熟作用完成后，容易腐败变质，难以继续贮藏。因此，这类鲜活食品应在成熟之前采收并采取控制储藏条件的办法，调节后熟过程，以达到延长储藏时间的目的。

5. 霉腐

霉腐是货品在霉腐微生物作用下所发生的霉变和腐败现象。在气温高、湿度大的梅雨季节，如果仓库的温湿度控制不好，储存的棉布、皮革制品、纸张、卷烟以及中药材等货品会生霉，肉、鱼、蛋及果蔬会腐烂，果酒会变酸，酱油会出现白膜。

无论哪种货品，只要发生霉腐，就会受到不同程度的破坏，严重霉腐可使货品完全失去使用价值。有些货品还会因腐败变质而产生能引起人畜中毒的有毒物质。易霉腐的货品在储存时必须严格控制温湿度，并做好防霉和除霉工作。

6. 虫蛀

货品在储存期间常常会遭到仓库害虫的蛀蚀。仓库害虫在危害货品的过程中，不仅破坏货品的组织结构，使货品发生破碎和洞孔，还会排泄各种代谢废物污染货品，影响货品质量和外观，降低货品使用价值。

二、库存货品养护的方法

货品养护的基本方针是"以防为主，防治结合"。做好"防"的工作就可以减少"治"或者避免"治"。一旦发生了质量问题，就必须进行"治"。如果"治"的方法恰当、及时，同样可以避免货品的使用价值受到影响而发生损失。

（一）适当安排储存场所

由于不同货品性能不同，对保管条件的要求也不同，分区分类，合理安排存储场所是货品养护工作的一个重要环节。如怕潮湿和易霉变、易生锈的货品，应存放在较干燥的库房里；怕热，易溶化、发黏、挥发、变质或易发生燃烧、爆炸的货品，应存放在温度较低的阴凉场所；一些既怕热又怕冻且需要较大湿度的货品，应存放在冬暖夏凉的库房或地窖里。此外，性能相互抵触或易串味的货品不能在同一库房混存，以免相互产生不良影响。另外，相邻货品的养护措施及方法必须一致。

（二）严格入库验收

货品在入库之前，在运输、搬运、装卸、堆垛等过程中，可能受潮或被沾污、损坏，在入库验收时应及时发现，以分清责任。因此，入库货品除了要核对数量、规格外，还应该检查有无变形、变色、沾污、生霉、虫蛀、鼠咬、生锈、老化、沉淀、聚合、分解、潮解、溶化、风化、挥发、含水量过高等异状，有条件的应进行必要的质量检验。

(三) 合理堆垛苫垫

入库货品应根据其性质、包装条件、安全要求采用适当的堆垛方式，以达到便于堆垛且堆垛安全牢固、节约仓库成本的目的。为了防止货品受潮和满足防汛需要，货垛垛底应适当垫高，怕潮货品垛底还需要加垫隔潮层。露天货垛必须苫盖严密，达到风吹不开、雨淋不湿的要求。垛底地面应稍高，货垛四周应无杂草，并有排水沟以防积水。含水量较高的易霉货品应码成通风垛，容易渗漏的货品应码成间隔式的行列垛。

(四) 加强库房温湿度管理

货品质量变化类型虽然很多，但是多数受到温度和湿度的影响。因此，仓库管理人员需要掌握温湿度的日变化与年变化规律，了解库房内不同区域的温湿度差异情况，配备有关测量仪器，通过自然措施或机械设备调节仓库内温湿度环境，以保证货品的质量不变。库房内温湿度调节的方法包括密封、通风、吸湿和其他控制与调节温湿度的办法。

(五) 实施金属防锈措施

在储存保管金属材料、金属制品等场所，金属锈蚀现象普遍存在，危害严重。金属腐蚀按照发生机理的不同，可以分为化学腐蚀和电化学腐蚀。化学腐蚀能在金属表面生成一层薄膜，从不同程度上抑制腐蚀继续发生，一般不会造成严重损失。而电化学腐蚀是在有电解质溶液存在的环境中发生的，包括大气腐蚀、海水腐蚀、土壤腐蚀等，它能导致严重的金属锈蚀。为防止金属锈蚀，仓库在金属货品保管过程中首先要采取防潮、防尘、防有害气体、防机械损伤等措施，其次可以喷涂防护油、气相缓蚀剂或者可剥性塑料，或者将金属器件装入防锈袋（见图3-2）。一旦锈蚀发生，就立即采取物理或化学除锈措施，避免锈蚀扩大。

图3-5　金属防锈真空包装袋

(六) 推行在库巡查制度

货品在储存期间受到各种因素的影响，在质量上可能发生变化，如未能及时发现，就可能造成损失。因此，仓库需要根据货品性质、储存条件、储存时间以及季节气候变化分别确定检查周期、检查比例、检查内容，按期进行检查或开展巡回检查。一旦在检查中发现异状，要扩大检查比例，并根据情况及时采取适当的技术措施，防止货品受到损失。检查者还要留意仓库是否出现害虫，并做好相应的防治工作。

（七）搞好仓库清洁卫生

储存环境不清洁，易引起微生物、虫类寄生繁殖，危害货品。因此，仓库内外环境应经常清扫，彻底铲除仓库周围的杂草，清除垃圾，必要时使用药剂杀灭微生物和潜伏的害虫。对容易遭受虫蛀、鼠咬的货品，要根据货品性能和虫、鼠生活习性及危害途径，及时采取有效的防治措施。

第五节　盘点作业管理

为了对库存货品的数量进行有效控制，并查清其在库中的质量状况，必须定期或不定期地对各储存场所进行清点、查核，这一过程我们称为"盘点作业"。

一　盘点作业的目的和内容

（一）盘点作业的目的

1. 查清实际库存数量

盘点可以查清实际库存数量，并通过盈亏调整使库存账面数量与实际库存数量一致。账面库存数量与实际存货数量不符的主要原因有以下几点：收发作业产生的误差，如在记录库存数量时多记、误记、漏记；日常维护作业导致的损坏、遗失；验收与出货时清点有误等。通过盘点清查实际库存数量与账面库存数量，仓库能发现问题并查明原因，及时调整。

2. 帮助企业计算资产损益

对货主企业来讲，库存货品总金额直接反映企业流动资产的使用情况。库存量过高，流动资金的正常运转将受到威胁，而库存金额又与库存量及其单价成正比。为了能准确地计算出实际损益，企业必须盘点。

3. 发现仓库管理中存在的问题

通过盘点进而追查盈亏原因，发现作业与管理中存在的问题，并采取相应的措施，企业可以提高库存管理水平，减少损失。

● **（二）盘点作业的内容**

1. 查数量

利用点数法查明在库货品的实际数量，核对库存账面资料与实际库存数量是否一致。

2. 查质量

检查在库货品质量有无变化，有无超过有效期和保质期，有无长期积压等现象，必要时还须进行技术检验。

3. 查保管条件

检查保管条件是否与各种货品的保管要求相符合。如堆码是否合理、稳固，库内温湿度是否符合要求，各类计量器具是否准确等。

4. 查安全

检查各种安全措施和消防设备、器材是否符合安全要求，建筑物和设备是否处于安全状态。

二 盘点作业的类型

从盘点作业目标、盘点作业范围以及盘点作业时间三个角度，盘点作业可分为下面不同几类。

● **（一）账面盘点与现货盘点**

账面盘点又称为"永续盘点"，其先将每一种货品分别设立"存货账卡"，然后将每一种货品的出入库数量及有关信息记录在账面上，逐笔汇总出账面库存结余数，这样随时可以从电脑或账册上查悉货品的出入库信息及库存结余量。

现货盘点又称为"实地盘点"或"实盘"，也就是实际库内清点数量，再依货品单价计算出实际库存金额的方法。目前,国内大多数配送中心都已使用电脑来处理库存账务,当账面数与实存数发生差异时,有时很难断定是账面数有误还是实盘数出现错误,这时可以采取"账面盘点"与"现货盘点"平行的方法,以查清误差出现的实际原因。

(二) 期末盘点与循环盘点

期末盘点是指在会计计算期末统一清点所有货品数量的方法。期末盘点是将所有货品一次性点完,工作量大、要求严格,通常采取分区、分组的方式进行。分区即将整个储存区域划分成一个一个的责任区,不同的区由专门的小组负责点数、复核和监督,一个小组通常至少需要一人负责清点数量并填写盘存单,一人复查数量并登记复查结果,第三人核对前两次盘点数量是否一致,对不一致的结果进行检查。等所有盘点结束后,再与计算机或账册上反映的账面数核对。

循环盘点法是指在每天或每周清点一部分货品,一个循环周期将每种货品至少清点一次的方法。循环盘点通常对价值高或重要的货品进行检查,检查的次数多,监督严密,而对价值低或不太重要的货品盘点次数可以尽量少。循环盘点一次只对少量货品盘点,通常只需保管人员自行对照库存数据进行点数检查,发现问题按盘点程序进行复核,并查明原因,再作调整。

另外,还有全面盘点与局部盘点的提法,全面盘点是对所有库存都进行盘点,而局部盘点只核对部分库存货品。我们可以认为期末盘点属于全面盘点,循环盘点属于局部盘点,甚至在某些场合可以近似认为两种划分是一致的。

(三) 定期盘点与不定期盘点

定期盘点是指在固定的时间内进行盘点作业,比如,每个月一次、每个季度一次或每半年一次等。

不定期盘点是指没有固定时间的盘点,根据实际需要对各项货品进行盘点。

三 盘点作业的基本步骤

(一) 盘点前的准备

盘点前的准备工作是否充分,直接关系盘点作业能否顺利进行,甚至盘点是否成功。盘点的基本要求是必须做到快速准确,为了达到这一基本要求,盘点前的充分准备十分必要，其准备工作主要包括以下内容：

确定盘点的具体方法和作业程序；配合财务会计做好准备；设计打印盘点用表单，"盘存单"和"盘点表"的格式可参考表3-3及表3-4；准备盘点基本工具。

表3-3 某仓库盘点单

编号：

某仓库盘点单				
货品代号		简称		
货品名称				
规格				
计量		应有初盘量		
初盘	日期		盘点人	
	实盘量		盘盈（亏）量	
复盘	日期		盘点人	
	实盘量		盘盈（亏）量	
状态	☒良品 ☒不良品 ☒呆料		备注	

表3-4 某仓库盘点表

编号：　　　　　　　　　　　盘点时间：　　年　月　日　时　分

货品编号	货品名称	储存位置	盘点数量	复核数量	备注

盘点人：　　　　　　　复核人：

●（二）选择盘点时间

一般来说，为保证账物相符，货品盘点次数愈多愈好，但盘点需投入人力、物力、财力，有时大型全面盘点还可能引起生产的暂时停顿，因此，合理确定盘点时间非常必要。引起盘点结果盈亏的关键原因在于出入库过程中发生的错误，出入库越频繁，引起的误差也会随之增加。在决定盘点时间时，既要防止过久盘点对公司造成的损失，又要考虑配送中心的资源有限，货品流动速度较快的特点，在尽可能投入较少资源的同时，要加强库存控制，根据货品的不同特性、价值、流动速度、重要程度来分别确定不同的盘点时间，盘点频率可以分为每天、每周、每月、每年盘点一次不等。如果仓库实行了 ABC 分类管理方法，那么 A 类货品每天或每周应盘点一次，B 类每两三周盘点一次，而 C 类货品每月盘点一次即可。另外，必须注意的是，每次盘点持续的时间应尽可能短，全面盘点以 2~6 天完成为佳，盘点的日期一般会选择在仓库业务淡季或者与财务结算时间相配合。

（三）确定盘点方式

由于不同现场对盘点的要求不同，盘点的方法也会不同。为尽可能快速准确地完成盘点作业，仓库必须根据实际需要确定盘点方法。

（四）培训盘点人员

当盘点作业量比较大时，一般需要其他部门增派人员协助进行，仓库对各部门增援的人员必须组织好并且进行短期训练，使每位参与盘点的人员能确实发挥其功能。培训工作主要包括两个方面，一是熟悉盘点流程与记录方法，二是熟悉仓库中待盘点的各类货品。复盘与监盘人员对货品可能并不熟悉，应加强货品对的认识，以利于盘点工作的进行。

（五）清理盘点现场

盘点作业开始之前必须对盘点现场进行清理，以提高盘点作业的效率和盘点结果的准确性。清理工作主要包括以下几个方面的内容：

对已验收入库的货品进行整理归位，对未验收入库货品，应区分清楚，避免混淆；盘点现场在关闭前，应提前通知，将盘点期内需要出库配送的货品提前做好准备；账卡、单据、资料均应在整理后统一结清，以便及时发现问题并加以预防；仓库保管员应预先鉴别变质、损坏货品，对储存场所堆码的货品进行整理，特别是对散乱货品进行收集与整理，以方便盘点时计数；货品保管人员可进行预盘，以提前发现问题并加以预防。

（六）正式盘点

盘点工作单调琐碎，从其他部门抽调的人员的工作积极性较难持续，为确保盘点的正确性，仓库除在人员培训时应加强宣传外，在盘点期间也应加强指导与监督。正式盘点作业包括初盘和复盘两个阶段，各阶段的工作内容如下。

1. 初盘阶段

初盘是指仓库保管员预先开展盘点清查工作并填写盘点单和盘点表。初盘的目的是节省复盘的时间，仓库保管员结合初盘的结果，初步给出各种暴露问题的存在原因。如果没有初盘阶段，直接由各个部门调剂人员组成的盘点小组进行货品盘点，则存货的寻找和点数将消耗大量时间。初盘还有一个作用是敦促仓库保管员做好盘点现场的清理及库存账目的准备工作。

对于生产企业而言，由于生产现场也存在零部件、原材料、在制品等，原则上应在盘点前将这些货品回缴仓库，或者在生产现场开展盘点以保证生产过程不被中断。

初盘事实上是整个盘点作业的重心，盘点的结果在初盘阶段基本确定下来。

2. 复盘阶段

初盘结束后，由正式的盘点小组开展复盘工作。复盘工作较为单纯，根据初盘阶段的盘点表核对盘点单和实物，并检查货品的保管情况是否符合仓储规范。复盘者可以要求仓库人员先逐项将料品卸下深入清点，再将实际状况填入盘点单的复盘记录表格中。

复盘是比较单纯的，一般抽样详查或盘查所有项。也就是每一个料项都要盘点到，即使是略盘（容器标准内装数乘以容器数得到总数）亦可。每隔若干料项，一定要详盘，仔细核对物料的真实数量，以确认初盘的准确度。如果复盘者发现有不少的不落实之处，则可要求重新做一次初盘。

四 盘点结果的处理

（一）盘点出现差异的原因

盘点结果无非是账实相符或账实不符，在实际工作中，货品出现账实不符的原因主要有以下几个方面：

货品在运输、保管、收发过程中发生自然变化或损耗；计量、检验方面的问题造成的数量或质量上的差错；保管不善或工作人员失职造成的货品的损坏、霉烂、变质或短缺等；货品发生腐蚀、硬化、结块、变色、锈烂、霉变、变形或受虫鼠的啮食等，数量减少或无法再使用；自然灾害造成的非常损失和非常事故发生的毁损；在货品收发过程中，手续不齐或在计算、登记时发生错误和补记或收发凭证遗失造成的账实不符；贪污、盗窃、徇私舞弊等造成的货品损失；由未达账项引起的账实不符；供方在货品装箱装桶时，每箱每桶的数量不一致，而在验收时无法进行每箱每桶逐一核对而造成的短缺或盈余；度量器具欠准确或使用方法错误造成数量的差异；货品被用作样品而又未开单据记录造成的数量短缺；因整进零发而发生的磅差。

(二) 盘点结果的处理

盘点结束后，仓库应根据不同的盈亏情况作不同的处理。盘点结果处理的基本原则包括三点：一是查明差异，分析原因；二是认真总结，加强管理；三是上报批准，调整差异。

从财务制度角度，清查结果先放"待处理财产损溢"科目，查明原因后再转出。在通常情况下，定额内的盘亏，财务处理应增加费用；责任事故造成的损失，应由过失人进行赔偿；非常事故，如自然灾害，在扣除保险公司理赔及残料价值后，经批准应列作营业外支出等。反之，发生盘盈一般则冲减费用。

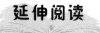
延伸阅读

呆废料的处理

呆料是指库存时间过长而又使用极少或有可能根本不用的物料；废料是指丧失了使用价值且无法改作他用的物料。此外，仓库还经常提及残料的概念，它是指已无法再利用的边角料或零头，可以看作废料的一个类型。

仓库应该尽量避免出现呆废料，一旦判别货品属于呆废料，就应该立即着手处理，不应将呆废料堆积在仓库中继续储存。呆废料的及时处理有利于降低库存资金占用率，减少储存费用，提高仓容利用率。

呆废料的处理原则是尽量利用其价值，再处理出库，主要有如下几种途径。

1. 转用：转用于其他产品的生产。
2. 修正再用：在规格等方面稍加修正加以利用。
3. 拆零利用：将有用的零件回收利用。
4. 调换：与加工商或供应商协调，力争等价调换其他货品。
5. 转赠：转送其他单位使用。
6. 降价出售：将呆废货品降价出售，回收部分资金。
7. 报废：如果废货品无法进行上述之处理时，则只能销毁，以免占用仓库空间。

第六节　出库作业管理

出库作业管理包括仓库按照货主的调拨出库凭证或发货凭证（提货单、调拨单）所注明的货品名称、型号、规格、数量、收货单位、接货方式等条件进行的核对凭证、备料、复核、点交、发放等一系列作业和业务管理活动。

仓库必须建立严格的货品出库和发运程序，严格遵循"先进先出，推陈出新"的原则，尽量一次完成，防止差错。需托运货品的包装还要符合运输部门的要求。

一、货品出库的依据与要求

（一）货品出库依据

出库功能必须由货主的出库通知或请求驱动。不论在任何情况下，仓库都不得擅自动用、变相动用或者外借货主的库存。

货主的出库通知或出库请求的格式不尽相同，不论采用何种形式，都必须符合财务制度要求，并具有法律效力的凭证，要坚决杜绝凭信誉或无正式手续的发货。

（二）货品出库的要求

货品出库要求做到"三不三核五检查"。"三不"，即未接单据不翻账、未经审单不备库、未经复核不出库；"三核"，即在发货时，要核实凭证、核对账卡、核对实物；"五检查"，即对单据和实物要进行品名检查、规格检查、包装检查、件数检查、重量检查。货品出库要求严格执行各项规章制度，提高服务质量，使客户满意。仓库要积极与货主联系，为客户提货创造各种方便条件，杜绝差错事故。

二、货品出库方式

出库方式是指仓库用什么样的方式将货品交付客户。选用哪种方式出库，要根据具体条件，由供需双方事先商定。

(一) 送货

仓库根据货主单位的出库通知或出库请求，通过发货作业把应发货品交由运输部门送达收货单位或使用仓库自有车辆把货品运送到收货地点的发货形式就是通常所称的"送货制"。

仓库实行送货具有多方面的好处：仓库可预先安排作业，缩短发货时间；收货单位可避免因人力、车辆等不便而发生取货困难；在运输上，可合理使用运输工具，减少运费。

(二) 自提

自提是指提货人按货主所填制的发货凭证，用自备的运输工具到仓库提取货品。

仓库会计人员根据发货凭证转开货品出库单。仓库保管人员按上述证、单配货，经复核人员逐项核对后，将货品当面交给提货人员，在库内办清交接手续。

(三) 过户

过户是指仓库货品不动，而通过转账变动其所有者户头的一种发货方式。货品在过户时，其所有权通过调拨或销售而转换给另一所有者，但仍由原货主填制正式发货凭证，仓库据此进行过户转账。

(四) 取样

货主由于商检或样品陈列等需要到仓库提取货样（通常要开箱拆包、分割抽取样本）。仓库必须根据正式取样凭证发出样品，并做好账务记载。

(五) 转仓

转仓是指某些货品由于业务需要或保管条件的要求，必须从甲仓库转移到乙仓库储存的一种发货方式。这些货品出仓是根据仓库或库主填制的货品转仓单进行发货的。

三 出库业务程序

（一）出库前的准备工作

1. 计划工作

计划工作是根据货主提出的出库计划或出库请求，预先做好货品出库的各项安排，包括货位、机械设备、工具和工作人员安排，从而提高人、财、物的利用率。

2. 做好出库货品的包装和标志、标记

发往异地的货品需经过长途运输，包装必须符合运输部门的规定，如捆扎包装、容器包装等，成套机械、器材发往异地事先必须做好货品的清理、装箱和编号工作，在包装上挂签（贴签）、书写编号和发运标记（去向），以免错发和混发。

（二）出库程序

1. 核单备料

出库货品如属自提货品，一要审核提货凭证的合法性和真实性，二要核对货品名称、型号、规格、单价、数量、收货单位、有效期等。

出库货品应附有质量证明书、说明书、合格证、磅码单、装箱单等，机电设备、电子产品等货品的说明书及合格证应随货同付。备料时，仓库应本着"先进先出、推陈出新"的原则，将易霉易坏或接近失效期货品的先出。

在备货过程中，计重货品一般以入库验收时标明的重量为准，不再重新计重。需分割拆捆的应根据情况进行拆捆或分割。

2. 复核

为了保证出库货品不出差错，备货后应进行复核。出库的复核形式主要有专职复核、交叉复核和环环复核三种。除此之外，发货作业的各道环节都贯穿着复核工作。例如，理货员核对货单，守护员（门卫）凭票放行，账务员（保管会计）核对账单（票）等。这些分散的复核形式都起到分头把关的作用，十分有助于提高仓库发货业务的工作质量。复核的内容包括：货品名称、型号、规格、数量是否同出库单一致，配套是否齐全，技术证件是否齐全，外观质量和包装是否完好。只有加强出库的复核工作，才能防止错发、漏发、重发等事故的发生，确保出库货品数量准确、质量完好。

3. 包装

出库货品的包装必须完整、牢固，标记必须正确、清楚，如有破损、潮湿、捆扎松散等不能保障运输安全的，应加固整理，破包破箱不得出库。各类包装容器上若有水渍、油迹、污损，则均不能出库。

出库货品如需托运，包装必须符合运输部门的要求，选用适宜包装材料，其重量和尺寸要便于装卸和搬运，以保证货品在途的安全。

包装是仓库生产过程的一个组成部分。在包装时，严禁将互相影响或性能互相抵触的货品混合包装。包装上要写明收货单位、发货号、本批总件数、发货单位等。

4. 点交

出库货品经过复核和包装后，需要托运和送货的，应由仓库保管机构移交调运机构，属于客户自提的，则由保管机构按出库凭证向提货人当面交清。

5. 登账

点交后，仓库保管员应在出库单上填写实发数、发货日期等内容（见表3-5）并签名，然后将出库单连同有关证件资料及时交货主，以便货主办理货款结算。

表3-5　某仓库出库单

发货时间：　　　年　月　日

序号	品名	规格	申领数	实发数	数量	货位	提货凭证	备注
提货人	提货单位		经办人			复核人		

四、出库作业中发生问题的处理

（一）出库凭证（提货单）上的问题

凡出库凭证超过提货期限，客户前来提货，只有先办理手续，按规定缴足逾期仓储保管费，然后方可发货。任何非正式凭证都不能作为发货凭证。提货时，客户发现货品规格错误，保管员不得自行调换规格发货。

凡发现出库凭证有疑点及发现出库凭证有假冒、复制、涂改等情况时，发货员应及时与仓库保卫部门及出具出库单的单位或部门联系，妥善处理。

货品进库未验收或者期货未进库的出库凭证，一般暂缓发货，并通知货主，待货到并验收后再发货，提货期顺延。

如果客户将出库凭证遗失，客户则应及时与仓库发货员和账务人员联系挂失；如果挂失时货已被提走，则保管人员不承担责任，但要协助货主单位找回货品；如果货还没有提走，则经保管人员和账务人员查实后，做好挂失登记，将原凭证作废，缓期发货。

（二）提货数与实存数不符

若出现提货数与货品实存数不符的情况，则一般是实存数小于提货数。造成这种问题的原因主要如下。

货品在入库时，由于验收问题，增加了实收货品的签收数量，从而使账面数大于实存数。

仓库保管人员和发货人员在以前的发货过程中，因错发、串发等而使实存数小于账面数。

货主单位没有及时核减开出的提货数，造成账面数大于实存数。

仓储过程造成的货品毁损。当提货数大于实存数时，无论是何种原因，发货员都需要先和仓库主管部门与货主单位及时取得联系后再作处理。

（三）串发货和错发货

串发货和错发货主要是指发货人员由于对货品种类规格不很熟悉，或者由于工作中的疏漏，把错误规格、数量的货品发出库的情况。

如果货品尚未离库，则应立即组织人力，重新发货。如果货品已经离开仓库，仓库保管人员应及时向主管部门和货主通报串发和错发货的货品名称、规格、数量、提货单位等情况，并会同货主单位和运输单位协商解决。一般在无直接经济损失的情况下，由货主单位重新按实际发货数冲单（票）解决。如果形成直接经济损失，则应按赔偿损失单据冲转调整保管台账。

（四）包装破漏

包装破漏是指在发货过程中，货品因外包装破损而产生渗漏等问题。这类问题主要是在储存过程中,由堆垛挤压、发货装卸操作不慎等情况引起的.货品经过整理和更换包装后方可出库,由此造成的损失应由仓储部门承担。

● (五) 漏记账和错记账

漏记账是指在出库作业中,由于没有及时核销明细账而造成账面数量大于或小于实存数的现象。错记账是指在货品在出库核销明细账时没有按实际发货出库的货品名称、数量等登记,从而造成账实不相符的情况。

延伸阅读

"四懂""六会""十过硬"

"四懂""六会""十过硬"是对仓库保管人员的基本要求,也是仓库保管人员的基本功。"四懂"是指懂物资的名称规格型号、懂物资的一般用途、懂物资的消耗规律、懂业务流程。"六会"是指会识货、会换算、会保管保养、会使用衡器量具、会使用消防器材、会操作电脑。"十过硬"是指识货技术过硬、收发货技术过硬、写算技术过硬、报表技术过硬、保管技术保养过硬、"三相符"原则执行力过硬、"四号定位"技术过硬、"五五堆码"技术过硬、使用度量衡技术过硬、制度执行力过硬等。

第七节 仓储成本管理

仓储成本是体现仓储管理绩效的重要因素,仓储管理组织应该加强仓储成本管理。

一 仓储成本的构成

（一）物流仓储型企业成本

对物流仓储型企业来说，仓储成本是因存储货品而产生的成本，分为固定成本和变动成本。

1. 固定成本

固定成本是指不随存储货品的数量变化而变化的成本，主要包括仓库及仓储设备的折旧费用、仓储设施设备的大修基金、仓储管理人员的工资与福利等。

2. 变动成本

变动成本主要包括仓储保管成本、货品搬运成本、流通加工成本、电力成本、燃料成本、机械设备的修理费、货品仓储保险费、劳动保护成本、营销成本、营业税金等。

（二）生产型和销售型企业仓储成本

对于生产型及销售型企业而言，仓储成本主要包括仓储持有成本、订货成本或生产准备成本、缺货成本和在途库存持有成本。

1. 仓储持有成本

仓储持有成本是指为保持适当的库存而发生的成本，它同样可以分为固定成本和变动成本。固定成本与一定限度内的仓储数量无关，如仓储设备折旧费用、仓储设备的维护费用、仓库职工工资等。变动成本与仓储数量相关，如库存占有资金的利息、仓储货品的毁损和变质损失费用、保险费用、搬运装卸费用、拣选整理费用等，它随库存水平的提高而增加。仓储可变成本与存货水平成正比，主要有仓储机会成本、仓储维护成本、仓储服务成本、仓储风险成本。

（1）仓储机会成本。仓储机会成本也称"资金占用成本"，是仓储成本的隐含成本，反映仓储资金因储存占用而失去的盈利能力。如果资金不投入仓储，而投入其他方面，则会取得相应的投资回报，因此机会成本就是资金失去投资机会而获得的最大可能收益。机会成本通常用持有库存货币价值的百分比表示，也有用企业新投资项目最低回报率来计算的。从投资的角度来说，库存决策与制作广告、新建厂房、增加新机器设备等投资决策是一样的。为了核算的方便，一般情况下，资金占用成本指获得占用资金的银行利息。

(2) 仓储维护成本。仓储维护成本主要包括与仓库有关的租赁、取暖、照明、设备折旧费用及保险费用和税金等。仓储维护成本随企业采取的仓储方式不同而有不同的变化。如果企业利用自有的仓库,则大部分仓储维护成本是固定的;如果企业利用公共的仓库,则有关存储的所有成本将直接随库存数量的变化而变化。在作仓储决策时,这些成本都要考虑。另外,如果产品丢失或损坏的风险高,就需要较高的保险费用。同时,许多国家将库存列入应税财产,高水平库存将直接导致高税费。保险费用和税金将随着产品的不同而有很大变化,在计算仓储维护成本时,必须考虑它们。

(3) 仓储服务成本。仓储服务成本主要与货品的出入仓库有关,包括货品搬运作业成本、劳务成本、信息服务成本、交易成本等。

(4) 仓储风险成本。仓储风险成本是指企业无法控制的库存货品变质、损坏、丢失、报废等损失以及仓库因未履行合同的违约金或赔偿金等费用。

2. 订货成本和生产准备成本

订货成本是指企业向外部的供应商发出订单的成本。生产准备成本则指企业自己生产加工而产生的生产成本。订货成本与生产准备成本与订货规模呈 U 型变化,起初随订货批量增加而下降,当达到某一临界点时,又随订货批量增加而增加。

(1) 订货成本。订货成本是指企业为了实现一次订货而进行的各种活动的费用,包括处理订货的差旅费、办公费等。订货成本有一部分与订货次数无关,如常设机构的基本开支等属于固定成本,另一部分与订货的次数有关,如差旅费、通信费等属于变动成本。

(2) 生产准备成本。生产准备成本是指当某些半成品不是从外部购买,而是由企业自己生产时,企业为生产成品而准备的半成品成本。它包括更换模具、增加专用设备的成本以及与生产货品数量直接相关的费用,如材料费、加工费、人工费等。

3. 缺货成本

缺货成本是指库存供应中断而造成的损失。它包括原材料供应中断造成的停工损失、产成品库存缺货造成的延迟发货损失、丧失销售机会的损失和企业因延期交货而造成的信誉损失等。

(1) 安全库存的持有成本。许多企业为解决需求方面的不确定性,会保持一定数量的安全库存。但安全库存会产生一定的库存成本,并且安全库存每一个追加的增量都遵循边际效益递减规律，超过期望需求量的第一个单位的安全库存所提供的防止缺货的预防效用的增值最大，第二个单位所提供的预防效用比第一个单位稍小，依此类推。对于安全库存，储存额外数量的存货成本加期望缺货成本会有一个最小值，这个水平就是最优水平。高于或低于这个水平，都将产生净损失。

（2）延期交货成本。延期交货成本有两种形式：一种是缺货货品可以在下次订货时得到补充，另一种是利用快递加急交货。如果收货方愿意等到下次一同订货，那么企业实际没有什么损失。如果缺货货品需要快速补足，那么就会产生特殊订单处理和额外运输费用，从而提高物流成本。

（3）丧失销售机会的损失。虽然有些客户可以允许延期交货，但是许多公司都有货品的替代供应者，这些客户在企业延期交货时会转向其他供应商。对于企业来说，直接损失就是货品的利润损失，通过计算货品的利润可以确定直接损失。丧失销售机会还会造成不可估量的间接损失，如业务员的精力损失和失去潜在客户。因此，企业要估计因缺货而产生的损失，确定必要的库存量。

4. 在途库存持有成本

在途库存持有成本并不明显，但企业必须考虑这项成本。如果企业以目的地交货价销售货品，就意味着企业要负责将货品运达客户，只有当客户收到订货货品时，货品的所有权才发生转移。从财产关系的角度来看，在途运输货品仍是销售方的库存。在途货品在交给客户之前仍然属于企业所有，运货方式及所需的时间是储存成本的一部分，企业应该对运输成本与在途库存持有成本进行分析。

二、降低仓储成本的措施

（一）采用 ABC 分类控制法

ABC 分类控制法实施储存合理化的基础分类，并根据基础分类，进一步解决结构关系、储存量、重点管理、技术措施等的合理化问题。通过采用 ABC 分类控制法，仓储企业可分类地进行仓储操作和保管，以达到控制仓储成本的目的。

（二）追求经济规模，适度集中库存

适度集中库存是指利用储存规模优势，以适度集中储存代替分散的小规模储存来实现合理化。在集中规模的情况下，仓库适合采用机械化、自动化作业方式，通过成

为支线运输的始发站而降低运输费用，进而降低仓储总成本。

（三）加速周转，提高单位仓容产出

储存现代化的重要课题是将静态储存变为动态储存，货品周转速度加快会带来一系列好处，如库存资金周转速度加快、资本收益增高、货损货差减小、仓库吞吐能力增强、仓储成本下降等。具体做法有采用单元集装存储，建立快速分拣系统等，这些都有利于实现货品快进快出、大量进大量出。

（四）采用先进先出方式，减少仓储物的保管风险

先进先出是一种有效的措施，也是储存管理的准则之一。实现先进先出的方式主要有如下几种。

1. 采用贯通式（重力式）货架系统

利用货架的层次形成贯通的通道，在一端存入货品，在另一端取出货品。货品在通道中自行按顺序排队，不会出现越位等现象。贯通式（重力式）货架系统能非常有效地保证先进先出。

2. 采用双仓法

仓库给每种货品都准备两个仓位或货位，轮换进行存取，通过遵循"只有一个货位取光货品后才可以补充货品"的原则，从而保证实现先进先出。

3. 采用计算机存取系统

当采用计算机管理时，在存货时向计算机输入时间，编写一个简单的按时间顺序输出的程序，取货时计算机按时间顺序给予指示，以保证先进先出。计算机存取系统还能将先进先出和快进快出结合起来，即在保证先进先出的前提下，将周转速度快的货品指示存放在便于存取之处，以减少劳动消耗。

（五）提高储存密度，提高仓容利用率

其主要目的是减少储存设施的投资，提高单位存储面积的利用率，从而降低成本。具体有下列三种方法。

1. 采取高垛的方法以增加储存的高度

利用高层货架仓库、集装箱等都可以比一般堆存方法大大增加储存高度。

2. 缩小库内通道宽度以增加储存有效面积

采用窄巷道式通道，配以轨道式装卸车辆，以满足车辆运行宽度要求；采用侧叉

车、推拉式叉车，以减少叉车转弯所需的宽度。

3. 减少库内通道数量以增加有效储存面积

具体方法有采用密集型货架，采用不依靠通道可进车的可卸式货架，采用各种贯通式货架，采用不依靠通道的桥式起重机装卸技术等。

（六）采用有效的储存定位系统

储存定位的含义是被储存物位置的确定，如果定位系统有效，则能大大节约寻找、存放、取出的时间，节约不少物化劳动及活劳动，还能防止出差错，便于清点及实行订货点法。储存定位系统既可用计算机管理，也可用手工管理。行之有效的方式主要如下。

1. "四号定位"方式

"四号定位"方式是用四个号码数字来确定存取位置的固定货位方法，是我国手工管理采用的科学方法。这四个号码是库号、架号、层号、位号。每一个货位都有一个组号，在货品入库时，按规划要求，将货品编号记录在账卡上，提货时按四位数字的指示，很容易将货品拣选出来。这种定位方式要对仓库存货区事先作出规划，从而提高存取货品速度，减少差错。在这种方法基础上，衍生出了"六号定位"方式。两者的基本原理是相同的。

延伸阅读

"六号定位"方式

"六号定位"方式与"四号定位"方式相似，它按"库号、仓位号、货架号、层号、订单号、物料编号"六个方面对物料进行归类叠放，登记造册，并填制物料储位图，从而便于迅速查找物料。此方法适用于体积较小、用规则容器盛装、品种较少的货品存储。

2. 计算机定位方式

计算机定位方式是指利用计算机储存容量大、检索迅速的优势，在货品入库时，将存放货位输入计算机,在出库时向计算机发出指令,并按计算机的指示寻址,找到存放货,拣选取货的方式。它一般采用自由货位,计算机指示入库货品存放在就近易存取之处或根据入库货品的存放时间和特点指示合适的货位。这种方式可以充分利用每一个货位,而不需要专位待货,有利于提高仓库的储存能力,当吞吐量相同时,可比一般仓库减少建筑面积。

(七)采用有效的监测清点方式

对储存货品数量和质量的监测有利于掌握仓储的基本情况,也有利于科学控制库存。在实际工作中,如果稍有差错,就会使账实不符,必须及时且准确地掌握实际储存情况,经常与账卡核对,确保仓储货品的完好无损,这在人工管理中是不可缺少的工作。此外,经常的监测也是掌握货品数量状况的重要工作。监测清点的有效方式主要如下。

1. "五五"堆码

储存物堆垛时,以"五"为基本计数单位,堆成总量为"五"的倍数的垛形(五五成行、五五成方、五五成串、五五成堆、五五成层)。堆码完成后,有经验者过目即可报数,从而大大加快了人工点数的速度,且很少出现差错。

2. 光电识别

仓库可在货位上设置光电识别装置,通过装置对货品的条形码或其他识别装置(如芯片等)进行扫描,从而准确将货品数目自动显示出来。光电识别方式不需要人工清点就能准确掌握库存的实有数量。

3. 计算机监控

用计算机指示存取可以避免人工存取容易出现差错的弊端,如果在货品上采用条形码技术,使识别计数和计算机联结,则每存或取一件货品时,识别装置自动将条形码识别并将其输入计算机,计算机会自动作出存取记录。这样只用通过计算机查询,就可了解所存货品的准确情况,从而减少查货、清点工作量。

(八)充分利用现代仓储技术和设备

虽然现代技术和设备的使用意味着一笔巨额的投资,但是现代技术和设备在减少差错、提高效率、提高仓库利用率、减少残损、降低人员劳动强度、防止人身伤害等方面都会为仓储企业带来长远收益。

（九）盘活资产和合理使用外协

仓储设施和设备的巨大投入只有在充分利用的情况下才能获得收益，如果不能投入使用或者低效率使用，只会提高成本。仓储企业应及时决策，采取出租、借用、出售等方式将这些资产盘活。而对于不擅长运作的仓储活动，如运输环节、重型起吊、信息服务等，仓储企业也可充分利用社会服务，通过外协的方式，让更具有优势的其他企业提供服务，从而充分获得市场竞争的利益。

（十）降低经营管理成本

经营管理成本是企业经营活动和管理活动的支出费用，包括管理费、业务费、交易成本等。加强该类成本管理，减少不必要支出费用，也能实现成本降低。

（十一）从物流管理的层面考虑降低仓储成本

物流管理最重要的目的就是降低产品的最终成本。独立的仓储经营活动是构成物流的重要环节，仓储企业应该站在全程物流的层面，通过调整其他物流环节和改变仓储运作，为降低整体物流成本而努力。

◆本章小结◆

仓储作业流程是指以保管活动为中心，从仓库接受货品入库开始，到按需要把货品全部完好地发送出去的全部过程。货品入库作业一般包括入库前准备、货品接运、货品验收、入库交接四个环节，每一环节在操作时都有一定的要求。为了实现物得其所的储存目标，库存货品应进行储存定置管理，即进行定区、定位、定型。货品在仓储过程中往往会发生一些物理机械的、化学的、生理生化的变化以及其他生物所引起的变化，需要采取相应的养护措施。库存货品盘点就是定期或不定期地对各储存场所的货品进行清点、查核，盘点是对库存货品的数量进行有效控制基本手段。货品出库需要遵循一定的程序，发货员对出库中发生的问题应妥善处理。仓储成本按不同的角度可以分成不同的类型，每一类型成本都有自身的性质和特点。降低仓储成本可以从不同的方面采取多管齐下的方法。

■案例分析■

案例1：杨经理的仓库管理改革任务

某公司仓库管理问题较多，领导把工作能力突出的杨经理调到仓库，希望他能推动仓库改善管理水平。

杨经理蹲点观察了一段时间，发现仓库存在的问题超过了自己现象。比如，物料员随便进出仓库，损耗的物料领料单都没开就随便到仓库里拿物料；一堆即将生产的货物还未发料；有库存数的物料货位上无物料，以致无法发料给生产线。

更让杨经理吃惊的是，硕大的一个仓库就像菜市场，一大群人在仓库里，包括物料员、快递员、市场部人员，甚至是供应商的送货员和返工人员。

杨经理把负责仓库管理的张总管叫到自己的办公室，就自己看到的这些情况询问他的看法。张总管满不在乎，他认为仓库有那么多人，当然会显得吵一点，这其实很正常；物料员进仓库是领料的，仓管员太忙，无法到车间送物料；至于快递员、市场部人员及供应商的送货员和返工人员，他们都和仓库工作人员很熟悉，不会影响仓库内部作业。杨经理被张总管的一番话弄得有些发愣，张总管却没理会杨经理的表情，说"我很忙，如果没有什么事，我先走了，还有几个料等着我去找呢，都快要影响生产了"。说完，不等杨经理表态，张总管就调头离开了办公室。

张总管是仓库的元老，也是领导的老乡。杨经理刚接手仓库，对各项业务尚不熟悉，以前也没有这方面的管理经验。因此，面临领导交办的任务，张经理陷入了沉思……

（资料来源：仓库社区网，文字有删改）

?问题讨论

1. 为什么这个仓库出现了混乱局面？
2. 请你为杨经理制定下一步工作方案。

案例2：锦江三井的仓库成本控制实践

上海锦江三井仓库国际物流有限公司是上海锦江航运（集团）有限公司与日本三井仓库株式会社共同出资成立的仓储物流公司，公司成立于2012年10月，主要经营进出口货物和国内货物的仓储业务以及提供相关联的分拨、检品、包装、简单加工整理等物流服务，并且承办海陆空进出口货物的国际运输代理业务，在上海外高桥保税物流园区建有包括普通库、恒温库、低温库的大型物流仓库项目，总建筑面积达5万平方米。

2017年之前，该公司主营收入与成本一直保持同步变动趋势。此后，尽管主营收入有所下降，但由于成本控制得当，该公司利润反而有了一定增长。该公司的主要做法如下。

1. 对不同客户制定个性化的经营策略，有效控制仓储成本

从2016年第二季度起，公司主要客户花王的入库量大幅增加，为此特地向外租赁了第三方仓库。但是到2016年年底，花王的入库量明显下滑，外租仓库无法根据业务量及时退还货物，这对公司主营业务利润产生了不利影响。针对这种情况，公司在2017年下半年及时对花王在库量实施了限库措施，从而有效控制了外租仓库成本，公司经营效益也随之好转。

2. 预算编制与执行对比细化到业务"最小颗粒度"

收入的预算编制细化到每项业务具体操作行为产生的业务量与单价，成本的预算编制也细化到成本的最小计量单位。如业务承包费细化到分客户、分业务类型，并按收入的业务量预算对应小时工用量、劳务工人数及加班时间等，在执行对比时也细化到"最小颗粒度"，从而及时掌握每个客户边际利润的变化情况，有效控制成本。

3. 加强"5S"管理，改变员工"不规范行为"

公司将"5S"管理体系作为业务流程标准，客户至上，针对每个客户都编制了相应的操作流程说明书，规范流程的处理，并在实际操作过程中不断对该操作流程进行优化改进，杜绝批次错误，通过报告、联络、商讨的程序，将各岗位前后操作进行无缝衔接，充分发挥"人手不在多而在精"的管理理念，明确岗位职责，提高工作效率。

4. 设置部门工作微信群，做到作业及时沟通

为减少因沟通不及时而带来的操作效率降低、工作失误增加的风险，公司业务部门在库区作业时，除使用对讲机进行作业沟通，还利用微信等现代通信手段，通过图片、视频等及时沟通，使相关员工能及时掌握各库区的状况，提高工作效率。

5. 仓库通道合理布局，增加堆放面积

在仓库管理过程中，该公司不断思索如何扩大仓库面积、提高库区作业效率，通过对操作过道、消防通道等进行布局调整，在保持通道流畅的同时，优化了库区库位布置，增加了堆放面积。公司重视对库位标识的编制，保证库位标识清晰，严禁随意放货，从而节省了寻找货物的时间。

6. 做好事前作业计划，减少闲置设备与人员

公司业务部门对所有业务入库前都做好详细的计划作业，每天根据业务量调整人员安排，充分利用员工工作时间，用最少的人员保证工作有效完成。

7. 关键环节重点监控，避免返工现象

仓储增值服务有对精细化要求较高的环节，如检品、检针、贴标等，业务部门在关键环节安排正式员工监控，着力强化隐患排查管理，坚持跟踪管理，严格把关，重要环节加强监督，避免返工。

8. 全员树立资源节约意识

通过宣传节水节电意识，员工养成了随手关电、关水的习惯，在办公时间尽可能利用自然光，减少办公设备待机能耗，最大可能地减少能源消耗。2018 年，公司开始分库区统计用电量，并每月进行对比分析，将能源的使用控制到极致。

（资料来源：《交通财会》，2019 年第 5 期，文字有删改）

问题讨论

1. 仓库储量上升，为什么有可能导致效益下降？
2. 怎样才能建立全员重视成本的工作氛围？

复习思考题

1. 仓储作业流程包括哪些环节？有哪些特点？
2. 货品验收的基本要求包括哪些？怎样处理验收中出现的问题？
3. 货位选择应该遵循哪些原则？
4. 堆垛有哪些要求？堆码的方法有哪些？
5. 货品保养的方法有哪些？
6. 盘点的基本程序是什么？盘点出现差异的原因有哪些？
7. 货品出库应该按照怎样的流程进行？货品出库可能会发生哪些问题？
8. 降低仓储成本的措施有哪些？

实训题

联系本地的生产企业或物流企业，参观实际的仓储作业过程，分析现有仓储作业管理存在的问题，并思考如何改善现有作业绩效。

第四章
库存控制方法

◆学习目标◆

通过本章学习,学生要理解库存控制的概念及其影响因素,掌握 ABC 管理法的步骤及管理措施,掌握定量订货方法的基本模型及其应用,理解 MRP 基本原理及其在库存控制中的应用,理解 JIT 的基本原理及其在库存控制中的应用。

开篇案例

库存管理影响企业经营利润

L 公司是一家创办已有二十余年的体育用品公司,主要提供专业及休闲类运动鞋、服装、器材和配件产品。除核心品牌外,该公司还有多个细分市场品牌。该公司建立了庞大的供应链管理体系及分销和零售网络,但近些年公司深陷亏损泥潭,公司品牌形象也有所下滑。

有业内人士指出,L 公司的亏损与库存管理不善有关。该公司库存积压严重,门店大量关闭,盈利出现亏损。该公司的存货数量一直呈现上涨趋势,同时,存货占流动资产比例也在不断加大。库存上升意味着公司运营不良,长此以往给企业流动资金周转带来很大困难。高库存不但产生了额外储存和运输成本,而且浪费了大量产能。当产能用于生产某种后来被证明是滞销的产品时,这意味着少生产另一款可能畅销的产品。可以说,高库存是利润降低的最主要因素。

L 公司的存货周转遭遇瓶颈,存货变现能力差。服装等产品属于季节性产品,存货周转速度过慢带来的结果是大量库存不能在适当的季节销售出去,从而导致产品变成不时兴、不实用的积压品。卖剩的产品只能通过打折低价出售,公司的利润也会随之下降,甚至出现亏损。由于存货周转速度慢,大量流动资金被占用,企业没有余力及时开发新产品,这也增加了库存管理费用,导致企业盈利能力下降。

L 公司的亏损与管理层对存货管理重视不够及重大性决策不当有直接关系。首先，管理层对市场需求的高估，对销量预测决策失当。前些年随着门店的增加，门店销售额并没有增加，反而一路下跌，由此导致库存越积越多。其次，在重塑品牌的过程中与客户沟通不当，这导致在订货会上订单量下降。剧烈的转变让经销商和投资者都感到措手不及。

（案例来源：《时代金融》，2017年第11期，文字有删改）

第一节　库存控制概述

一　库存的概念

库存是指处于储存状态的货品。广义的库存还包括处于制造加工状态和运输状态的货品。通俗说，库存是指企业在生产经营过程中为现在和将来的耗用或者销售而储备的资源。当某些库存承担起国家的安全使命时，这些库存通常被称为"国家储备库存"。

二　库存的类型

按照用途分类，库存可分为以下几种类型。

（一）周转库存

周转库存又称为"经常库存"，是指为了满足日常需求而建立的库存。这种库存是不断变化的，当货品入库时到达最高库存量，随着货品销售量增加，库存量逐渐减少，直到下一批货品入库前降到最小。

（二）安全库存

安全库存是指为了防止不确定因素（如突发性大量订货或供应商延期交货）影响

订货需求而准备的缓冲库存。

（三）加工和运输过程库存

加工库存是指因加工或等待加工而处于暂时储存状态的货品。运输过程的库存是指处于运输状态（在途）而暂时处于储存状态的货品。

（四）季节性库存

季节性库存是指为了满足特定季节的特定需求而建立的库存，或指对季节性货品在出产量大的季节收储而建立的库存。

（五）促销库存

促销库存是指为了应付企业促销活动的预期销售增加而建立的库存。

（六）时间效用库存

时间效用库存是指为了避免货品价格变动造成损失，或者为了从货品价格变动中获利而建立的库存。

（七）沉淀库存或积压库存

沉淀库存或积压库存是指因货品品质受损，或者因没有销售市场而滞销的库存，包括超额库存。

三 库存控制的概念

库存控制是指在保障供应的前提下，为使库存量最小而进行的有效管理的技术经济措施，也就是对库存量的控制。

企业之所以对库存进行控制，主要是因为：库存量太小会使缺货的可能性增加，若不能满足生产或销售的需要，则会直接影响企业的经济效益；库存量太大会使流动资金占用量、库房面积占用量、保管费用均增加，超量库存还有库存风险。库存越多，浪费越严重，风险越高。

在货品库存中，过剩库存、积压库存和缺货被称为"三大不良库存"。三大不良库存的存在必然带来多余的工作量，严重制约着物流效率的提高。库存货品应保持适量，通过有效控制，企业可以将利润最大化。

四 影响库存控制决策的因素

（一）需求的性质

货品的需求性质不同，库存控制方法也不同。

若需求是确定而已知的，仓库则只要在需求发生时准备库存，库存的数量根据给定的计划确定；若需求是不确定的，仓库则需要保持经常储备量，以满足随时变化的需求。

需求虽有变动但其变动存在着规律性，如季节性变动，企业可以根据变动规律，在旺季到来之前准备较多的库存以备销售量增长的需要；若需求变动没有一定的规律，呈现为随机性变化，则需要设置经常性库存，甚至准备一定的保险储备量来应对突然发生的需求。

独立需求是企业所不能控制的，它们随机发生，只能用预测的方法而无法精确计算，在确定供货数量和时间上主要考虑成本的经济性；相关需求库存控制的发展方向是供应链库存管理模式。

若货品可由其他货品替代，则库存量可以定得少些，万一发生缺货也能用替代品来满足需要；对于没有替代品的货品，则必须保持较多的库存量以保证预期的供应需求。

（二）提前期

提前期是指从订购或下达生产指令时间开始，到货品入库的时间周期。提前期是确定订购的时间或下达生产指令时间的主要考虑因素。库存控制一般根据库存量将要消耗完的时间，在上一个提前期提出订货需求，以避免在所订货物到达之前发生缺货。显然这与订单处理时间、货品在途时间以及货品的日常用量有关。

（三）自制或外购

货品是自制还是外购，这也影响库存决策。若货品从外部采购，则应着重经济性，即以节约成本的要求来确定供货数量和供货次数。若货品由本厂自制，则不但要考虑成本因素，而且要考虑生产能力的约束性、生产各阶段的节奏等，以确定供货的数量和时间。

（四）服务水平

服务水平常用库存满足客户需求的百分比表示。如果库存能够满足全部客户的全部订货需要，则服务水平为100%。若100次订货，库存只能满足90次，则服务水平为90%，缺货概率为10%。服务水平要求一般是由企业领导根据经营目标和战略而规定的。服务水平要求影响库存水平。若服务水平要求高，企业就需要较充足的库存来保证。

五 库存控制中的"牛鞭效应"

（一）"牛鞭效应"的发现

1995年，宝洁公司（P&G）研究了"纸尿裤"的市场需求，他们发现产品的零售数量是相当稳定的，波动性并不大。但当分销中心向宝洁订货时，波动性明显增大了。分销中心认为自己的订货决策没有问题，他们首先汇总了各个销售商的需求量，然后提出自己的订货数量。进一步研究发现，零售商往往对历史销量及现实销售情况进行预测分析，确定一个较客观的订货量，但为了保证这个订货量是及时可得的，并且能够适应顾客需求增量的变化，零售商通常会适当放大订货量。同样，批发商也会作出类似处理。这样一来，虽然顾客需求量并没有大的波动，但是经过零售商和批发商后，订货量就一级一级地放大了。宝洁公司在考察上游供应商的原材料订货情况时，发现订货量的变化更大，并且越往供应链上游订货偏差越大。这种需求放大现象被人们形象地称为"牛鞭效应"。

（二）牛鞭效应产生的原因

斯坦曼把牛鞭效应归结为供应链成员的系统性非线性行为，即"反馈误解"。通常而言，牛鞭效应的产生原因有如下六个方面。

1. 需求预测修正

需求预测修正是指当供应链成员直接采用下游订货数据作为市场需求信息的依据时，需求量会放大。一方面，下游订货数据本身已经包含需求放大处理，另一方面，供应链成员自身向上游发送订购请求时，又会进一步放大需求预测值，这导致从下游到上游，预测需求被层层放大，最终与实际需求之间产生巨大偏差。

2. 订货批量决策

在供应链中,每个企业都会向其上游订货,一般情况下,销售商并不会接受一个新订单就向上级供应商订货一次,而是在考虑库存和运输费用的基础上,在一个周期或者汇总到一定数量后再向供应商订货。为了降低订货频率,降低成本和规避断货风险,销售商往往会按照最佳经济订货批量订货。由于频繁的订货也会增加供应商的工作量和成本,供应商往往要求销售商按一定数量或一定周期订货,此时销售商为了尽早得到货物,或者为备不时之需,往往会人为提高订货量,从而产生"牛鞭效应"。

3. 价格波动

价格波动是由促销活动或者经济环境突变而造成的,如价格折扣、数量折扣、通货膨胀、自然灾害等,这些因素使得零售商预先采购的订货量大于实际需求量。如果库存成本小于价格折扣产生的利益,销售人员当然愿意预先多买,此时订货已不能反映真实需求的变化。

4. 短缺博弈

当需求大于供应时,理性的决策是按照订货量比例分配现有供应量,比如,总的供应量只有订货量的70%,合理的配给办法就是按其订货的70%供货。此时,销售商为了获得更大份额的配给量,故意提高订货需求在所难免。当需求降温时,订货数量也会突然大幅下降,由于需求存在进一步减少的可能,同时供应商也可能下调价格以刺激订货,此时减少订货量显然对销售商有利。

5. 库存责任失衡

库存责任失衡加剧了订货需求放大。在营销操作上,通常的做法是供应商先铺货,待销售商销售完成后再结算。这要求供应商在销售商结算之前,就按照销售商的订货量负责将货物运至指定地方,而销售商并不承担货物搬运费用;在发生货物毁损或者供给过剩时,供应商需承担调换、退货及其他相关损失。这样一来,库存责任自然转移到供应商,而销售商处于有利地位。同时在销售商资金周转不畅时,由于有大量存货可作为资产使用,销售商会利用这些存货与其他供应商易货,或者不顾供应商的价格规定,低价出货,加速资金回笼,从而缓解资金周转的困境。销售商所掌握的大量的库存也可以作为与供应商进行博弈的筹码。因此,销售商普遍倾向于加大订货量掌握主动权,这样也必然会导致"牛鞭效应"。

6. 应付环境变异

应付环境变异所产生的不确定性是促使订货需求放大加剧的现实原因。自然环境、人文环境、政策环境和社会环境的变化都会增强市场的不确定性。为了应对这些不确定性因素，销售商保持一定库存，随着这些不确定性的增强，库存量也会随之变化。当对不确定性的预测被人为渲染，甚至成为普遍共识时，为了拥有应付不确定性的安全库存，销售商会加大订货，将不确定性风险转移给供应商，这样也会导致"牛鞭效应"。

第二节　ABC 分类管理法

一、ABC 分类管理法的基本思想

在一个系统中，少数事物具有决定性的影响，其余绝大部分事物不太有影响。很明显，将有限的力量重点用于关键的少数事物上和将有限力量平均分摊在全部事物上，当然是前者可以取得较好的成效，而后者成效较差。ABC 分类管理法（Activity Based Classification）的理论基础就是"关键的少数和次要的多数"。

在库存管理中应用 ABC 分类法时，它的主要原理是按照各类库存的年度货币占用量将库存分为 A、B、C 三类，对不同类别的货品采取不同的管理方法，以有效节约财力、人力、物力。

A 类是年度货币占用量较高的库存，虽然库存量可能只占库存总量的 5%~15%，但是库存成本却占总成本的 60%~80%。

B 类是年度货币占用量中等的库存，库存量占总量库存的 20%~30%，库存价值占库存总价值的 20%~30%。

C 类是年度货币占用量较低的库存，库存货币占用量只占全部年度货币占用量的 5%~10%，但库存量占库存总量的 60%~80%。

除货币占用量指标外，企业还可以按照销售量、销售额、订货提前期、缺货成本等指标将库存进行分类。通过分类，管理者就能为每一类的库存品种制定不同的管理策略，实施不同的控制。

二 ABC 分类法的实施步骤

ABC 分类法实施的一般步骤如下。

（一）收集数据

按分析对象和分析内容，收集资料。一般来说，需要收集的资料有每种库存货品的平均库存量、每种货品的单价。

（二）处理数据

对收集来的数据进行整理，按要求计算和汇总。以平均库存乘以单价，计算每种货品的平均资金占用额。

（三）制作 ABC 分析表

具体见表 4-1。

表 4-1 ABC 分析表

货品名称	品种数累计	品种数累计（%）	单价	平均库存	平均资金占用额	平均资金占用额累计（元）	平均资金占用额累计（%）	分类结果
	1	2.78	480	3820	1833600	1833600	60.5	A
	2	5.55	200	1060	212000	2045600	67.4	A
	3	8.33	45	3820	171900	2217500	73.3	A
	4	11.11	35	3820	133700	2351200	77.5	A
	5	13.89	30.5	3410	104005	2455205	80.9	A
	6	16.66	46.7	1470	68649	2523854	83.2	B
	7	19.44	14	4880	68320	2592174	85.5	B
	...	...	...	...	...	...	...	...
	12	33.32	7.0	4880	34160	2822032	93.1	B
	13	36.10	21.5	1470	31605	2854437	94.2	C
	14	36.88	25	1060	26500	2880937	95.0	C
	15	41.66	5.4	4880	26352	2907289	95.9	C
	...	...	...	...	...	...	...	...
	36	100					100	

（四）根据 ABC 分析表确定分类

根据 ABC 分析表，观察第三栏"品种数累计（%）"和第八栏"平均资金占用额累计（%）"，将品种数累计百分数为 5%~15%，平均资金占用额累计百分数为 60%~80% 的货品，确定为 A 类；将品种数累计百分数为 20%~30%，平均资金占用额累计百分数为 20%~30% 的货品，确定为 B 类；其余的为 C 类，其情况和 A 类正相反，品种数累计百分数为 60%~80%，而平均资金占用额累计百分数仅为 5%~10%。

（五）绘制 ABC 分析图

如图 4-1 所示。

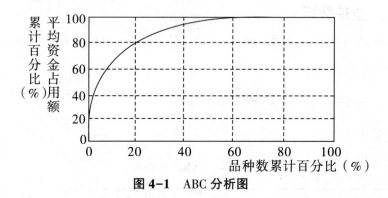

图 4-1　ABC 分析图

（六）确定重点管理要求

对 A 类货品应该进行重点管理，现场管理应该比 B 类、C 类更加严格，货品应放在更安全的地方；为了保证库存记录的准确性，仓库要经常进行检查和盘点；对 A 类库存的预测应该更加仔细。

对 B 类货品进行次重点管理，现场管理不必投入比 A 类货品更多的精力；库存检查和盘点周期可以比 A 类货品更长一些。

对 C 类货品只进行一般的管理，现场管理可以粗放一些；但是，由于货品品种多，差错出现的可能性也比较大，仓库也必须定期进行库存检查和盘点，周期可以比 B 类货品长一些。

延伸阅读

ABC 分类法的来源

ABC 分类法是由意大利经济学家维尔弗雷多·帕累托首创，他在 1879 年研究个人收入的分布状态时，发现少数人的收入占全部人收入的大部分，而多数人的收入却只占全部人收入的一小部分，他将这一关系用图表示出来，这就是著名的帕累托图。该方法的核心思想是在决定一个事物的众多因素中分清主次，识别出少数的但对事物起决定作用的关键因素和多数的但对事物影响较少的次要因素。后来，这种方法被不断应用于管理的各个方面。1951 年，管理学家戴克将其应用于库存管理，命名为 ABC 分类法。1951—1956 年，约瑟夫·朱兰将 ABC 分类法引入质量管理，用于质量问题的分析，将其称为排列图。1963 年，彼得·德鲁克将这一方法推广到全部社会现象，使 ABC 分类法成为企业提高效益的普遍应用的管理方法。

三、ABC 分类法的延伸

前面介绍了传统的 ABC 分类方法，在实际应用时，可借助 Excel 等软件来进行分类，降低实施工作量。另外，还应根据实际情形进行灵活处理。

（一）分层的 ABC 分析

在货品种类较多，不便全部罗列分类时，可以先进行货品的分层（如按照价值区间分层），以减少项数，再根据分层结果将 A 类品目逐一列出，进行个别、重点的管理。

（二）多重 ABC 分析

多重 ABC 分析是在第一次 ABC 分析基础上，再进行一次 ABC 分析。例如，分层 ABC 分析中，A 类货品有 300 种，这不利于实际管理，于是在这 300 种 A 类货品中，仍然遵循"关键的少数和一般的多数"的规律，再做一次 ABC 分析（二重分析）。在 A 类中又划分出 A、B、C 三类，分别为 A-A、A-B、A-C，以使管理者了解 A-A 为重中之重，在管理上需确定对应的有效管理方法。同样，如果 B 类产品也需再进行分析，则可按同样道理，划分出 B-A、B-B、B-C 三类。C 类本来属于"一般多数"，在管理上往往不需要细化，因此，C 类可不再进行二重分析，但是如果管理者认为有必要进行分析，也可分为 C-A、C-B、C-C 三类。按二重分析，实际可形成更多的分类。在品种非常多的情况下，甚至可以进行三重分类。

（三）多标准 ABC 分类

在实际工作中，管理目标往往不是一个。例如，一般管理往往看重货品价值，按价值进行分类，但单价高的货品，可能数量并不多，因此，以总价值为目标的分类就会有不同分类结果。还有更复杂的情况，在一个企业中，有的人关心价值，有的人则关心各种货品的供货保证程度，有的货品价值虽然可能不高，但一旦出现供应中断就会带来巨大损失，按供应保证程度或供应中断风险进行 ABC 分析，可确定不同的管理方法。如果按不同的要求分类，则可能导致同一货品有若干不同的分类结果，这无疑会造成分类的混乱，增加管理难度，违背分类的初衷。多标准分类方法可解决上述难题。例如，先按照价值进行 ABC 分类，再按照供应保证程度进行 ABC 分类，由此得到各类货品的组合分类代号，如 AB、BA、CC 等，并根据分类标准的重要性具体分析。

第三节　订货点技术

库存控制的重点是对库存量的控制，订货点技术是传统的库存控制方法，它从影响实际库存量的两个方面，一是销售的数量和时间，二是进货的数量和时间入手，以此确定货品订货的数量和时间，从而达到控制库存量的目的。因此，订货点技术的关键在于把握订货的时机，具体的方法包括定量订货法和定期订货法两种。

一　定量订货法

定量订货法也称"连续检查控制方式"或"订货点法"。其工作原理是：连续不断地监视库存余量的变化,当库存量下降到预定的最低库存量(订货点)时,按预先规定的数量(一般以经济批量 EOQ 为标准)进行订货补充的一种库存控制方法。当库存量下降到订货点时,即按预先确定的订购量 Q 发出订货单,经过提前期 LT,库存量继续下降,到达安全库存量时,收到订货 Q,库存水平上升。采用定量订货方式必须预先确定订货点 R 和订货量 Q。

(一)订货点

在需要是固定均匀的,订货、到货间隔时间不变的情况下(理想状态),不需要设安全库存量 S^*,这时订货点由下式确定。

$$R = LT \times D/365$$

式中:R 为订货点的库存量;LT 是提前期;D 是该货品每年的需求量,$D/365$ 表示每天的需求量。

例如,某货品的每天需求量为 50 箱,订货提前期为 10 天,则订货点为 500 箱。当该货品的库存量降到 500 箱时,应该立即开始订货,等新的货品到达仓库时,原有的库存刚好用完。

但在实际工作中,常常会遇到各种情况,如需要量发生变化,提前期延长等,这时必须要设置安全库存(Safety Stock,SS)。安全库存也被称为"保险库存""缓冲库存"等。这时订货点则应用下式确定。

$$R = LT \times D/365 + SS$$

延伸阅读

安全库存量的计算方法

安全库存量是为了应对需求量或供应量不可预测的波动,在仓库中经常保持的最低库存量。总体上可以认为,安全库存量由顾客服务水平(或订货满足率)来决定。

对于安全库存量的计算,需借助于数量统计方面的知识,对顾客需求量的变化和提前期的变化作为一些基本的假设,从而在顾客需求发生变化、提前期发生变化以及两者同时发生变化的情况下,分别求出各自的安全库存量。

例如,对于常见的需求发生变化,提前期为确定数值情形,假定需求变化符合正态分布,则安全库存量 SS 的计算公式为 $SS = Z \cdot \sqrt{LT} \cdot STD$,其中 LT 为提前期,STD 为需求的标准方差,Z 为既定服务水平所对应的安全系数(可查专门表格,如在 90% 的服务水平下安全系数为 1.8,在 95% 的服务水平下安全系数为 1.95,在 99% 的服务水平下安全系数为 2.33)。

(二)订货量

订货量 Q 一般依据经济批量(EOQ)的方法来确定,即年总库存成本最小时的每次订货数量。为描述经济批量模型,先作如下假设。

需求率均匀且为常量;订货提前期已知,且为常量;不允许缺货;一次订货无最大最小限制;补充率为无限大,全部订货一次交付;采购、运输均无价格折扣;订货费与订货批量无关;持有成本是库存量的线性函数。

此时,年总库存成本的计算公式如下。

$$年总库存成本 = 年购置成本 + 年订货成本 + 年保管成本$$

假设产品单价为 P,每次订货成本为 S,每件产品的年存储成本为 H,由此可得年总成本 TC。

$$TC(Q) = P \cdot D + S \cdot D/Q + H \cdot Q/2$$

上式为 Q 的函数,现在求 TC 最小值,可对其求导数并令为零,得到如下公式。

$$Q^* = \sqrt{2S \cdot D/H}$$

上面的 Q^* 即为经济订货批量 EOQ。

上述模型得到的 EOQ 只是一种理论值,在实际应用时,可能需要考虑其他因素并进行调整,如理论计算结果不是整数、订货量必须为最小包装的整数倍等。

例如,某货品的年需求量为 10000 件,定购成本为 50 元/次,储存成本为 1.25 元/年,订货提前期为 5 天,产品单价为 12.5 元/件。根据以上数据,套用经济订货批量 EOQ 的公式,可知经济订货批量为 894 件。另外,易知订货点为 137 件,年总成本为 126118.1 元。

延伸阅读

经济生产批量 EPQ

由于调整生产系统需要一定的准备时间，在补充成品库存的生产中，需回答一次生产多少产品最经济的问题，这个决策变量就是经济生产批量（Economic Production Quantity，EPQ）。经济生产批量的计算公式与经济订货批量相似，假定生产率为 p，需求率为 d（$d<p$），年总需求量为 D，每次生产的准备费为 S，单位货物每年的存储费用为 H，则 EPQ 的公式如下。

$$Q^* = \sqrt{\frac{2SS}{H(1-d)/p}}$$

(三) 批量折扣定量库存控制法

供应商为了吸引顾客一次购买更多的货品，往往会采用批量折扣购货的方法，即对于一次购买数量达到或超过某一数量标准时给予价格上的优惠。

在多重折扣点的情况下，如表 4-2 所示，先依据确定条件下的经济批量模型，计算最佳订购批量（Q^*），而后分析并找出多重折扣点条件下的经济批量。具体计算的步骤如下。

表 4-2 折扣点与折扣价格的对应关系

折扣点	Q_0	Q_1	……	Q_t	……	Q_n
折扣价格	P_0	P_1	……	P_t	……	P_n

第一步，用确定型经济批量的方法，计算出最后折扣区间（第 n 个折扣点）的经济批量 Q^*，与第 n 个折扣点的 Q_n 比较，如果 $Q_n^* > Q_n$，则取最佳订购量 Q_n^*；如果 $Q_n^* > Q_n$，则转入下一步骤。

第二步，计算第 t 个折扣区间的经济批量 Q_t^*。

若 $Q_t \leq Q_t^* \leq Q_{t+1}$ 时，则计算经济批量 Q_t^* 和折扣点 Q_{t+1} 对应的总库存成本 TC_t^* 和 TC_{t+1}，并比较它们的大小，若 $TC_t^* > TC_{t+1}$，则令 $Q_t^* = Q_{t+1}$，否则就令 $Q_t^* = Q_t$。

若 $Q_t^* < Q_t$，则令 $t = t-1$，再重复步骤二，直到 $t = 0$，其中 $Q_0 = 0$。

例如，某货品年需求量为30000个，单价为20元，每次订货成本为240元，单位货品的年保管费为10元。供应商为了促销采取以下折扣策略：一次购买1000个以上打9折；一次购买1500个以上打8折。

根据以上信息，首先计算第二种折扣区间的经济批量，直接运用经济批量公式可知此时的经济批量为1342个；因为少于1500个，所以再计算第一种折扣区间的经济批量，该折扣价格下的经济订货批量为1265个，恰好属于该折扣区间。

计算TC_1^*和TC_2对应的年总库存成本，其中，TC_1^*在第一折扣区间中，当订货批量为1265时的总库存成本，经计算为551383元；TC_2在第二折扣区间中，当订货批量为1500个时的总仓库成本，经计算为496800元。由于$TC_2<TC_1^*$，经济订货批量应该设为1500个。

二 定期订货法

定期订货法是基于时间的订货控制方法，它设定订货周期和最高库存量，从而达到控制库存量的目的。只要订货间隔期和最高库存量控制合理，就可以既保障需求、合理存货，又节省库存费用。

仓库一般可以根据库存管理目标或历年的库存管理经验，预先确定一个订货周期和最高库存量，定期检查库存，根据最高库存量、实际库存、在途订货量和待出库货品数量，计算出每次订货批量，发出订货指令，组织订货。

在定期订货法中订货量的确定方法如下。

$$订货量=最高库存量-现有库存量-订货未到量+顾客延迟购买量$$

定期订货法适用于品种数量少、平均占用资金额大、属于A类库存的货品。

定期订货法的优点如下。其一，当订货间隔期确定后，多种货品可以同时采购，这样既可以降低订单处理成本，又可以降低运输成本。其二，这种方法需要经常检查库存和盘点，从而能及时了解库存情况。

三 对订货点技术的评价

●（一）订货点技术的基本特点

不能预先确切知道客户未来的需求。究竟客户将来需要什么？要多少？什么时候要？这些预先都不能确切知道。在这种情况下，只能根据客户以前和现在的情况以及将来发展变化的趋势，预测客户将来大概需要什么、需要多少、何时需要。

以预测的客户未来需求为依据，制定订货策略，筹集物资资源，以预防性储备来等待日后客户的需求。

因为预测出来的需求不是客户确切的实际需求，不一定在将来实际发生，加之在制定订货策略时，考虑到偶然需求时间延误，设立一定的安全库存，若将客户服务水平订得越高，安全库存就越高，所以通过订货点技术所设置的库存都比较高。如果客户需求能按预期实现，则达到预定的客户满足水平，但如果客户需求不能按期实现，就会造成库存长期积压，甚至成为"死库存"，使供应者蒙受较大损失。

●（二）订货点技术的优点

订货点技术是至今能够应用于独立需求物资进行物资资源配置的唯一方法，主要适用于未来需求不确定的情况，当然如果未来需求确定则更好。

在应用于未来需求不确定的独立需求物资的情况下，订货点技术可以最经济有效地配置资源，既可以按一定的客户需求满意水平来满足客户需求，又能保证供应者的总费用最低。

订货点技术操作简单，运行成本低。订货点和订货策略一旦确定，只要随时检查库存，当库存下降到订货点时就发出订货。

订货点技术特别适用于客户未来需求连续且稳定的情况。在这种情况下，它不但可以做到100%保证客户需要，而且可以实现最低库存。它能使客户的满意水平达到最高，同时操作最简单、运行成本最低。

●（三）订货点技术的缺点

订货点技术最大的缺点是库存量太大，库存费用太高，库存浪费的风险也大，这主要是由需求的不确定或不均匀导致的。它一方面可能导致货品超期积压浪费，另一方面可能导致货品缺货。

订货点技术不考虑相关需求，即在满足某个客户的需求时，不考虑和其他需求是否存在关系。因此，企业内各生产环节、各工序间的物料的配置供应一般不能直接用订货点技术完整实现。

第四节 MRP 与库存控制

MRP（Material Requirements Planning）的意思是"物料需求计划"。它是企业依据市场需求预测和顾客订单先编制生产计划，然后基于生产计划确定产品的物料结构表和库存状况，通过计算机计算出所需物料的数量和时间，从而确定物料加工进度和订货日程的一种管理技术。它是一种以计算机为基础的生产计划和库存控制系统，能保证在确定的时间供应所需的物料，并同时使库存保持在最低水平。因此，编制 MRP 具有非常重要的价值。

一、MRP 的基本原理

MRP 的目标是围绕物料转换组织制造资源，实现按需准时生产。它是按反工艺顺序来确定零部件、毛坯件直至原材料的需要数量及产品生产时间的。

MRP 根据主生产进度计划（Master Production Schedule，MPS）、主产品结构清单文件（Bill of Materials，BOM）和产品库存状态文件（ProductInventory File，PF），逐个地求出主产品所有零部件的生产时间和生产数量。如果零部件需要企业内部生产，则根据各自生产时间提前安排投产时间，形成零部件投产计划；如果零部件需外购，则根据各自的订货提前期确定订货时间、订货数量，形成采购计划。按照投产计划进行生产和按照采购计划进行采购，从而实现所有零部件的出产计划，这样不仅能够保证产品的交货期，还能够降低原材料的库存，减少流动资金的占用。MRP 的逻辑原理如图 4-2 所示。

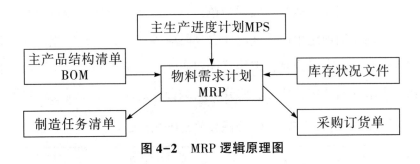

图 4-2　MRP 逻辑原理图

由图 4-2 中看到，MRP 的基础文件如下。

（一）主产品结构文件（BOM）

主产品结构文件主要反映主产品的层次结构、所有零部件的结构关系和数量。根据这个文件，可以确定主产品及其各个零部件的需要数量、需要时间和它们互相间的装配关系。

（二）主生产进度计划（MPS）

主产品进度计划主要描述主产品及其结构清单 BOM 决定的零部件的生产进度，表现为各时间段内的生产量、生产时间、生产数量或装配时间、装配数量。

（三）产品库存状况文件（PF）

产品库存状况文件内容包括主产品和零部件的库存量、已订产品未到量和已分配未提货的数量。

MRP 技术在库存管理中主要是通过 MRP 处理生成的采购任务清单来实现控制库存的目的。

二　MRP 系统在库存控制中的应用

（一）　MRP 的输入

MRP 的输入有 3 个文件。

1. 主生产进度计划（MPS）

主生产进度计划是 MRP 系统最主要的输入信息，也是 MRP 系统的主要依据。主生产计划是确定每一个具体的最终产品在每一段具体时间内生产数量的计划。这里的最终产品是指对于企业来说，要出厂的完成品（见表 4-3），它要具体到产品的品种、型号。这里的具体时间段，通常是以周为单位，在有些情况下，也可以日、旬、月为单位。主生产计划详细规定生产什么、什么时段应该产出，它是独立需求计划。主生产计划根据客户合同和市场预测，把经营计划或生产大纲中的产品系列具体化，使之成为展开物料需求计划的主要依据，起到了从综合计划向具体计划过渡的作用。

表 4-3 产品 A 的出产进度表

时期（周）	1	2	3	4	5	6	7	8
产量（件/周）	30	20	25		60		20	

2. 主产品结构文件（BOM）

MRP 系统要正确计算出物料需求的时间和数量，特别是相关需求物料的数量和时间，首先要使系统能够知道企业所制造的产品结构和所有要使用到的物料。它是 MRP 产品拆零的基础。主产品结构一般用树型结构表示，最上层是 O 级，即主产品级，然后是 1 级，对应主产品的一级零部件，如此逐级往下分解，最后一级为 n 级，一般是最初级的原材料或者外购零配件。每一层有 3 个参数。

（1）零部件名称。

（2）组成零部件的数量。

（3）相应的提前期，包括生产提前期和订货提前期。

例如：主产品 A 的树型结构如图 4-3 所示。

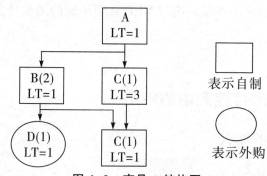

图 4-3 产品 A 结构图

产品 A 由 2 个部件 B 和 1 个零件 C 装配组成，而部件 B 又由 1 个外购件 D 和 1 个零件 C 装配组成。A、B、C、D 的提前期分别为 1、1、3、1 周，即装配 1 个 A 要 1 周时间（装配任务需提前 1 周下达），装配 1 个 B 要提前 1 周下达任务单，生产 C 要提前3周下达任务单,而采购1个D要提前1周发出订货单。

3. 库存状态文件

该文件包含各个品种在系统运行提前期库存量的静态资料,但它主要提供并记录MRP在运行过程中的实际库存量的动态变化过程。主要参数如下。

(1)总需求量:它是指主产品及其零部件在每一周的需要量。其中,主产品的总需求量与主生产进度计划一致,而主产品的零部件的总需要量可以根据主产品出产进度计划和主产品的结构文件推算得出。

(2)计划到货量:它是指根据正在执行中的采购订单或生产订单在未来的某一个时段将要入库或将要完成的数量。它不包括本次运行生成的生产任务单和采购任务单中的产品。

(3)库存量:它是指每个周末库存货品的数量。

例如:根据主产品A出产进度计划(如表4-4所示),先输入在各周的总需求量,再输入在各周的计划到货量(第1周、第3周、第5周、第7周分别计划到货15件、20件、40件、60件),最后输入在MRP运行前的期初库存量(20件)。上述资料即为产品A输入的全部资料。

表4-4 产品A的库存文件

项目:A(O级)	周次							
提前期:1周	1	2	3	4	5	6	7	8
总需求量	30	20	25		60		20	
计划到货量	15		20		40		60	
现有库存量(20)	5	-15	-20	-20	-40	-40	0	0
净需求量	0	15	5	0	20	0	0	0
计划接受订货		15	5		20			
计划发出订货	15	5		20				

MRP输入完毕后,系统会自动计算出各周的库存量、净需求量、计划订货量和计划发出订货量,如表4-4所示。

上述文件即为MRP的主要输入文件。此外,为运行MRP还需要一些基础性的输入,其中包括物料编码、提前期、安全库存量等。

(二) MRP 的输出

MRP 的输出包括主产品及其零部件在各周的净需求量、计划接受订货和计划发出订货 3 个文件。

1. 净需求量

净需求量是指系统需要外界在给定的时间提供的给定的物料数量,即生产系统需要什么货品、需要多少、什么时候需要。不是所有零部件每一周都有净需求的,只有缺货才会产生净需求量,某个产品在某个时间的净需求量就是这个产品在这个时间的缺货量。所谓"缺货",就是上一周的期末库存量加上本期的计划到货量小于本期总需求量。

$$本周净需求量 = 本周总需求量 - 本周计划量 - 本周初库存量$$

MRP 在实际运行中,不是所有的负库存量都有净需求量。净需求量的计算可以这样确定:在"现有库存量"一栏中第一次出现负库存量的那一周,净需求量等于负库存量的绝对值。在其后连续出现的负库存量的各周中,各周的净需求量等于本周的负库存量减去前一周的负库存量的差的绝对值。

2. 计划接受订货量

计划接受订货量是指为满足净需求量的需求,应该计划从外界接受订货的数量。

$$计划接受订货量 = 净需求量$$

3. 计划发出订货量

计划发出订货量是指发出采购订货单进行采购或发出生产任务单进行生产的数量。它在数量上等于计划接受订货量,在时间上比计划接受订货量要提前一个提前期。

由于 MRP 输出的参数是直接由 MRP 输入的库存文件参数计算出来的,为直观起见,常常把 MRP 输出与 MRP 的库存文件连接在一起,边计算边输出结果。表 4-4 列出了产品 A 的 MRP 运行结果。其运行程序如下。

第一步,根据 MRP 输入的库存文件计算出产品 A 各周的库存量。

$$本周库存量 = 上周库存量 + 本周计划到货量 - 本周总需求量$$

本周库存量是指周末库存量,可为正数、负数或零。

第二步,MRP 系统计算和输出各周的净需求量。只有库存量为负数,才有净需求量。其计算方法是：在第一次出现负库存量的那一周（第2周）的净需求量等于其负库存量的绝对值，在其后负库存量的那一周（第3周）的净需求量等于本周的负库存量减去上一周的负库存量所得结果的绝对值。如此可计算出第2周、第3周、第5周的库存量分别为15件、5件、20件，第4周、第6周、第7周、第8周的净需求量为零。

第三步，MRP系统计算和输出计划接受订货量。它在数量和时间上都与净需求量相同，如表4-4所示，第2周为15件，第3周为5件。计划接受订货量满足净需求量，而计划到货量满足部分总需求量。二者相加，即可满足总需求量。

第四步，MRP系统计算和输出计划发出订货量。它是把计划接受订货量（或净需求量）在时间上提前一个提前期（此处为1周），订货数量不变而得出的，如表4-4所示，第1周发出15件，第2周发出5件，这是MRP最后处理的结果，给出的是计划发出订货数据。

第五节　JIT存货管理方式

JIT（Justin Time）即准时制，是指在精确测定生产各工艺环节作业效率的前提下，按订单确定的时间进行生产控制，以消除一切无效作业与浪费为目标的一种管理模式。

一　JIT基本原理

JIT是起源于日本丰田汽车公司的一种管理方法。它的原理如图4-4所示。

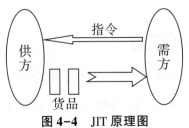

图4-4　JIT原理图

JIT 的基本思想是"彻底杜绝浪费","只在需要时候,按需要的量,生产所需要的产品"。这种生产方式的核心是追求一种无库存的生产系统或者库存最小的生产系统。丰田汽车公司的零组件管理方式叫作"及时化",又称作"看板方式"。它把制造一部汽车所需的 20000 个零组件浓缩为最小极限,即把当前所需装配的必要量视为一个单位,从而在盛装这个单位的容器上布置看板,看板记载着何时生产、生产多少、运往何地等作业指令。装配工厂在零组件用尽时,将空容器送往零组件厂,零组件厂根据看板的指令,生产和装入给定的品种和数量,在给定的时间送到给定的地点。看板方式是一种逆管理。丰田汽车公司的装配工作,不是预测生产,而是根据销售公司的订货量生产。以这个为前提,每一个工序按照看板的指示向先行工序依次索取组件,向后续工序送达。

JIT 基于"任何工序只是在需要的时候,按需要的量生产所需的产品或提供所需的服务"的逻辑。理论上讲,当有一件产品卖出时,市场就从系统的终端(如总装线、流通仓库)调动一件产品,于是形成对生产线的订货需求。生产线工人从物流的上游工序调动一件新产品补充被取走的产品,而这个上游工序又从其上游调动产品,如此调动直至原材料投入工序。为保证调动过程的平稳,JIT 要求全过程都要具有高水平。

在 JIT 中,需方居主动地位。需方需要什么品种、需要多少、什么时候要、在什么地点要,完全由需方向供方发出指令。供方根据需方的指令,将产品按需求的数量,在指定的时间运送到指定的地点。不多送,也不少送,不早送,也不晚送。运送的品种要保质保量,不能有废品。这种方式在物资配置上体现了以下几个要点:在品种配置上,保证了品种的有效性,拒绝了不需要的品种;在数量的配置上,保证了数量的准确性,拒绝了多余的数量;在时间的配置上,保证了供应的准时,拒绝了不按时的供应;在供应的产品质量方面,保证了产品质量,拒绝了次品的供应。

二 JIT 在库存控制中的应用

JIT 作为管理哲学和管理思想,在库存控制中主要应用在订货管理,即在采购管理中形成一种先进的采购模式——准时制采购。它的基本思想是:在恰当的时间、恰当的地点,以恰当的数量、恰当的质量提供恰当的货品。JIT 采购不但可以减少库存,而且可以加快库存周转速度，提高进货质量，取得满意的交货效果等。

● (一) JIT 采购的特点

传统采购的目的是以最低的成本费用获取所需要的原材料和货品。JIT 采购则发生了深刻变化，两者的比较如表 4-5 所示。由表中可以看出，JIT 采购的主要特点如下。

表 4-5　JIT 采购与传统采购比较

项目	JIT 采购	传统采购
采购批量	小批量，送货高频率	大批量，送货低频率
供应商选择	长期合作，单源供应	短期合作，多源供应
供应商评价	质量，交货期，价格	质量，交货期，价格
检查工作	逐渐减少，最后取消	收货，点货，质量验收
协商内容	长期合作，质量和合理价格	获得最低价格
运输	准时送货，买方市场	较低的成本，卖方负责安排
文书工作	工作量少，需要有能力改变交货时间和质量	工作量大，改变交货期和质量的订单多
产品说明	供应商革新，强调性能，要求宽松	买方关心设计，供应商没有创新
包装	标准化容器包装	普通包装，无特定说明
信息交流	快速，可靠	一般要求

1. 供应商较少，甚至单源供应

单源供应是 JIT 采购的基本特点之一。传统采购一般是源头采购，供应商的数量相对较多。从理论上看，采用单源供应比多源供应好，一方面，对供应商的管理方便，利于供应商获得规模效益，也有利于降低成本；另一方面，有利于供需之间建立长期稳定的合作关系，在供应质量上比较有保证。但是，单供应源也有风险，比如，供应商可能因意外中断交货，缺乏竞争意识等。同时，单源供应会使企业对供应商依赖过重，不能形成竞争性采购价格。

实际上，许多企业也不愿成为单源供应商。原因很简单，一方面，供应商是独立性较强的商业竞争者，不愿把自己的成本数据披露给客户；另一方面，供应商不愿为客户承担风险。实行 JIT 采购，需要减少库存，在传统采购中，库存成本在客户这一边，现在转移到了供应商身上，因此，客户必须意识到供应商的这种忧虑。

2. 对供应商的选择需综合评价

在传统采购中，供应商是通过价格竞争选择的，供应商与客户之间是短期的合作关系，当客户发现供应商不适合时，可以通过市场竞标的方式重新选择供应商。但在JIT采购中，由于供应商和客户是长期合作关系，供应商的合作能力将影响企业的长期经济利益，对供应商的要求就比较高。在选择供应商时，客户需要对供应商进行综合评估，在评价供应商时，价格不是主要因素，质量是最重要的，质量不单指产品质量，还包括工作质量、交货质量、技术质量等。

3. 对交货准时性的要求严格

JIT采购的一个重要特点是要求交货准时，这是实施精确生产的前提条件。交货准时取决于供应商的生产与运输条件。作为供应商，交货准时可以从几个方面着手。一方面，提高生产的可靠性和稳定性，避免延迟交货。供应商同样采用JIT，以提高生产过程的准时性。另一方面，为提高交货准时性，运输问题不可忽视。在物流管理中，运输问题是一个重要的问题，它决定准时交货的可能性。特别是全球的供应链系统，运输过程长且要经过不同运输方式的运输衔接和中转，因而，有效的运输计划和管理是准时运输的保证。

4. 对信息交流的需求更高

JIT采购要求供需双方的信息高度共享，保证供应与需求信息的准确性，由于双方的战略合作关系，企业生产计划、库存、质量等各方面的信息都可以及时进行交流，以便出现问题时能够及时处理。同时，现代信息技术的发展，为有效的信息交流提供了强有力的支持，信息交流变得方便、快捷、安全。

5. 采取小批量采购策略

小批量采购是JIT采购的一个基本特征。JIT采购与传统采购的一个重要区别在于JIT生产方式需要减少生产批量，因此，采购的物资也应该是小批量的。从另一角度来看，由于企业生产对原材料和外购件的需求是不确定的，而JIT采购又旨在消除原材料和外购件的库存，为保证准时，按质按量供应所需物资、小批量采购是必然的。当然，小批量采购会增加运输次数和成本，对供应商来说，这是为难的事情，特别是供应商在国外等距离较远的情形下，实现JIT采购的难度就更大。解决的办法可以通过混合运输、代理运输等方式，或尽可能使供应商靠近客户等。

（二） JIT 采购的实施

1. 实施 JIT 采购的关键

（1）看板方式是 JIT 采购最实用有效的手段。

（2）选择最佳的供应商，并对供应商进行有效的管理是 JIT 采购成功的基石。

（3）供应商与客户的紧密合作关系是 JIT 采购成功的"金钥匙"。

（4）卓有成效的采购过程，严格的质量控制是 JIT 采购成功的保证。

2. JIT 采购的步骤

第一步，创建 JIT 采购班组。其具体责任是寻找货源、商定价格、发展与供应商的协作关系并不断改进。班组可分为两个部分：一部分专门负责处理供应商事务，如认定和评估供应商的信誉、能力，与供应商谈判签订合同，向供应商发放免检签证等；另一部分专门负责消除采购过程中的浪费。班组人员对 JIT 采购要有充分了解和认识，必要时进行培训。

第二步，制定策略，确保 JIT 采购有计划、有步骤地实施。根据采购策略，改进当前的采购方式，评估供应商能力，减少供应商数量，向合格供应商发放签证等。这一过程要与供应商保持信息交流与沟通，一起商定目标和有关措施。

第三步，精选少数供应商，建立商业合作伙伴关系。选择供应商应考虑产品产量、供应能力、应变能力、地理位置、企业规模、财务状况、技术、价格以及其他供应商的可代替性等。

第四步，进行试点工作，取得经验后再正式实施 JIT。

第五步，做好供应商的培训，确定共同目标。JIT 采购是供需双方共同的业务活动，单靠采购部门的努力是不够的，需供应商配合和支持。供应商只有对 JIT 采购的策略和运作方法有了认识和了解，才能获得这种支持和配合。因此，培训是重要的。

第六步，向供应商颁发产品免检合格证书。JIT 采购的特点之一就是买方不需要对供应商进行繁琐的检验，这就需要供应商能够提供确保质量合格的产品，达到这一要求即可发免检签证。

第七步，实现配合节拍进度的交货方式。JIT 采购的最终目标是实现 JIT 生产方式，该物资刚好到达并被生产所利用。

第八步，继续改进，扩大成果。JIT 采购是一个不断完善和改进的过程，需要在实施过程中不断总结经验教训,降低运输成本,提高交货的准时性和产品的质量,降低供应商库存,不断提高 JIT 采购的运作绩效。

延伸阅读

零库存管理内涵及其实现途径

零库存是一个特殊的库存概念,零库存并不等于不要储备和没有储备。零库存是指物料(包括原材料、半成品和产成品等)在采购、生产、销售、配送等一个或几个经营环节中,不以仓库存储的形式存在,而均处于周转的状态。它并不是指以仓库储存形式的某种或某些物资的储存数量真正为零,而是通过实施特定的库存控制策略,实现库存量的最小化。零库存管理的内涵是以仓库储存形式的某些种物资数量为"零",即不保存经常性库存,它是在物资有充分社会储备保证的前提下,采取的一种特殊供给方式。

零库存实现的方式有许多,就目前企业实行的零库存管理,可以归纳为六类。

一是无库存储备。无库存储备事实上仍然保有储备,但不采用库存形式,以此达到零库存。例如,有些国家将铝作为隔音墙、路障等储备起来,在仓库中不再保有。

二是委托营业仓库存储和保管货物。营业仓库是一种专业化、社会化程度比较高的仓库。委托这样的仓库或物流组织储存货物,就是把所有权属于用户的货物存放在专业化程度比较高的仓库中,由后者代理用户保管和发送货物,用户则按照一定的标准向受托方支付服务费。在一般情况下,采用这种方式存放和储备货物,用户不必过多地储备物资,甚至不必单独设立仓库从事货物的维护、保管等活动,在一定范围内可以实现零库存和进行无库存生产。

三是协作分包方式。协作分包方式主要是制造企业的一种产业结构形式,这种形式可以通过若干企业的柔性生产准时供应,使主企业的供应库存为零,同时,主企业的集中销售库存使若干分包劳务及销售企业的销售库存为零。

四是采用 JIT 生产方式。JIT 生产方式,即"在需要的时候,按需要的量生产所需的产品"。它是一种旨在消除一切无效劳动,实现企业资源优化配置,全面提高企业经济效益的管理模式。

五是按订单生产方式。在拉动式生产方式下，企业只有在接到客户订单后才开始生产，企业的一切生产活动都是按订单来进行采购、制造、配送的，仓库不再是传统意义上的储存物资的仓库，而是物资流通过程中的一个"枢纽"，是物流作业中的一个站点。物是按订单信息要求而流动的，因此，从根本上消除了呆滞物资，也就消灭了库存。

　　六是实行合理配送方式。一般来说，在没有缓冲存货情况下，生产和配送作业对送货时间不准更敏感。无论是生产资料，还是成品，物流配送在一定程度上影响其库存量。因此，通过建立完善的物流体系，实行合理的配送方式，企业及时地将按照定单生产出来的物资配送到用户手中，在此过程中，以物资的在途运输和流通加工来减少库存。企业可以采用标准的零库存供应运作模式和合理的配送制度，使物资在运输中实现储存，从而实现零库存。

◆本章小结◆

　　库存控制是指在保障供应的前提下，为使库存货品的数量最少所进行的有效管理的技术经济措施，也就是对货品库存量的控制。影响库存控制决策的因素有：需求的性质、提前期、自制或外购以及服务水平等。ABC分类库存管理法主要原理是，先按照各类库存货品的年度货币占用量将库存分为A、B、C三类，然后对不同类别的货品采取不同的管理方法，以降低库存成本。订货点技术包括定量订货法和定期订货法，两种方法各有优点和缺点。MRP库存控制方法是企业依据市场需求预测和顾客订单编制生产计划，基于生产计划确定产品的物料结构表和库存状况，通过计算机计算所需物料的数量和时间，从而确定物料加工进度和订货日程的一种库存控制技术。JIT库存控制方法的基本思想是在恰当的时间、恰当的地点，以恰当的数量、恰当的质量提供恰当的货品。

■ 案例分析 ■

案例1：上海通用汽车的供应链库存控制实践

上海通用汽车3种车型的零部件总量有5400多种，这相当于一个中型超市的商品数量。这些零部件来自180家供应商，和一个大型卖场的供应商数量相近。部分零部件是由本地供应商生产的，这些供应商会根据上海通用汽车的生产要求，在指定的时间直接将零部件送到生产线上。因为零部件不进入原材料库，所以仓库保持了很低或接近于"零"的库存，省去了大量的资金。但供应商并不愿意送用量很少的零部件。于是，传统汽车制造商要么有自己的运输队，要么找运输公司把零部件送到公司。这种方式有两个缺点。一是有的零件根据体积或数量的不同，并不一定正好能装满一车。但为了节省物流成本，运输人员经常装满一车才运输，如果装不满，就要等待。这不仅造成了库存高，占地面积大，还影响了对客户的服务速度。二是不同供应商的送货缺乏标准化的管理，在信息交流、运输安全等方面都有各种各样的问题。如果想管好供应商，必须花费很多的时间和人力资源。

上海通用汽车使用了"循环取货"的小技巧：聘请一家第三方物流供应商，由它来设计配送路线，每天早晨依次到不同的供应商处取货，直到装上所有材料，直接送到上海通用汽车。通过循环取货，上海通用汽车的零部件运输成本可以下降30%。这种做法避免了所有供应商空车返回，充分节约了运输成本。

上海通用汽车还通过其他方式降低供应商库存成本。上海通用汽车的生产流水线可以生产不同平台多个型号的产品，这种生产方式对供应商的要求极高，即供应商必须时常处于"时刻供货"的状态，这也会增加供应商的存货成本。但是，供应商一般不愿意独自承担这些成本，把部分成本计入供货价格中。

为了解决这个问题，上海通用汽车与供应商时刻保持着信息沟通。上海通用汽车有一年的生产预测，也有半年的生产预测，生产计划是滚动式的，产量在不断调整。这个运行机制的核心是要让供应商也看到上海通用汽车的计划，以根据上海通用汽车的生产计划来安排存货和生产计划，减少存货资金的占用量。

（资料来源：中国物流与采购网，文字有删改）

问题讨论

1. 上海通用是如何有效降低供应商库存的？
2. 零售商可以借鉴上海通用汽车的哪些经验来降低库存？

复习思考题

1. 影响库存控制的因素有哪些？
2. 经济订货批量在实际运用中应该注意哪些问题？
3. ABC 分类管理法的基本原理是什么？在仓储管理中还可以作哪些应用？
4. 简述 MRP 库存控制基本原理。
5. 简述 JIT 库存控制基本原理。
6. 你如何看待零库存的管理目标？
7. 某企业根据计划每年需采购 A 零件 50000 个。A 零件的单价为 40 元，每次订购成本为 400 元，每个零件每年的仓储保管成本为 10 元。求 A 零件的经济批量，每年的总库存成本，每年的订货次数及订货间隔周期。
8. 某超市每年需购买 8000 个某货品，该货品的单位价格为 50 元，每次订购货品的费用为 100 元。该货品的供应商为了促销，采取以下折扣策略：一次购买 300 个以上打 9 折，一次购买 500 个以上打 8 折。若该货品的仓储保管成本为单价的 1/4。在这样的批量折扣条件下，该超市的最佳经济订购批量应为多少？

实训题

调查校园周边书店，了解书店的图书库存特点，分析能否改进现有的进货策略，既能降低图书库存资金，又能保障销售服务水平。

第五章

仓储经营管理

◆学习目标◆

通过本章学习,学生要掌握仓储经营管理内涵与仓储经营组织目标,掌握保管仓储、消费仓储、混藏仓储、仓库租赁等仓储基本经营模式的特点与经营方法,了解现代仓储的一些衍生经营模式,了解仓储商务管理的内容以及应遵循的原则,掌握仓储合同的特点与订立的原则,了解存货人和保管人的权利与义务,了解订立仓储合同的基本程序。

开篇案例

京东云仓整合社会仓储资源

张灿(化名)是宁波市某家居用品工厂的老板,随着电商兴起,他也开起了网店,商品畅销全国。伴随着订单越来越多,张灿的库房也越建越大,并租赁给其他的家居厂商使用。2017年,他在原有1万平方米库房基础上,又新建了3.5万平方米库房。由于建仓资金投入巨大,张灿面临着融资及库房管理等难题。偶然机会,张灿了解到京东物流正在全国范围招募云仓合作伙伴,便果断递交了合作申请。在进行合作资质的系列审核后,京东云仓随即对张灿的库房进行了实地考察,并在仓库内部署了京东操作系统。京东物流负责人表示,京东云仓对入仓商家的操作质量负责,因此必须确保合作商仓内的操作标准和京东自营仓内操作标准一致。京东物流也开放了培训体系,按照京东标准对合作方库内作业人员进行操作培训。

京东物流有效利用大数据平台,对各类商品在不同区域、时段的销量进行提前预判,将相应数量的商品,提前备货到距离消费者最近的仓库。京东云仓有效整合各地仓储及人力资源,通过仓库下沉,在消费者下单后,实现就近的高效配送。京东云仓的推出,不只是资源的集成,还将发挥京东强大的基础设施能力,协助合作商提升物流服务能力。京东云仓也能协同京东金融,为云仓合作商及入仓商家提供融资租赁、仓单质押等金融服务。截至 2017 年 6 月，京东物流已经在全国运营 335 个大型仓库，总面积约 710 万平方米。

（资料来源：中国物流与采购网，文字有删改）

第一节　仓储经营管理概述

一　仓储经营管理内涵与意义

（一）仓储经营管理的内涵

仓储经营管理就是指在仓库管理活动中，运用先进的管理理念和科学的方法，对仓储经营活动进行计划、组织、协调、指挥、控制和监督，充分利用仓储资源，开发全新的与社会需要相适应的服务模式，以便充分发挥仓储资源的作用，降低仓储活动成本，提升仓储活动经济效益。

（二）仓储经营管理的意义

1. 社会再生产顺利进行的保证

仓储经营的产生和发展就是由生产与消费在空间、时间、品种、数量等方面存在的矛盾引起的。企业要充分发挥仓储经营连接生产与消费的纽带和桥梁作用，克服相互联系又相互分离的各个生产者之间以及生产者与消费者之间在货品生产与消费地理上的分离，衔接货品生产与消费时间的不一致，调节货品生产与消费需求差异，从而保证社会再生产的顺利进行。

2. 保持货品原有使用价值和合理地使用货品的重要手段

任何一种物资，从生产到消费，其本身的性质，所处的条件以及自然、经济、社会、技术等因素，都可能导致它在数量上减少，在质量上降低。如果不采取必要的保护措施，物资就会不可避免地受到损害。因此，企业必须进行科学的管理，加强对物资的看护，合理组织仓储经营活动，以保护物资的使用价值。同时，在仓储经营过程中，应尽可能让物资流向合理的部门，确保物资的合理供应、合理分配，不断提高工作效率，满足市场需求。

3. 加快资金周转，提高经济效益的有效途径

要搞好仓储经营活动，必须要充分利用仓储设施和资源，提高仓储服务能力，提升仓储经营的层次，提高仓储服务的附加值，提高仓储企业的收益。通过仓储经营减少货品资金在仓储过程中的沉淀，这有助于盘活资金，增加收益，减少物质耗损和劳动消耗，从而加快货品和资金的周转速度，节省费用支出，降低物流成本，开发"第三利润源"，提高企业经济效益。

4. 加强企业基础工作，提高管理水平

为适应仓储管理功能的变化，企业必须加强各项基础工作，如计量工作、标准化工作和经济核算等，要以提高仓储经济效益为目标，健全仓储管理体系，为提高仓储经营管理水平创造良好条件。

5. 面向社会开展多样化服务

随着物流的高速发展，各个行业对仓储的技术要求越来越高。为了满足要求，企业必须利用现有的仓储经营设施向社会提供更多优质服务。其内容包括：设施开放、地区开放、行业开放、服务对象开放、经营项目开放等。

二 仓储经营组织的目标

仓储经营组织按照仓储活动的各项要求和仓储管理的需要，把与仓储经营有直接关系的部门、环节、人员尽可能合理地组织起来，使他们的工作能够协调有效地进行，加快货品在仓库中的周转速度，合理地使用人力、物力，以取得最好的经济效益。

具体来讲，仓储经营的目标是实现仓储经营活动的"快进、快出、多储存、多经营、保管好、费用省"。

"快进"是货品运抵到港口、车站或仓库专用线时，要以最快的速度完成货品的接运、验收和入库作业活动。

"快出"是货品出库时，要及时迅速高效地完成备料、复核、出库和交货清理作业活动。

"多储存"是在库容合理规划的基础上,最大限度地利用有效的储存面积和储存空间。

"多经营"是指采用多种经营方式提高企业的收益,如流通加工、货品交易中介、运输中介、配送与配载等。

"保管好"是指按照货品性质要求和储存条件,合理安排储存场所,采取科学的保管方法,使其在保管期内质量完好,数量准确。

"费用省"是指在货品输入、输出以及保管的整个过程中,都要努力节省人力、物力与财力消耗,以最低的仓储成本取得最好的经济效益。

为了实现仓储经营目标,仓储经营组织应综合考虑各方面的因素,并注意以下几个方面:保证仓储作业过程的连接性;实现仓储作业过程的比例性;实现仓储经营模式的多样性;充分调动仓库人员的积极性;培养仓储经营组织核心竞争力;具有良好的风险防范机制。

三 仓储经营计划的制定

仓储经营管理工作的重要环节是制定仓储经营计划,即根据仓储能力和市场需求确定经营目标,有计划地指挥、组织、调节、控制企业各部门和各环节的活动,完成仓储经营任务,从而为企业带来更好的经济效益。

仓储经营计划是企业进行经营活动的依据,因此,要在国家实行的调控政策、市场调查及预测的基础上,结合企业的实际情况,如品种数量、仓储结构、仓储能力及组织结构等多项内容来制定仓储经营计划。

制定仓储经营计划需要具有超前、创新的思想,了解社会发展的规律,合理测度社会对仓储产品消费需要的变化趋势,根据需要的变化及时提供产品。创新是企业生产得以高速发展的重要手段,是在市场竞争中取得优势的有力武器,仓储经营通过不断创新,不断满足和引导社会需要,使企业蓬勃发展。

第二节 仓储基本经营模式

仓储最基本的功能是储存，最基本的资源是储存资源。为了提升储存资源使用效率，仓储经营组织可以根据实际选择不同的经营模式，如保管仓储、消费仓储、混藏仓储、仓库租赁等。这些经营模式都是基于充分发挥储存资源使用效益的目的，实现的是仓储最基本的功能，因而可统称为"仓储的基本经营模式"。

一、保管仓储经营

保管仓储是指保管人储存存货人交付的仓储物，存货人支付仓储费的一种仓储经营方法。

（一）保管仓储经营特点

1. 保管仓储的目的在于保持仓储物原状

存货人将货物交付给仓储经营人，其主要目的在于保管。也就是说，存货人主要是将自己的货品存入仓储企业，仓储企业必须对仓储物实施必要的保管而达到最终维持保管物原状的目的。仓储企业与存货企业之间是一种劳务服务的关系，在仓储过程中，仓储物的所有权不转移到仓储过程中，仓储企业没有处分仓储物的权力。

2. 保管仓储活动是有偿的

保管人为存货人提供仓储服务，存货人必须支付仓储费。仓储费是保管人提供仓储服务的价值表现形式，也是仓储企业盈利的来源。

3. 整个仓储过程均由保管人进行操作

仓储经营人需要有一定的投入。

（二）保管仓储的工作任务

保管仓储的工作任务主要是根据货品的性能和特点提供适宜的保管环境和保管条件，保证仓储货品在质量和数量上都没有损失，并利用现有的仓储设施，为交货奠定基础。

1. 制定仓储规划

货品仓储规划是在现有各类仓储设施条件下，根据仓储任务，对多种货品的仓储进行整体规划，如保管场所的布置，保管方式的选择与物资的编码、苫垫等。

2. 提供适宜的保管环境

保管的任务之一就是依据不同货品的储存要求采取相应的、行之有效的措施和方法，为货品提供适当的保管环境和条件，并防止发生有害影响。例如，仓库温湿度控制，货品防锈、防虫、防霉处理等。

3. 提供仓储物资的信息

仓储管理的任务或功能之一是提供物资信息，各类物资库存量情况和质量情况都能在仓储管理中得到。仓库在负责货品保管的同时，还要收集与管理各种货品相关信息，包括料账、料卡、技术证件等的填写、整理、分析、保存与运用等。

4. 进行广泛的市场宣传和市场开发

塑造企业的良好形象，有效地开展市场调查和市场营销，合理地制定服务标准，提供优质服务，这有助于仓储服务被更多客户接受并认可。

● **（三）保管仓储经营方法**

在保管仓储中，仓储经营人以尽可能多地获得仓储保管费为经营目标，仓储保管费与仓储货品的数量、仓储时间和仓储费率相关。

在保管仓储经营中，仓储经营人需要尽可能地吸引仓储货品，获得大量的仓储委托，采取合适的价格决策，并在仓储保管中降低保管成本和支出，从而获得较高的利润。

● **（四）保管仓储的管理**

仓储企业要加强对仓储技术的科学研究，不断提高仓库机械化、自动化水平；合理组织货品的收、发、保管保养工作；掌握库存动态，保持货品的合理储备；建立和健全仓储管理制度；加强市场调节和预测，与客户保持联系；培养一支业务水平高、技术水平高、管理水平高的仓储工作队伍。

延伸阅读

原料保管仓储助力物流业与制造业联动发展

桐城市民营经济发达,被誉为"塑料之乡"和"刷业基地",也是华东乃至全国闻名的高低压膜终端使用地和交易市场。塑料粒子是桐城市传统产业的重要原料,每年需求量达到100万吨。

早在10年前,上游产业的石化企业就考虑将塑料粒子前置到桐城本地存储,以提高对当地客户需求的响应度。然而,当时桐城市符合需求的仓储资源相当匮乏,石化企业只能将原料临时库存于火车站站台、经销商仓库、塑料企业仓库等地,条件极其简陋,安全保障不足,经常出现经销商私自挪卖库存、塑料企业直接挪用库存原料等现象。

2009年,安徽飞腾国际物流股份有限公司开始新建符合要求的丙类标准化仓库,消防设施、监控设施、信息化设施、安全设施等一应俱全。2010年,该公司第一座4000平米仓库一经验收就获得中石化仓储服务商准入认证,同年获得中石化"红旗示范仓库"称号。2011年,该公司又新建了三座丙类标准库,同年该公司迈入中石油仓储服务商准入门槛。为了充分利用仓储能力,该公司还承接了格力电器、三洋电器等消费品仓储业务。2012年后,中国石化、赛科石化、国家能源集团、延长石油、中泰股份等近十家塑料粒子供应商也相继成为安徽飞腾国际物流股份有限公司的仓储客户。目前,该公司的塑料粒子年周转量达到60万吨,是桐城市最大的塑料粒子仓储基地。这成为物流业与制造业联动发展的典型案例。

二 混藏仓储经营

混藏仓储是指存货人将一定品质数量的种类物交付保管人储藏,而在储存保管期限届满时,保管人只需以相同种类、相同品质、相同数量的替代物返还的一种仓储经营方法。

(一)混藏仓储的经营特点

1. 混藏仓储的对象是种类物

混藏仓储的目的并不是完全在于原物的保管,有时寄存人仅仅需要实现物的价值保管即可,保管人可以相同种类、相同品质、相同数量的替代物返还,并不需要原物返还。因此,当寄存人基于物的价值保管目的而免去保管人对原物的返还义务时,保管人减轻了义务负担,也扩大了保管物的范围,种类物成为保管合同中的保管物。

2. 混藏仓储的保管物并不随交付而转移所有权

混藏保管人只需为寄存人提供保管服务,而保管物的转移只是物的占有权转移,与所有权的转移毫无关系,保管人无权处理存货的所有权。

例如:农民将小麦托付给面粉厂保管,约定面粉厂可以混藏小麦,面粉厂将所有收存的小麦混合储存于面粉厂相同品种的小麦仓库,形成一种保管物为混合物状况,小麦的所有权并未交给加工厂,各寄存人对该混合保管物按交付保管时的份额而各自享有所有权。在农民需要时,加工厂从小麦仓库取出存货的数量交还该农民。

3. 混藏仓储是一种特殊的仓储方式

混藏仓储与消费仓储、保管仓储既有一定的联系,也有一定的区别。保管仓储的对象是特定物,而混藏仓储和消费仓储的对象是种类物。

混藏仓储在物流活动中发挥着重要的作用,在提倡物尽其用、发展高效物流的今天,配合先进先出的运作方式,仓储货品的流通速度加快,这有利于减少货品耗损和过期变质等风险。

(二)混藏仓储的经营方法

混藏仓储可以降低仓储成本,使仓储设备投入少,仓储空间得以充分利用。混藏仓储主要适用于建筑施工、粮食加工等行业,对象是品质无差别、可以准确计量的货品。

混藏仓储经营人的收入来自于仓储保管费,存量越多、存期越长,则收益越大。混藏仓储是成本最低的仓储方式,但若存货品种增加,则会使仓储成本增加。在混藏仓储经营中,应尽可能开展少品种、大批量的混藏经营。

三 消费仓储经营

消费仓储是指存货人不仅将一定数量品质的种类物交付仓储管理人储存保管,还与保管人相互约定,将储存物的所有权也转移给保管人,在合同期届满时,保管人以相同种类、相同品质、相同数量替代品返还的一种仓储方法。

(一) 消费仓储的经营特点

1. 消费仓储是一种特殊的仓储形式,具有与保管仓储相同的基本性质

消费仓储保管的目的是对保管物的保管,主要是为寄存人的利益而设定,原物虽可以消耗使用,但其价值得以保存。寄存人交付保管物于保管人,只求自己的物在需要时仍然保持其相同于原样的状态和性质。

2. 消费仓储以种类物作为保管对象,仓储期间转移所有权于保管人

在消费仓储中,寄存人将保管物寄于保管人处,保管人以所有人的身份自由处分保管物,保管人在所接收的保管物转移之时便取得了保管物的所有权。这是消费仓储最为显著的特征。在保管物返还时,保管人只需以相同种类、相同品质、相同数量的货品代替原物返还即可。

3. 消费仓储以物的价值保管为目的,保管人仅以种类、品质、数量相同的物进行返还

消费仓储不仅转移保管物的所有权,还允许保管人使用、收益、处分保管物。也就是说,将保管物的所有权转移给保管人,保管人无需返还原物,而仅以同种类、品质、数量的货品返还,保存保管物的价值即可。保管人通过经营仓储物获得经济利益,在高价时消费仓储物,低价时购回,或者利用仓储物市场价格的波动高价卖、低价买,获得差价受益。当然仓储物最终需要归还存货人。

(二) 消费仓储的经营方法

消费仓储经营有两种主要模式:一种是仓储保管人直接使用仓储物进行生产、加工。如建筑仓储经营人直接将委托仓储的水泥用于建筑生产,在保管期前从市场购回相同的水泥归还存货人。另一种是仓储经营人在仓储物的价格升高时将仓储物出售,在价格降低时购回。

消费仓储经营人的收益主要来自于对仓储物消费的收入,当该消费的收入大于返还仓储物时的购买价格时，仓储经营人获得了经营利润。反之，若消费收益小于返还仓储物时的购买价格时，就不会对仓储物进行消费，而依然原物返还。在消费仓储中，仓储费收入是次要收入，有时甚至采取无收费仓储。

可见，在消费仓储经营中，仓储经营人利用在仓库期间的仓储物进行经营，追求的是仓储物的经营收益。消费仓储的经营使得仓储财产的价值得以充分利用，提高了社会资源的利用率。消费仓储可以在任何仓储物中开展，但对于仓储经营人的经营水平有极高的要求，目前在期货仓储中广泛开展。

四 仓库租赁经营

仓库租赁经营是通过出租仓库、场地，出租仓库设备，由存货人自行保管货品的仓库经营方式。当进行仓库租赁经营时，最主要的一项工作是签订仓库租赁合同，在法律条款的约束下进行租赁经营，取得经营收入。

（一）仓库租赁的经营特点

采取出租仓库的方式经营，出租人的经营依据是开展仓储保管的收益低于出租的收益，仓库经营人的保管成本无法降低，或者是仓库经营人不具有特殊货品的保管能力和服务水平。对于仓库租用者而言，它要具有特殊的保管能力、作业能力，或者为了内部需要而租用仓库，自行进行仓储保管。

在仓库租赁经营中，租赁双方不是一般意义上的买主和卖主，而是两个关系人之间的约束。一个是出租人，另一个是租用人，两者之间关系的确定不是依靠买卖合同，而是依靠所签订的租赁合同，两者的权利和义务也不同于买卖关系。租用人的权利是对租用的仓库及仓库设备享有使用权（不是所有权），并有保护设备，按约定支付租金的义务。出租人的权利是对出租的仓库及设备拥有所有权，并享有收回租金的权利。同时，必须承认租用人对租用仓库及仓库设施与设备的按约定的使用权，并保证仓库及仓库设施设备的完好性能。

（二）仓库租赁的经营方法

仓库出租经营既可以整体出租，也可以采用部分出租、货位出租等分散出租方式。在整体出租情况下，仓库管理工作责任基本上都转嫁给了仓库承租人；在分散出租形式下，仓库所有人需要承担更多的仓库管理工作，如环境管理、保安管理等。

> **延伸阅读**

箱柜委托租赁保管业务

箱柜委托租赁保管业务是仓库业务者以一般城市居民和企业为服务对象,向他们出租体积较小的箱柜来保管"非交易"货品的一种仓库业务。箱柜委托租赁保管业务作为一种城市型的保管业务,今后具有较大的发展潜力。对一般居民和家庭的贵重货品,如金银首饰、高级衣料、高级皮毛制品、古董、艺术品等,提供保管服务。对企业以法律或规章制度规定必须保存一定时间的文书资料等为对象提供保管服务。这种仓库一般有三个特点。一是注重保管货品的保密性。因为保管的企业资料有许多涉及企业的商业秘密,所以仓库有责任保护企业秘密,防止被保管的企业资料流失到社会上。二是注重保管货品的安全性,防止保管货品损坏变质。因为企业的资料如账目发票、交易合同、会议记录、产品设计资料、个人档案等需要保管比较长的时间,必须防止保管货品损坏变质。三是注重快速服务反应。当企业需要调用或查询保管资料时,仓库经营人能迅速、准确地调出所要的资料及时地送达企业。

第三节 仓储衍生经营模式

现代仓储除了基本的储存功能外,为了充分利用仓储资源和更好满足市场需要,利用自己货品转运中心的特殊地位,不断衍生出新的经营模式。

一、仓储流通加工

(一)仓储流通加工的基础

流通加工是对货品从生产地到使用地的过程中,根据需要进行包袋、分割、分拣、贴标签、再组装等简单作业的总称。

对流通货品进行加工需要暂停物流过程，而仓储在货物物流过程中处于暂停环节，是连接货品生产与使用的纽带，因而，流通加工在仓储过程中得以实现，仓库成为流通加工的场所。流通加工是一项具有广阔前景的经营业务，很多仓储经营组织都积极地提供流通加工服务。

(二) 仓储流通加工的作用

1. 弥补生产加工的不足

许多产品在生产领域只能加工到一定程度，这是由于许多条件限制了生产领域，从而使产品不能完全实现最终的加工。例如：木材如果在产地就完成成品所有制作工序，会给运输带来极大困难，因此，木材在产地只能加工成板方材，下料、切裁等加工则可由流通加工完成。流通加工对弥补生产领域的加工不足有重要意义。

2. 预防产品使用价值的下降

有些产品要保证使用价值，需要进行一定的流通加工。例如：水产品、肉制品等要求冷冻加工、防腐加工、保鲜加工等；丝、麻、棉织品的防虫、防霉加工等等。流通加工无疑能保证产品的使用价值，延长产品在生产与使用之间的流通存储时间。

3. 提高原材料的利用率

用流通领域的集中加工代替分散的部门加工，可以采取合理套裁、集中下料的办法，从而大大地提高货品的利用率，产生明显的经济效益。

4. 促进产品的市场销售

流通加工可以从不同方面起到促进销售的作用。例如：将过大包装或散装物（在运输过程中为提高物流效率所要求的）分装成适合销售的小包装；将原以保护产品为主的运输包装改换成以促进销售为主的包装，起到吸引消费者、指导消费的作用；将零配件组装成用具、车辆，以便于直接销售；将蔬菜、肉类洗净切块以满足消费者要求等。流通加工可能不改变物的原本性质，只进行简单加工，也可进行组装、分块等深加工。

5. 提高物流效率

一些产品由于本身的形态，在运输、装卸作业中效率较低，难以进行物流操作。例如：鲜鱼的装卸、储存操作困难；气体运输、装卸困难等。对这类产品进行加工，可以使物流的各环节易于操作，如将鲜鱼冷冻、将气体液化等。流通加工往往只改变物的物理状态，但并不改变其化学特性，最终仍能将产品恢复原来的物理状态。

● **（三）仓储流通加工方法**

1. 钢材流通加工

钢材流通加工可采用集中剪板、集中下料的方式，避免单独剪板下料不足的情况发生，提高材料利用率。

2. 木材流通加工

木材流通加工可依据木材种类在木材产区对原木进行流通加工，使木材形状便于装载、易于运输，还可以根据需要进一步加工。这可以同时提高木材的运输效率与出材率。

3. 平板玻璃流通加工

平板玻璃流通加工的主要方式是集中套裁、开片供应，从而为批量生产提供保证，提高生产效率。

4. 货品流通加工

货品流通加工的项目很多，如分选加工、冷冻加工、分装加工等。

5. 煤炭流通加工

煤炭流通加工有多种形式，如除矸加工等。除矸加工可增加煤炭运输收益，减少运输消费。煤炭加工可采用管道运输方式，减少煤炭消耗，提高煤炭使用率。

6. 组装产品的流通加工

有些产品在生产的时候完成组装，不但成本高，而且运输及装卸效率都会下降，对于一些组装技术不高的产品（如家具）适合由流通加工完成。

7. 生产延续的流通加工

有些产品因本身的特殊性，需要较宽阔的仓储场地，但这又不经济，此时可将部分生产活动转移到仓储完成，如对时装的分类、检验等。

二 仓储中介运输

● **（一）仓储中介运输的基础**

运输中介即运输服务中间商，他们通常不拥有运输设备，但向其他厂商提供间接服务。他们的职能类似于营销渠道的批发商。典型的运输中介开始是从各种托运人手中汇集一定数量的货源，然后购买运输服务。其利润来自于向托运人收取的费用和向承运人购买的运输服务成本的差额。

仓储中介运输，也就是仓储承担运输中介的功能。仓储是货品转运中心，特别是现代大型仓储体系，它们一方面不断运进来自四面八方的各种大量货品，另一方面又把货品运向不同的需求者。仓储经营组织在此过程中，既能掌握大量的货运服务需求信息，又能掌握大量的货运服务供给信息，还能不断积累运输管理经验。有些仓储组织还具有一定的实际运输能力。这一切都使仓储具有了承担运输服务中介的客观基础。

仓储经营组织作为运输中介和一般运输中介一样，主要有货运代理人和经纪人两种货运中间商形式。

（二）货运代理人

货运代理人以营利为目的提供运输中介服务。他们把来自于顾客手中的小批量装运整合成大批量装运，利用专业承运人进行运输。在目的地，货运代理人把大批量装载物拆分成小批量，向收货人交付。货运代理人的主要优势在于大批量运输可以获得较低的费率，在很多时候，其速度比个别托运人直接交付专业承运人托运的速度要快。

货运代理人的积极作用体现在以下几方面。

通过对货品的整合，专业承运人的规模经济效益提高。

缩短专业承运人发出货品的时间，这样可以减少货品在专业承运人处的储存时间，提高作业效率。

缩短托运人的发货时间。货运代理人收集的大量货品可以让专业承运人快速发货而不必等待集货发运。许多时候，托运人的小批量货品因暂时没有同样目的地的其他货品而无法发货，只有积累到一定数量后才可发运。

货运代理人收集的大量货品可以集中一次发运到目的地，不用中途更新装运，减少工作量，减少货品二次装运的破损率。

货运代理人具有熟练的运输专业技能，充分掌握运输市场的信息，且与众多的实际求运人有着密切的关系和简单有效的业务流程。

（三）经纪人

经纪人实际上是运输代办人，为运输服务委托人进行市场搜寻和交易磋商，使委托人和交易对象发生运输交易。经纪人以收取服务费为目的。

（四）货运中间商的功能

货运中间商对整个物流活动来说相当于润滑剂，他们把托运人与承运人有机地结合起来，方便了小型托运人的托运活动。货运中间商简化了承运人的作业，使很多小托运人不用亲自到承运人处办理托运业务。

出于对利润的追求，货运中间商会根据托运人的要求，合理安排运输方式，节约费用，从而避免物流浪费，降低物流成本。有时小批量装运比个别托运人与专业承运人直接对接更快、更便宜。

三 仓储配送

（一）配送的特点

配送是在经济合理区域范围内，根据客户要求，对货品进行拣选、加工、包装、分割、组配等作业，并按时送达指定地点的物流活动。配送具体有以下特点。

1. 配送是从配送中心至客户的一种特殊送货方式

配送进行的是中转送货，而不是直接送货。一般送货尤其是从工厂至客户的送货往往是直达；配送是客户需要什么送什么，有什么送什么，生产什么送什么。

2. 配送是"配"与"送"的有机结合

"合理地配"是"送"的基础和前提，"送"是"合理地配"的结果。这是配送区别于传统送货的根本点。只有"有计划、有组织"的"配"，才能实现现代物流管理中的"低成本、快速度"的"送"，进而有效地满足顾客的需求。

3. 配送是一种综合性服务

配送是各项物流业务有机结合的整体，为客户提供的是综合服务，是集送货、分货、配货等功能于一体的业务。它与"输送""运输"概念有着本质的区别。

仓储是配送的基础。没有货品的仓储，配送就会成为无米之炊，仓储还能为配送提供作业基地。仓储配送是仓储储存功能的延伸。

> **延伸阅读**

基于云仓的仓配一体化

仓配一体化已经成为电商物流的主要发展方向,它显著减轻了中小零售企业的物流运作负担,同时提高了顾客的收货体验。云仓是仓配一体化的实现基础,云仓服务商需要预先布局多个位置分散的协同式仓库,每个仓库负责周边一定范围内的发货需求,从而减少了长途干线运输的可能。由于商品类型众多,云仓服务商需要优化各个仓库的货品配置,并根据市场需求随时调整仓储计划,其服务水平与物流大数据的利用效率直接相关。

国内电商云仓主要有三类运作主体,分别是物流快递类云仓、电商平台类云仓和第三方云仓。其中物流快递类云仓以百世云仓、顺丰云仓和邮政云仓为代表,通过自建仓库或者租赁库房形成全国性的网络布局,并给商家提供多仓入库、库内加工、冷链物流等增值服务。电商平台类云仓包括京东云仓、菜鸟云仓和苏宁云仓等。京东物流是仓配全部自营,服务更加细分,属于重资产供应链企业。与此相反,菜鸟云仓更像个网络公司,仓库外包给了心怡科技物流,配送则是联合各个快递企业,它的核心在于大数据算法和云仓优化方案。第三方云仓以中联网仓、发网、易代储等物流企业为代表,它们深耕电商供应链领域,但品牌影响力不及其他两类云仓。

与传统仓库相比,云仓作业特别强调高效化、精细化和智能化。云仓的作业速度非常快,例如京东从接到订单、拣货、包装,再到出库发运,基本只需要10分钟,每一步都在后台系统和京东APP上有显示,为消费者提供了极佳的购物体验。从长远来看,云仓的收益模式不会局限于仓储租金和作业费用,还可以寻找新的收益来源。云仓的常规作业甚至可以免费,转而通过供应链增值服务、金融服务、大数据服务等获得更多回报。

●(二)仓储配送的收益

仓储经营组织利用货品大量储藏在仓库内等待向消费者送货的条件,向存货人提供分批、分时的送货业务,并进行货品组合、分类等处理。仓储配送的收益主要如下。

1. 配送中的直接收益

接受配送的委托人因配送业务支付的费用,通常该费用比较低廉。仓储经营人如果只获得该收入,则往往无法维持配送业务。

2. 配送组合、加工的收益

该收益是仓储开展配送的另一项劳务收益,能够充分利用仓储中的劳动力、场地和设备的已有投入,有效利用仓储资源。

四 仓储配载

仓储配载是大多数运输转换仓储具有的功能。配载是指向运输线路和运输工具安排货载的运输业务。交通运输工具的大型化和运输线路的细分化是现代运输业的特征。大型化的运输需要大量的货载支持,需要经仓储集货。大量聚集在仓储中的货品需要高效的配载安排,保证运输工具的满载和待运输货品的及时出运。在配送中,企业在对货品进行分拣和配货之后,要进行车辆的配载。由于配送的每种货品数量都不多,但总数量较多,配送企业常常需要安排许多车辆以满足客户的配送需求。

配载也是配送的一项重要内容,合理的配载可充分利用运输工具,把所送的货品以最合理的方式安排在运输车辆上,以最少的运力来满足配送的需要,并且充分利用车辆的容积和载重量,做到满载满装,以降低运输成本。

在进行车辆配载时,要坚持方便装卸搬运、充分利用运输工具、保证货品安全、满足客户需求的原则。为进行有效的配载,货品在仓库时要按照运输的方向分类存储,当运输工具到达时即可出库装运。

简单的配载一般通过经验和手工计算来完成。在装载货品种类和车辆种类较多的情况下,可采用计算机进行管理。编制设计相应的运输组织软件,并将经常运送的货品和车辆数据输入软件存储,以后每次只需输入本次需要运送的货品及运送地点,即可实现最佳配载。

五 仓储增值服务

随着物流业的快速发展,仓储经营组织应充分利用其联系面广、仓储手段先进等有利条件，向多功能的物流服务中心发展，开展加工、配送、包装、贴标签等多项增值服务，从而提高仓储在市场经济中的竞争能力，增加仓储利润来源，提高自身的经济效益。

仓储可提供的增值服务项目如下。

(一) 托盘化

这是指将产品转化成一个独立托盘的作业过程。托盘既可以方便运输、搬运装卸，又可以方便储存。

(二) 包装

产品的包装由仓储企业或和仓储部门来完成。把仓储的规划与相关的包装业务结合起来综合考虑，这有利于提高整体物流效益。

(三) 贴标签

在仓储过程中完成在货品或货品包装上贴标签的工序。

(四) 产品配套、组装

当某产品需要由一些组件或配件组装配套而成时，有可能通过仓储企业或仓储部门的配套组装增值服务来提高整个供应链的效率。在仓储过程中，配件不出仓库就直接由装配工人完成配装，这提高了物流的效率，节约了供应链成本，不但使得仓储企业的竞争力增强，而且使得生产部门和企业的压力减轻。

(五) 涂油漆

把对货品的涂油漆过程放到仓储环节来进行，同样可以缩短物流流程，节约物流成本。

(六) 退货和调换服务

当客户的产品销售之后，产品出现质量问题，需要实施退货或货品调换业务时，由仓储企业来帮助办理有关事项。

(七) 订货决策支持

由于掌握了每种货品的库存变化情况，仓储经营组织就有可能对每种货品的需求情况作出统计分析，从而为客户提供订货及库存控制的决策支持，甚至帮助客户作出相关的决策。

（八）仓储交易中介

仓储交易中介是指仓储经营组织利用存放在仓库的大量有形资产和物资使用部门广泛的业务联系所开展现货交易。仓储经营组织利用仓储物开展物资交易不仅有利于加快仓储物的周转速度和吸引仓储，还可以给仓储经营组织增加利润、减少资金沉淀。

六、金融仓储业务

金融仓储业务模式主要包括四种类型，分别是仓单质押模式、动产监管模式、授信融资模式和垫付货款模式。

（一）仓单质押模式

仓单质押模式的操作方式是融资方把货物存储在金融仓储企业指定的仓库中，凭金融仓储企业开具的货物仓储凭证向金融机构申请融资，金融机构根据货物的价值向客户提供一定比例的融资。仓单质押业务模式如图5-1所示。

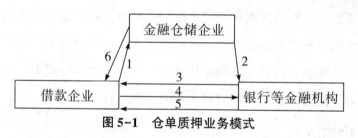

图5-1　仓单质押业务模式

在图5-1中，流程1表示借款企业将产成品或原材料放在金融仓储企业指定的仓库中，由金融仓储企业获得货品的所有权；流程2表示金融仓储企业在验货后向银行开具仓单，仓单需质押背书，并由金融仓储企业签字盖章；流程3表示银行在收到仓单后办理质押业务，按质押物价值的一定比例发放贷款至指定的账户；流程4表示借款企业在实际操作中由货主一次或多次向银行还贷；流程5表示银行根据借款企业还贷情况向借款企业提供提货单；流程6表示金融仓储企业根据提货单和银行的发货指令分批向借款企业交货。

在仓单质押模式中，金融仓储企业根据融资方与金融机构签订的质押贷款合同以及三方签订的"仓单质押"业务合作协议书，根据质押物寄存地点的不同，对融资企业提供两种类型的服务。

其一是对寄存在本企业仓储中心的质物提供仓储管理和监管服务。一般先由金融机构对金融仓储企业进行资信评估，与评估合格的金融仓储企业进行合作并签订《仓单质押合作协议》，融资方把质押的货物存放在金融机构指定的金融仓储企业的仓库里，同时，金融仓储企业向融资方开具仓单，融资方凭此仓单向金融机构申请融资。金融机构根据质押物的用途、流动性及价格波动性向融资方提供一定比例的融资。在这种模式中，金融仓储企业不仅为融资企业、金融机构提供货物仓储管理、质物监管服务，还帮助双方解决质物价格评估、拍卖等问题。

其二是金融仓储企业对融资方寄存在经过金融机构确认的本企业之外的其他社会仓库中的质押物提供监管服务，必要时提供仓储管理服务。这种模式与第一种模式有很大的相似之处，不同之处仅在于质押物存储的仓库并不是金融仓储企业自有的，而是金融仓储企业整合的社会仓库。因此，金融仓储企业不能对质押物既进行仓储管理又提供监管服务。从节约成本的角度来讲，金融仓储企业没有必要把客户的质押物运到距离客户更远的自己的仓库中存储，而完全可以把客户的质押物存储在距离客户较近的社会仓库里，由社会仓库对质押物进行仓储管理，再由金融仓储企业为社会仓库提供监管服务。

仓单质押模式具有如下特点：一是第三方金融仓储企业、金融机构和融资企业三方签订《仓单质押合作协议》，由第三方金融仓储企业对质押物进行质押监管或仓储管理；二是质押物所有权明确，用途广，易变现，价格稳定、波动小，便于保存，不易变质；三是在保证质押物的总价值不低于约定的金额下，质押物在质押期内可循环流动，即流动质押。

延伸阅读

仓单的概念和性质

仓单是保管人收到仓储物后，向存货人签发的表示已经收到一定数量的仓储物的法律文书。仓单的内容包括下列事项：存货人的名称或者姓名、住所；仓储物的品名、数量、质量、包装、件数和标记；仓储物的耗损标准；储存场所；储存期间；仓储费；仓储物的保险金额、期间以及保险人的名称；填发人、填发地和填发日期。

仓单既是存货人已经交付仓储物的凭证，又是存货人或者持单人提取仓储物的凭证，因此，仓单实际上是仓储物所有权的一种凭证。同时，仓单在经过存货人的背书和保管人的签署后可以转让，任何持仓单的人都拥有向保管人请求给付仓储物的权利，因此，仓单实际上又是一种以给付一定货品为标的的有价证券。

由于仓单上所记载的权利义务与仓单密不可分，仓单有如下效力。第一，受领仓储物的效力。保管人一经签发仓单，不管仓单是否由存货人持有，持单人均可凭仓单受领仓储物，保管人不得对此提出异议。第二，转移仓储物所有权的效力。仓单上所记载的仓储物，只要存货人在仓单上背书并经保管人签字或者盖章，提取仓储物的权利即可发生转让。

●（二）动产监管模式

基于动产监管的金融仓储业务模式，即金融仓储企业参与下的动产质押业务，是指借方企业将其拥有的动产作为担保物，向银行出质，同时，将质物转交给具有合法保管动产资格的金融仓储企业进行保管，以获得贷款的业务活动。在实践中，第三方企业参与的动产质押业务已经覆盖钢材、建材、石油、家电等十几个行业。

动产质押融资可以分为静态质押融资和滚动质押融资。静态质押融资是指融资企业将商品质押给银行，并存放于第三方金融仓储企业监管下的仓库（可以是企业自有仓库、社会仓库或者金融仓储企业仓库），金融仓储企业代银行占有和监管质物，并向银行出具质押专用仓单或质物清单，银行据此向借款人提供融资。在静态质押融资中，商品入库后一般不得更换，但可随融资余额减少提取相应部分，直至担保的融资清偿为止。静态质押融资作为存货融资的基本模式，已经广泛应用于生产、贸易企业融资中。为更好地解决客户商品移库问题，有关仓库租赁的法律法规不断完善，这实现了在第三方仓库乃至企业自有仓库的质押监管，从而大大拓宽了静态质押融资的适用性。

滚动质押融资是在静态质押融资的基础上发展起来的一种更为便捷的仓储融资方式，其基本结构与静态质押融资类似，区别在于滚动质押融资事先确定质押商品的最低要求值，在质押期间超过最低要求值的部分可自由存入或提取，同时，允许质物按照约定方式置换、流动、补新出旧。在实践中，滚动质押融资更加契合企业经营需要，灵活性更强。

动产监管模式与仓单质押模式的区别主要表现在以下两点。第一，在法律上，两种业务的标的物的性质不同。在仓单质押业务形态中，标的是仓单，它是物权的凭证；在动产监管业务形态中标的是动产，属于实物范畴。第二，业务操作的流程有所区别。权利质押模式需要考察仓单的信息和真实性，而动产质押模式需要对动产的价值、进出进行管理等。

● (三)授信融资模式

授信融资模式是指银行根据金融仓储企业的规模、经营业绩、运营现状、资产负债比例以及信用程度，授予金融仓储企业一定的信贷额度，金融仓储企业可以直接利用这些信贷额度向相关企业提供灵活的质押贷款业务，由金融仓储企业直接监控质押贷款业务的全过程，金融机构则基本上不参与该质押贷款项目的具体运作。授信融资模式的业务流程如图5-2所示。

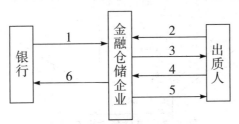

图5-2　授信融资业务模式

在图5-2中，流程1表示银行根据金融仓储企业的实际情况授予金融仓储企业一定的信贷额度；流程2表示借款企业将货物质押到金融仓储企业指定仓库，由金融仓储企业提供仓储管理和监管服务；流程3表示金融仓储企业按质押物价值的一定比例发放贷款；流程4表示借款企业一次或多次向金融仓储企业还贷；流程5表示金融仓储企业根据借款企业还贷情况向借款企业提供提货单，金融仓储企业指定的仓库根据提货单分批向借款企业交货；流程6表示金融仓储企业按时足额向银行还贷。

授信融资业务是仓单质押模式的进化，它简化了原先仓单质押的流程、提高了运作效率。金融仓储企业可以直接将金融机构授予的信贷额度向相关企业提供灵活的质押贷款业务，并由金融仓储企业直接监控质押贷款业务的全过程，金融机构基本上不参与该质押贷款项目的具体运作。金融仓储企业直接同需要质押贷款的会员企业接触、沟通和谈判，代表金融机构同贷款企业签订质押借款合同和仓储管理服务协议，向借款企业提供质押融资的同时，为借款企业寄存的质物提供仓储管理服务和监管服务，从而将申请贷款和质物仓储两项业务整合操作，提高质押贷款业务运作效率。

根据我国现行金融法律，金融仓储公司尚不能从事金融业务，在实践中可以采取由金融仓储公司提供担保，借款人将商品质押给金融仓储公司进行反担保的方式来融资。

（四）垫付货款模式

垫付货款模式是指供应商将货权转移给银行，银行根据市场情况按一定比例提供融资，当借款企业（提货人）向银行偿还货款后，银行向金融仓储企业发出放货指示，将货权还给借款企业。如果借款企业不能在规定的期间内向银行偿还货款，那么银行可以在市场上拍卖掌握在手中的货物或者要求供应商承担回购义务。垫付货款模式如图5-3所示。

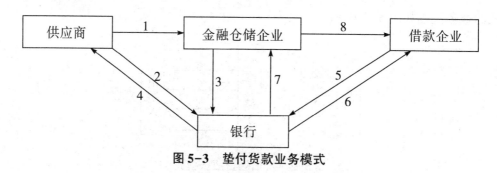

图5-3　垫付货款业务模式

在图5-3中，流程1表示供应商将货物发送到金融仓储企业指定的仓库；流程2表示供应商开具转移货权凭证给银行；流程3表示金融仓储企业提供货物信息给银行；流程4表示银行根据货物信息向供应商垫付货款；流程5表示借款企业还清货款；流程6表示银行开出提货单给借款企业；流程7表示银行向金融仓储企业发出放货指示；流程8表示金融仓储企业根据提货单及银行的放货指示发货。

在垫付货款模式中，货物的所有权先由供应商转移给银行，实际的货物还是存放在金融仓储企业指定的仓库中，由金融仓储企业向银行提供货物的信息，银行根据信息向供应商垫付货款，再根据借款企业还款情况指示金融仓储企业发货。在此过程中，金融仓储企业提供给银行的货物信息是银行垫付货款的一个重要信号，如果金融仓储企业与借款企业合伙提借虚假的货物信息，这对银行将是致命的损失。对银行来说，对金融仓储企业及借款企业信用的评估极其重要，是整个业务得以顺利开展的关键。

从合作的可持续发展角度，货物变现的风险是三方都应该努力规避的。对整个合作来说，如果质押物不能变现或者销售情况不好，那么最终借款企业就不能及时还贷或根本无力还贷，银行和金融仓储企业的投资将最终成为泡影，从而导致合作失败。

延伸阅读

物流中心与传统仓库的主要区别

1. 物流服务内容不同

现代物流中心集中了流通领域的多种物流功能，成为组织物流作业和调节物流供需的基地。现代物流中心通过先进的管理技术和现代化的信息网络，对货品的采购、进货、储存、分拣、加工、配送等业务进行科学和规范的管理，使货品的运动过程高效、协调和有序。传统仓库的仓储业务只是物流中心作业内容的一部分，而现代物流中心突破了传统仓库静态存储的格局，在更大范围和更高层次上对传统储运业务进行了优化和革新。

2. 物流服务手段不同

传统仓库主要使用以人力或机械为动力的装卸搬运设备，物流作业的劳动强度大、成本高且容易出错。而现代物流中心大多建有自动化立体仓库，可有效提高仓库利用率；仓库内使用的自动分拣机可提高分拣速度、降低出错率；自动导引小车可降低搬运作业强度；计算机通信网和企业局域网可实现物流中心与上游供应商或下游客户之间以及企业内各部门之间的联系；专家系统或机器人技术可实现物流作业和决策的智能化；先进的信息处理和传输系统可提供信息服务。

3. 物流服务形式不同

传统仓库一般只从事单纯的储存保管业务，一般不涉及商流、信息流等传统物流之外的活动，物流与商流、信息流或资金流都是相互分离的，而现代物流中心利用信息网络，在服务内容不断扩展的过程中，可以方便地实现商流、物流和信息流的统一。

4. 物流服务关系不同

在地区封闭、部门分割的状态下，传统仓库企业的经营往往缺乏长远战略，其主要效益来源于单位面积和单位时间收取的储存费,物资出入库的频率对其效益的影响不大。而现代物流中心为了有效完成物流任务,提高自我竞争能力,十分强调与供应商及客户的合作,通过从供应商到消费者的供应链运作,使物流、商流与信息流实现最优化。

第四节 仓储商务管理

一 仓储商务管理的概念

仓储商务管理是仓储经营组织对仓储商务进行的计划、组织、指挥和控制的过程,是独立经营的仓储企业对外商务行为的内部管理,属于企业管理的一部分。

仓储商务管理涉及企业的经营目标、经营收益,因而,更为重视管理的经济性、效益性。相对于其他企业项目管理,商务管理具有外向性特征,围绕仓储企业与外部发生的经济活动的管理;商务管理又有整体性,商务工作不仅是商务职能部门的工作,还涉及仓储企业整体的经营和效益,是其他部门能否获得充足工作量的保证。商务管理还具有多样性特征,仓储企业面临的外部环境是不断变化的,仓储企业的商务活动必须与外部环境相适应。仓储商务管理是仓储企业高层管理的核心工作,也是企业其他各部门关心的工作和需要各部门支持的工作,还要时刻关注外部经营形势的变化。

二 仓储商务管理的内容

仓储企业在商务活动中所进行的商务管理有内部和外部商务管理之分,包括对商务工作的人财物的组织和管理,涉及企业资源的使用、制度建设、激励机制以及商务队伍的教育培养和发展提高等各方面。

(一) 仓储内部商务管理

仓储内部商务管理是指仓储企业的各部门之间相互协作，根据市场的需求经过一系列的劳动转化，为仓储企业所处的环境提供产品和服务的活动。

仓储内部商务管理包括：仓储地点的选择和确定，仓储布局规划与设计，仓储设施设备的选择与配备，仓储人员的组织，各种仓储服务提供的过程等。

(二) 仓储外部商务管理

仓储外部经营管理指仓储企业为了获取经营协作过程中所需资源或者为了销售自己所能提供的产品和服务而进行的所有活动。我们通常所讲的商务管理主要指外部商务管理。仓储外部商务管理的重点是要吸引顾客购买仓储产品和服务，同时树立仓储企业良好的形象。

仓储外部商务管理包括：有效地组织货源，广泛收集和高质量地分析市场信息，捕捉有利的商业机会，科学制定竞争策略；根据市场的需要和发展，科学地规划和设计产品营销策略，促进产品销售；进行交易磋商管理和合同管理，严格依合同办事，讲信用，保证信誉；提供优质的服务满足消费者和用户的需要，实现企业经济效益；建立风险防范机制，妥善处理商务纠纷和冲突，防范和减少商务风险。

三 仓储商务管理遵循的原则

(一) 满足社会需要

仓储商务管理就是要保持仓储产品社会交换不断进行，使仓储资源最大程度地得到利用，服务于社会，为社会创造更大的财富。在仓储商务管理中，以社会的需要来组织产品的供应，当产品供不应求时，充分挖掘仓储潜力，发展仓储能力，使需要仓储的物资都能获得必要的仓储；当供过于求时，通过组织增值服务，开展多元服务，进一步提高服务质量，使仓储供给量与市场需求量平衡。要避免垄断经营、歧视经营、囤积仓储能力等不满足社会需要的经营方式。随着社会需求的不断发展和不断变化，仓储商务也应不断求新、求变，跟上社会需求的发展。

(二) 适应市场竞争

仓储企业准入门槛低，供给增长很快，这也就使它必然成为竞争激烈的行业。仓储商务管理者要敢于竞争、善于竞争，既要敢于开展积极的竞争，也要勇于面对竞争的挑战。仓储企业需要制定完整的市场竞争策略，建立成本优势、价格优势、服务优势、技术优势，充分利用资本经营手段，规模化发展，实现规模效应，形成网络服务，形成竞争优势，在市场竞争中求生存、谋发展。

（三）守法、依法商务

商务工作需要严格遵守法律、法规，按照法律、法规行事。仓储商务工作要严格遵守《中华人民共和国民法典》《中华人民共和国消防法》《中华人民共和国环境保护法》。

（四）追求效益最大化

获得收益最大化是仓储商务管理的基本目标。仓储商务管理需要合理地利用企业资源，通过有效的营销手段和竞争策略、准确的产品定位、优质的服务、以人为本的激励措施促进产品的销售，使仓储资源得到充分、高效利用，通过不断降低交易成本，控制生产成本，防止责任风险的发生，使得企业成本降低，实现仓储经营的利润最大化，使企业能保持正常经营和进一步发展。

四 仓储商务的过程

（一）仓储经营决策

仓储企业应根据社会对仓储产品的需要、仓储企业所具有的能力和实力以及仓储市场的供给水平，遵循充分运用企业资源，以满足社会需要和获得最大利润为原则，合理制定实现企业经营发展目标的方法和经营决策。根据需要和能力，仓储企业可以选择租赁经营、公共仓储、物流中心、配送中心方式经营，也可以采用单项专业经营或者综合经营方式，实行独立经营或者联合经营的经营定位。企业根据所选择的经营方式，合理组织商务队伍，制定仓储商务管理和作业规章制度，形成科学、合理的管理体系。

（二）市场调查和市场宣传

市场调查不仅是企业经营决策的依据，还是仓储企业经营的日常工作。商务部门需要不断进行市场调查和发现商业机会，搜寻商机，以便建立商业关系。商务市场调查主要针对市场的供求关系、消费者对产品需求的变化及发展进行准确调查和科学预测，以便企业进行经营决策、产品设计和商务宣传。

市场宣传是企业建立企业形象的一种手段，也是企业获得商业机会的手段之一。商务部门应合理、充分利用企业的有限资源，采取有针对性的措施，对潜在客户和竞争对手的客户进行有效宣传和推广，促进业务关系的建立。市场宣传可以采用广告宣传、企业联系、宣传推广、人员促销等方法进行。

（三）积极营销和妥善选择商机

仓储企业按照市场对产品的需求，设计仓储方案并向社会推广，实现交易，达到仓储营销管理的目的。积极营销就是要广泛地开发市场、细致地分析产品，准确地选择目标市场并进行产品定位，合理地确定营销组合，严格管理营销的活动过程。

仓储推销可以采用人员推销和非人员推销的方式。人员推销是选择合适的员工采取上门推销、柜台推销、会议推销等方式进行面对面的推销；非人员推销则是采用广告、营业推广、公共宣传等方式使产品被社会接受。在获得商机之后，仓储企业应根据企业的经营目标和客户的资信，选择合适的对象开展交易。

（四）订立仓储合同

需要仓储服务的存货人与经营仓储的保管人通过订立仓储合同发生了货品保管和被保管的经济关系，并通过仓储合同调整双方关于仓储的权利和义务。仓储合同经过双方要约和承诺的过程，当双方意见一致时合同成立。

由于物资仓储时间往往较长，其间还可能需要对仓储物资进行加工处理、分拆等作业，进行流通管理，为了保证保管人严格按照存货人的要求进行处理，避免出现争议，以及涉及仓单持有人的第三方关系，仓储合同在订立时内容要较为完备，合同条款细致。因为仓储保管是双方的行为，所以合同订立程序需要较为完整，明确地表示合同成立以及具备完整的合同形式。

（五）存货人向仓库存货

存货人应按合同的约定向保管人交付仓储物。存货人交付仓储物是存货人履行合同的行为。存货人在交付仓储物时必须对仓储物进行妥善处理，保证仓储物适合仓储。对危险品或者易变质货品，应提供有关资料，说明仓储物的性质和处理方式。对仓储物的状态、质量程度提供相应的证明。存货人须按合同的约定将仓储物准备好，在合同约定的地点或者仓储地点,为仓库卸货提供方便。在货品交付给仓库时,与仓库工作人员共同理货、查验货品。

合同约定预付仓储费的,存货人在存货时应向保管人支付约定的保管费。

●(六)保管人接收货品和保管货品

保管人应按照合同约定在接收仓储物之前准备好仓储场地,使场地适合仓储物存放和保管。保管人在接收仓储物之前必须验收仓储物,对仓储物进行理货检验,确认仓储物的状态和质量、仓储物的准确数量。

合同约定由保管人负责仓储物装卸、堆放的,保管人应安排并妥善进行卸载、堆放。仓储物接收完毕,保管人应根据约定向存货人签发仓单。约定由存货人卸货存放的,存货人按照仓库的安排,将货品运至指定的地点,卸货并按仓库的要求堆码摆放。

在仓储物入仓后,保管人应按照合理的方法、有效的措施对仓储物进行妥善地管理和相应的作业。在存放期间,若仓储物损害或发生变化,保管人则应及时通知存货人处理,并采取必要的处理措施,减少损失。保管人应同意存货人或者仓单持有人检查仓储物或提取样品。

●(七)存货人(仓单持有人)提货

仓储期届满,存货人或者仓单持有人凭仓单向保管人提取仓储物,交付仓储费用和保管人的垫支费、超期存货费等费用,补偿因维护仓储物的性质而带来的保管人的损失。提货人在提货时,要对仓储物进行检验,确认仓储物的状态和数量。

提货人提货完毕,在仓单上签署后,将仓单交回保管人。如果合同未约定存储期限,存货人或者仓单持有人可以随时要求提取仓储物,但应有合理的通知期。

提货人对仓储中产生的残损货品、收集的地脚货、货品残余物等应一并提取。

第五节　仓储合同管理

一、仓储合同的含义

（一）仓储合同的含义

仓储合同，也称"仓储保管合同"，是保管人储存存货人交付的仓储物，存货人支付仓储费的合同。

（二）仓储合同的特征

仓储合同属于保管合同，但又具有与一般保管合同不同。它具有如下显著特征。

一是仓储保管人必须是拥有仓储设备并具有从事仓储业务资格的人。有无仓储设备是仓储保管人是否具备营业资格的重要标志；仓储设备是保管人从事仓储经营业务必备的基本物质条件。从事仓储业务资格，是指仓储保管人必须取得专门从事或者兼营仓储业务的营业许可。

二是仓储保管的对象是动产，不动产不能成为仓储合同的标的物。与一般保管合同的标的物必须是特定物或特定化了的种类物不同的是，作为仓储物的动产不限于特定物，也可以是种类物，若为特定物，则储存期限届满或依存货人的请求返还仓储物时须采取原物返还的方式；若为种类物，则只需返还该种类的相同品质、相同数量的替代物。

三是仓储合同为诺成合同。这一点显著区别于实践性的保管性合同，即合同从成立时即生效，而不是等到仓储物交付才生效。

四是存货人的货品交付或返还请求权以仓单为凭证，仓单具有仓储物所有权凭证的作用。作为法定的提取或存入仓储物的书面凭证，仓单是每一仓储合同中必备的，因此，仓单是仓储合同中最为重要的法律文件之一。

二 仓储合同的种类

根据仓储经营模式不同，仓储合同也可分为以下几类。

1. 一般仓储合同

一般仓储合同以特定物或特定化的种类物为标的物，合同期限届满时，保管人将原物返还存货人。例如，存货人存入100袋小站大米，取回时依然是原先的100袋小站大米。

2. 混藏仓储合同

混藏仓储合同是指存货人将一定品质、数量的种类物交付保管人储存，在储存保管期限届满时，保管人只需以相同种类、相同品质、相同数量的替代物返还给存货人的仓储合同。如上例，如果存货人与保管人签订的是混藏仓储合同，存货人存入100袋小站大米，取回时只要是相同种类和品质的100袋大米即可。

3. 消费仓储合同

消费仓储合同是指存货人不仅将一定数量、品质的种类物交付仓储保管人储存保管，还与保管人相互约定，将仓储物的所有权转移至保管人，在合同期限届满时，保管人以相同种类、形同品质、相同数量的替代品返还的仓储合同。消费仓储合同的特点是仓储物所有权转移至保管人处，保管人需要承担货物所有权的权利与义务。

4. 仓库租赁合同

仓库租赁合同是指仓库所有人将拥有的仓库以出租的方式开展仓储经营，由存货人自行保管货物时签订的合同。仓库所有人只提供基本的仓储条件，进行一般的仓储管理，如环境管理、安全管理等，并不直接对存放的货物进行管理。仓库租赁合同严格意义上来说不是仓储合同，只是财产租赁合同。但是因为仓库出租方具有部分仓库保管的责任，所以仓库租赁合同具有仓库合同的一些特性。

三 存货人权利与义务

仓储合同的当事人包括存货人和保管人。存货人的权利和义务来自于合同的约定和法律的规定。

（一）存货人的权利

存货人的权利包括查验取样权、保管物的领取权、获取仓储物孳息的权利。

1. 查验取样权

在仓储保管期间，存货人有对仓储物进行查验取样的权利，能提取合理数量的样品进行查验。虽然查验会影响保管人的工作，取样会造成仓储物的减量，但存货人合理进行的查验和取样，保管人不得拒绝。

2. 保管物的领取权

当事人对保管期间没有约定或约定不明确的，保管人可以随时要求寄存人领取保管物；约定不明确的，保管人无特别事由，不得要求寄存人提前领取保管物，但存货人可以随时领取保管物。

3. 获取仓储物孳息的权利

保管期间届满或者寄存人提前领取保管物的，保管人应当将原物及其孳息归还寄存人。

（二）存货人的义务

存货人的义务包括告知义务、妥善处理和交存货品的义务、支付仓储费和偿付必要费用的义务、及时提货的义务。

1. 告知义务

存货人的告知义务包括两个方面：对仓储物的完整告知和瑕疵告知。完整告知，是指在订立合同时存货人要完整细致地告知保管人仓储物的准确名称、数量、包装方式、性质、作业保管要求等涉及验收、作业、仓储保管、交付的资料，特别是危险货品，存货人还要提供详细的说明资料。瑕疵，包括仓储物及其包装的不良状态、潜在缺陷、不稳定状态等已存在的缺陷或将会发生损害的缺陷。保管人了解仓储物所具有的瑕疵可以进行针对性操作和管理，避免发生损害和危害。因存货人未告知仓储物的性质、状态而产生的保管人验收错误、作业损害、保管损坏，应由存货人承担赔偿责任。

2. 妥善处理和交存货品的义务

存货人应对仓储物进行妥善处理，根据性质进行分类、分储，根据合同约定妥善包装，使仓储物适合仓储作业和保管。存货人应在合同约定的时间向保管人交存仓储物并提供验收单证。交存仓储物不是仓储合同生效的条件,而是存货人履行合同的义务。存货人若未按照约定交存仓储物,则构成违约。

3. 支付仓储费和偿付必要费用的义务

存货人应根据合同约定按时、按量地支付仓储费,否则构成违约。如果存货人提前提取仓储物,则保管人不减收仓储费。如果存货人逾期提取,则应加收仓储费。由于未支付仓储费,保管人有对仓储物行使留置权的权利,即有权拒绝将仓储物交还存货人或应付款人,并可通过拍卖留置的仓储物等方式获得款项。

仓储物在仓储期间发生的应由存货人承担责任的费用支出或垫支费,如保险费、货品自然特性的损害处理费、有关货损处理费、运输搬运费、转仓费等,存货人应及时支付。

4. 及时提货的义务

存货人应按照合同的约定,按时将仓储物提离。保管人根据合同的约定,安排仓库的使用计划,如果存货人未将仓储物提离,会使得保管人已签订的下一个仓储合同无法履行。

四 保管人权利与义务

(一) 保管人权利

保管人的权利包括收取仓储费的权利、保管人的提存权、验收货品的权利。

1. 收取仓储费的权利

仓储费是保管人订立合同的目的,是对仓储物进行保管所获得的报酬,是保管人的合同权利。保管人有权按照合同约定收取仓储费或在存货人提货时收取仓储费。

2. 保管人的提存权

储存期间届满,存货人或者仓单持有人不提取货品的,保管人可以催告其在合理期限内提取,逾期不提取的,保管人可以提存仓储物。提存,是指债权人无正当理由拒绝接受履行或下落不明,或数人就同一债权主张权利,债权人一时无法确定,致使债务人难于履行债务,经公证机关证明或法院的裁决,债务人可将履行的标的物提交有关部门保存。一经提存即认为债务人已经履行了其义务,债权债务关系即行终止。债权人享有向提存物的保管机关要求提取标的物请求权,但需要承担提存期间标的物损毁灭失的风险并支付因提存所需要的保管或拍卖等费用,且提取请求权自提存之日起 5 年内不行使而消灭。

3. 验收货品的权利

验收货品不仅是保管人的义务,也是保管人的一项权利。保管人有权对货品进行验收,在验收中发现货品溢短,对溢出部分可以拒收,对于短少的有权向存货人主张违约责任。对于货品存在的不良状况,有权要求存货人更换、修理或拒绝接受,否则需如实编制纪录,以明确责任。

● **(二)保管人的义务**

保管人的义务包括提供合适的仓储条件、验收货品、签发仓单、合理化仓储、返还仓储物及其孳息、危险告知。

1. 提供合适的仓储条件

保管人经营仓储保管的先决条件就是具有合适的仓储保管条件,有从事保管货品的保管设施和设备,包括适合的场地、容器、仓库、货架、作业搬运设备、计量设备、保管设备、安全保卫设施等条件。同时,应配备一定的保管人员、货品养护人员,制定有效的管理制度和操作规程等。保管人所具有的仓储保管条件还要适合所要进行保管的仓储物的相对仓储保管要求,如保存粮食的粮仓、保存冷藏货品的冷库等。保管人若不具有仓储保管条件,则构成根本违约。

2. 验收货品

保管人应该在接受仓储物时对货品进行理货、计数、查验,在合同约定的期限内检验货品质量,并签发验货单证。验收货品按照合同约定的标准和方法,或者按照习惯的、合理的方法进行。保管人未验收货品推定为存货人所交存的货品完好,保管人也要返还完好无损的货品。

3. 签发仓单

保管人在接受货品后,根据合同的约定或者存货人的要求,及时向存货人签发仓单。当存期届满时,根据仓单的记载向仓单持有人交付货品,并承担仓单所明确的责任。保管人根据实际收取的货品情况签发仓单。保管人应根据合同条款确定仓单的责任事项,避免将来向仓单持有人承担超出仓储合同约定的责任。

4. 合理化仓储

保管人应在合同约定的仓储地点存放仓储物,并充分使用先进的技术、科学的方法，依据严格的制度，高质量地做好仓储管理工作。使用适合于仓储物保管的仓储设施和设备，如容器、货架、货仓等，从谨慎操作、妥善处理、科学保管和合理维护等方面进行合理化仓储。保管人对于仓储物的保管承担责任，因保管不善而使仓储物在仓储期间发生损害、灭失的，除非保管人能证明是货品性质、包装不当、超期以及其他免责事项造成的，否则保管人要承担赔偿责任。

5. 返还仓储物及其孳息

保管人应在约定的时间和地点向存货人或仓单持有人交还约定的仓储物。仓储合同没有明确存期和交还地点的，存货人或仓单持有人可以随时要求提取，保管人应在合理的时间内交还存储物。作为一般仓储合同，保管人在交返仓储物时，应将原物及其孳息、残余物一同交还。

6. 危险告知

当仓储物出现危险时，保管人应及时通知存货人或仓单持有人，并有义务采取紧急措施处置，防止危害扩大，包括在货品验收时发现不良情况、发生不可抗力损害、仓储物的变质、仓储事故的损坏以及其他涉及仓储物所有权的情况，都应该告知存货人或仓单持有人。

五 仓储合同的标的和标的物

仓储合同的标的是仓储保管行为，其为仓储合同关系中存货人与保管人的民事权利义务共同指向的对象，包括仓储空间、仓储时间和保管要求，仓储人要为此支付仓储费。

仓储合同的标的物是仓储物，是仓储合同标的的载体和表现。作为仓储合同标的物的货品，一般没有太大限制，无论是生产资料还是生活资料，无论是特定物质还是种类物，抑或可分物与不可分物，都可以成为仓储合同的标的物。

仓储合同的标的物只能是动产，而不能为不动产。至于一些易燃、易爆、易腐烂、有毒的危险品等，以及一些易渗漏、超限的特殊货品，存货人与保管人在订立仓储合同时只须约定一些必要的特别仓储事项即可。另外，知识产权等无形资产和精神产品也不能作为标的物。

六 仓储合同的订立

(一) 要约与承诺

只要存货人与保管人之间依法就仓储合同的有关内容经过要约与承诺的方式达成意思表示一致,仓储合同即告成立。

1. 要约

要约,就是一方当事人向另一方发出的以订立合同为目的而提出的合同条件。要约是特定的合同当事人所为的意思表示,它以具体的、足以使合同成立的主要条件为内容,向要约人希望与之缔结合同的相对人发出,且表明一经对方承诺即受约束。在仓储合同中,要约的内容至少应当包括以下内容:标的物数量、质量、仓储费用。即使没有具体的数量、质量和仓储费用表述,也应当可以通过具体的方式来确定这些内容。

2. 承诺

承诺是受要约人完全同意要约内容的意思表示。承诺必须是在要约的有效期限内作为,并与要约的内容完全一致。除受要约人之外的任何第三人所作的承诺不是法律上的承诺,而仅仅是一项要约,就像迟到的承诺只是要约一样。受要约人对要约内容的任何扩充、限制或者其他变更,都只能构成一项新要约,而非有效的承诺。

在仓储合同订立过程中,保管人一经承诺,仓储合同即告成立,且同时生效。也就是说,仓储合同是诺成合同,合同的成立与生效同时发生,该效力之发生基于一个有效的承诺。

(二) 合同订立的原则

仓储合同的订立,是存货人与保管人之间依意思表示而实施的能够引起权利与义务关系发生的民事法律行为。订立仓储合同,应当遵循以下基本原则。

1. 平等原则

平等原则,是指作为仓储合同的当事人双方,在法律上地位一律平等。无论谁为存货人,也不论保管人是谁,双方均享有独立的法律人格,独立地表达自己的意思,双方是在平等基础上的利益互换。

2. 公平及等价有偿原则

该项原则原本是一项经济原则，是价值规律的要求。等价有偿原则，要求仓储合同的双方当事人依价值规律来进行利益选择，禁止无偿划拨、调拨仓储物，也禁止强迫保管人或存货人接受不平等利益交换。合同双方都要承担相应的合同义务，享受相应的合同利益。

3. 自愿与协商一致的原则

自愿意味着让存货人与保管人完全地依照自己的知识、判断去追求自己最大的利益。协商一致是在自愿基础上寻求意思表示一致，寻求利益的结合点。存货人与保管人协商一致的约定，具有与法律同等的约束力。仓储合同的订立只有在协商一致的基础上，才能最充分地体现出双方的利益，从而保证双方的依约定之履行。

（三）合同的形式

根据《合同法》的规定，合同可以采用书面形式、口头形式或其他形式。以电报、电传、传真、电子数据、电子邮件形式的归类为书面合同。订立仓储合同的要约、承诺也可以是书面的、口头的或其他的形式。由于仓储的存货量较大、存期较长，期间可能进行配送、流通加工等作业，有时还涉及仓单持有人，因此，仓储合同使用完整的书面合同较为合适。完整的书面合同有利于合同的保存、履行和发生争议时的处理。

仓储合同的其他形式包括通过行为订立合同、签发格式合同等。在未订立合同之前，存货人将货品交给仓储保管人，保管人接收货品，则表明事实上合同已成立。在周转极为频繁的公共仓储中，保管人可以采用预先设计好条件的格式合同。在格式合同中，存货人只有签署或者不签署合同的权利，而没有商定格式合同条款的权利。

七 仓储合同的主要条款

仓储合同的内容是检验合同的合法性、有效性的重要依据。一般来说，仓储合同包括以下方面的条款。

（一）存货人、保管人的名称和地址

合同当事人是履行合同的主体，需要承担合同责任，需要采用完整的企业注册名称和登记地址，或者主办单位地址。主体为个人的必须明示个人的姓名和户籍地或常

住地（临时户籍地）。有必要时，可在合同中增加通知人，但通知人不是合同当事人，仅仅履行通知当事人的义务。

(二) 保管物的品名或品类、数量、质量、包装

在仓储合同中，要明确地标明仓储物的品名或品类。货品的数量应使用标准的计量单位，且计量单位应准确到最小的计量单位，比如，以包、扎、捆、把等计算的，就必须明确每包、扎、捆、把有多重或包含多少根或多少块物品。总之，对计量单位要防止因有不同理解而产生歧义。仓储物的质量应当使用国家或有关部门规定的质量标准，也可以使用经过批准的企业标准，还可以使用行业标准，上述质量标准均可以由存货人与保管人在仓储合同中约定，而在没有质量标准时，双方当事人可自行约定质量标准。如果双方在仓储合同中没有约定质量标准，可以协议补充，不能达成补充协议的，则按照交易习惯确定。至于仓储物的包装，一般应由存货人负责，有国家或专业标准的，按照国家或者专业标准的规定执行，没有国家或专业包装标准的，应当根据仓储物便于保管的原则，由存货人与保管人商定。

(三) 仓储物验收的内容、标准、方法、时间

保管人验收仓储物的项目有：仓储物的品种、规格、数量、外包装状况，以及无需开箱、拆捆而直观可见可辨的质量情况。包装内的货品名、规格、数量，以外包装或货品上的标记为准；外包装或货品上无标记的，以供货方提供的验收资料为准。散装货品按国家有关规定或合同规定验收。依照惯例验收期限，国内货品不超过10日，国外到货不超过30天，法律另有规定或当事人另有约定的除外。

货品验收期限，是指自货品和验收资料全部送达保管人之日起，至验收报告送出之日止。货品验收期限的日期均以运输或邮政部门的戳记或送达的签收日期为准。超过验收期限所造成的实际损失，由保管人负责。如果保管人未能按照合同约定或者法律、法规规定的项目、方法和期限验收仓储物或验收仓储物不准确，则应当负责因此造成的损失。存货人未能提供验收资料或提供资料不齐全、不及时，所造成的验收差错及贻误索赔期由存货人负责。

(四) 仓储条件和要求

合同双方当事人应根据货品性质、要求的不同，在合同中明确规定保管条件。保管人如因仓库条件所限，不能达到存货人要求，则不能接受。对某些比较特殊的货

品，如易燃、易爆、易渗漏、有毒等危险货品，保管人保管时，应当有专门的仓库、设备，并配备有专业技术知识的人负责管理。必要时，存货人应向保管人提供货品储存、保管、运输等方面的技术资料，防止发生货品毁损、仓库毁损和人身伤亡事故。存货人在交存特殊货品时，应当明确告知保管人货品有关保管条件、保管要求。否则，保管人可以拒绝接收存货人所交付的危险货品。

●（五）货品进出库手续、时间、地点、运输方式

仓储合同的双方当事人，应当重视货品入库环节，防止将来发生纠纷。因此，在合同中，要明确入库应办理的手续、理货方法、入库的时间和地点以及货品运输、装卸搬运的方式等内容。

出库时间由仓储合同的双方当事人在合同中约定，当事人对储存期间没有约定或者约定不明确的，存货人可以随时提取仓储物，保管人也可以随时要求存货人提取仓储物，但是，应当给予必要的准备时间。另外，提货时应办理的手续、验收的内容、标准、方式地点、运输方式等也要明确。

●（六）仓储物的损耗标准及损耗的处理

仓储物的损耗标准，是指货品在储存过程中，由于自然变化（如干燥、风化、散失、挥发、黏结等）和货品本身的性质等，不可避免地要发生数量减少或破损，而由合同当事人双方事先商定一定的货品自然减量标准和破损率等。在确定仓储物的损害标准时，要注意易腐货品的损耗标准应该高于一般货品的损耗标准。除了对货品按照保管条件和要求保管外，损耗标准应当根据储存时间的长短来确定。损耗的处理，是指仓储物实际发生的损耗，超过标准或没有超过标准规定的，应当如何处理的问题。例如，仓储物出库时与入库时实际验收数量不一致，在损耗标准范围之内的视为货品完全交付。如果损耗数量超过约定的损耗标准，则应核实后作出验收记录，由保管人负责处理。

●（七）计费项目、标准和结算方式

计费项目包括：保管费、转仓费、出入库装卸搬运费、车皮、站台、专用线占有、包装整理、货品养护等费用。在此条款中，除明确上述费用由哪一方承担外，还应明确各种费用的计算标准、支付方式、支付时间、支付地点、开户银行、账号等。

●（八）责任划分和违约处理

仓储合同可以从货品入库、货品验收、货品保管、货品包装、货品出库等方面明

确双方当事人的责任。同时，规定违反合同时应承担的违约责任，包括支付违约金、损害赔偿以及采取其他补救措施。

●（九）合同的有效期限

合同的有效期限，即货品的保管期限。合同的有效期限与货品本身的有效储存期限有关。某些货品由于本身的特性，不能长时间存放，例如，药品、胶卷、化学试剂等，一般都注明了有效使用期限。根据有效使用期限确定的储存保管期限，被称为"有效储存期限"。仓库保管人员在保管货品时不仅要注意仓库温度、湿度的变化，还应注意有效储存期限。特别是对一些临近失效期限的产品，仓库应及时通知存货人按时出库，注意留给产品调运、供应和使用的时间，以使产品在失效之前能够进入市场，投入使用。根据有关规定，储存的货品在临近失效期限时，保管人未通知存货人及时处理，因超过有效储存期限而产生的货品损失，保管人负有赔偿责任。保管人通知后，如果存货人不及时处理，因超过有效储存期限而产生的货品损失，保管人不负赔偿责任。

●（十）变更和解除合同

仓储合同的当事人如果需要变更或解除合同，必须事先通知另一方，双方协商一致即可变更或解除合同。变更或解除合同的建议和答复，必须在法律规定或者合同约定的期限内提出。如果发生了法律或合同中规定的可以单方变更或解除合同的情形，那么，拥有权利的一方可以变更或解除合同。

上述十项内容是通常的仓储合同应具备的主要条款。签订合同是法律行为，基于双方的利益考虑，当事人之间还可以就更多的、更为广泛的事项达成一致，充实仓储合同的具体内容，如争议的解决方式、合同的履行地点、是否允许所有权流转等等。只要是一方要求必须规定的条款，而又与另一方达成一致意思表示，都应当是仓储合同的重要条款。

◆本章小结◆

  仓储经营管理就是运用先进的管理原理和科学的方法，对仓储经营活动进行计划、组织、协调、指挥、控制。仓储经营的目标是实现仓储经营活动的"快进、快出、多储存、多经营、保管好、费用省"。保管仓储、消费仓储、混藏仓储、仓库租赁等仓储经营模式虽各有特点，但都是基于充分发挥储存资源使用效益的目的，属于仓储的基本经营模式。为了充分利用仓储资源和更好地满足市场需要，现代仓库利用自己货品转运中心的特殊地位，不断衍生出新的经营模式，如流通加工、中介运输、配送、配载以及增值服务等。仓储合同是关于保管人储存存货人交付的仓储物，存货人支付仓储费的合同。仓储合同的当事人包括存货人和保管人，其权利和义务来自于合同的约定和法律的规定。仓储合同订立需要遵循一定的原则和程序。

■案例分析■

案例1：甘肃公航旅金融仓储基地项目

  2019年3月，西北地区最大金融仓储基地——甘肃公航旅金融仓储基地（一期）项目开工。该项目面向丝绸之路经济带，分一、二两期建设，占地近42万平方米，总建筑面积为27万平方米。一期项目已被甘肃省列入2019年重大项目库，主要工程含现代化的综合库4座、冷库1座、大底盘车库1座、服务楼2座以及近8万平方米的道路等园区工程。

  "金融活，经济活。"在项目开工现场，甘肃省公航旅集团总经理介绍，项目将以"金融+仓储+物流"为特色，立足兰州新区等西部地区，发挥产品分拨集散功能，形成供应链集中采购平台、西北首家标准仓单质押融资平台，建成仓储物流西北区域分拨中心，使兰州新区成为丝绸之路重要的商品流通节点，为甘肃省乃至西部地区的产业集聚、产品集散和经济增长作出积极贡献。

据了解,项目建成后将为甘肃省、青海省、宁夏回族自治区、新疆维吾尔自治区等西北地区物流、工矿、商贸等企业提供产业集聚、信息共享、金融支持、仓储配送、报检通关等全程供应链服务,实现跨地区物流集散、区域物流配送、物流金融、保税仓库、信息化服务一体化。

(资料来源:人民网,文字有删改)

问题讨论

1. 你如何看待甘肃公航旅金融仓储基地项目的发展目标?
2. 该金融仓储基地应如何防范金融风险?

案例 2:国际投行为何关注仓储市场?

2011 年夏天,美国饮料行业巨头可口可乐公司宣布,将饮料售价上调 3%~4%,以应对罐装用铝原材料的成本上涨。与此同时,可口可乐公司向伦敦金属交易所(LME)递交诉状,指控高盛等华尔街投资银行通过控制仓储的出货量来提高铝金属的价格。在可口可乐公司看来,这背后的元凶远不是市场供需那么简单,而是高盛集团在操纵。仓库中的铝库存非常充足,但由于高盛集团控制了美国底特律地区大量的仓库,使得提取铝材的等待时间变得比以往要久。

LME 是世界上最大的有色金属交易所,LME 的价格和库存对全球范围的有色金属生产和销售有着重要影响。国际投行和大型贸易商因此也把 LME 仓库视作必争之地。目前,LME 仓储网络被"四巨头"所掌控,即世天威、Pacorini、MITS 和 Henry Bath。这四家公司现在运营着 505 家 LME 注册仓库,占仓库总数的 76%。金属企业通常会将 LME 仓库中的现货金属按照一定的利率抵押给银行进行融资,为了争取到更低的融资利率,通常会和投行签订结构性仓单质押融资条款。借助这些条款,投行有权按照约定价格向金属企业购买现货库存,这部分结构性的融资业务占到了 LME 仓单抵押融资的 50% 以上,这就使得 LME 金属库存逐渐集中到了投行手中。

投行可以赚取两部分利润:一方面,在不违反规定的前提下,仓库有意拖延出货速度，而金属在出库之前，每日都需要向仓库支付租金；另一方面，投行持有库存相当于持有现货，在压低出货量、引起排队后，现货价格就会上涨。投行为了对冲这部分现货库存，同时会在期货上持有空仓，这类似于买现货、卖期货的期现套利。手握 LME 库存的国际投行还可通过对交易所库存规模的操控，轻易地左右市场供应增加的预期，因为如果交易所库存增加，那么供应预期就是宽松的，期货价格就会往下掉，从而令空头获利，所以无论是现货价格上涨，还是期货价格下跌，投行都可以从中获利。

可口可乐公司并不是唯一的受害者。之前已经有其他 8 家公司向 LME 抱怨过同样的问题。高盛集团每天按照最低要求，只出货 1500 吨铝。这就意味着，当交易员要求今天交付铝金属，买家将要等待超过 6 个月才可以收到货。高盛集团通过仓单的操作，人为地扭曲供求关系，影响现货价格，控制现货市场。

早在 2009 年 6 月，铝价就创下新高，到达 1600 美元一吨。当时市场普遍认为铝价受制于全球产能过剩，不会再高了。可是两年后，在铝的产能依然大幅过剩的情况下，高盛集团却将铝价的预期上调至每吨 2700 美元。结果到 2011 年 6 月 28 日收盘，LME 的铝价果然达到每吨 2510 美元。高盛集团的这种做法破坏了市场公共秩序。

(资料来源：搜狐网，文字有删改)

问题讨论

1. 有人说 LEM 已经沦为金融牟利工具，丧失了仓储功能的本义，你认同这个观点吗？
2. 农产品是否存在上述操控的可能性？为什么？

复习思考题

1. 简述仓储经营管理的内涵与仓储经营组织的目标。
2. 仓储基本经营模式有哪些？它们各有哪些特点？
3. 仓储衍生经营模式有哪些？你是怎样理解仓储衍生经营模式的？
4. 仓储商务管理包括哪些内容？
5. 仓储合同有哪些特征？

6. 仓储合同的当事人双方分别有哪些权利和义务？

7. 仓储合同一般包括哪些条款？

实训题

调研本地一家仓储企业的经营现状，搜集一份仓储合同与仓单的范本，了解合同条款的具体内容及仓单上应该填写的项目。

第六章

仓储安全与质量管理

◆学习目标◆

通过本章学习,学生要掌握仓储安全管理的要求与任务,了解仓库治安保卫工作内容及要求,了解仓库火灾的产生原因和常用灭火剂的适用性,掌握防火管理的具体内容,掌握仓库防台风、防雨汛的工作重点与要求,熟悉作业安全管理的基本内容,理解仓储质量管理的含义、原则与方法。

开篇案例

天津港 8·12 危险品爆炸事故

2015 年 8 月 12 日,位于天津市滨海新区天津港的瑞海国际物流有限公司(简称瑞海公司)危险品仓库发生火灾爆炸事故,导致 165 人遇难、8 人失踪、798 人受伤,经济损失难以估量。事故的直接原因是,瑞海公司危险品仓库运抵区南侧集装箱内的硝化棉由于湿润剂散失出现局部干燥,在高温(天气)等因素的作用下加速分解放热,积热自燃,引起相邻集装箱内的硝化棉和其他危险化学品长时间大面积燃烧,导致堆放于运抵区的硝酸铵等危险化学品发生爆炸。本次事故共引发两次大爆炸,据测算爆炸总能量约为 450 吨 TNT 当量。

事故调查报告认定,瑞海公司存在大量违法违规问题,包括未批先建、边建边经营危险货物堆场,违规存放硝酸铵,多种危险货物严重超量储存,违规混存、超高堆码危险货物,违规开展拆箱、搬运、装卸等作业,未按要求进行重大危险源登记备案,没有按照有关法规规定对本单位的港口危险货物存储场所进行重大危险源辨识评估,安全生产教育培训严重缺失等。事故发生后,瑞海公司没有立即通知周边企业采取安全撤离等应对措施,贻误了疏散时机,导致人员伤亡情况加重。

(资料来源:新华网,文字有删改)

第六章 仓储安全与质量管理

第一节 仓储安全管理概述

仓库的安全管理应贯穿于仓储管理的全过程。从货品入库验收、堆垛到货品保管、养护、经过拣选出库的各个环节都离不开安全管理工作。

一、仓库安全管理的意义

仓库的安全管理主要包括现代仓库设施、设备的安全管理和仓库作业人员的人身安全管理两大方面。仓库作业过程中存在的不安全的因素很多，如火灾、水灾、爆炸、盗窃、破坏等。此外，放射性货品、腐蚀性货品、有毒货品等会对现代仓库管理人员的人身安全造成威胁。对此，只有采取有效的控制和防护措施，加强作业人员和管理者的安全意识，才能保证仓库的安全，从而使仓库的生产活动得以正常进行。

仓库是货品重要的集散地，也是储藏和保管货品的场所。仓库是企业的固定资产，而储存的货品是企业流动资产的重要组成部分。一旦发生火灾或爆炸等事故，不但仓库的设备和设施可能被毁坏，而且存放在仓库中的货品也将受到损失。因此，仓库的安全工作应该位于管理工作的首位，必须做好一切防范工作。同时，仓库的安全管理也是其他一切管理工作的基础和前提，具有十分重要的意义。

二、仓库安全管理的要求

为了确保仓库人、财、物的安全，必须建立和健全消防、保卫、保密、安全操作等规章制度，并设专人负责。

应建立和健全各项安全制度相应的执行、监督机制，组织日常检查、定期检查、节假日重点检查等，真正把各项安全制度落到实处。

必须培养一支消防队伍，设立专职或兼职的消防人员，仓库领导中应有人分管消防工作；配备相关的消防设备，并确定专人负责。

应严格管理各类火源、电源、水源等，严禁各类火种及易燃品进入仓库。储货区与生活区应该严格隔离，储货区内不允许居住家属。

应建立警卫值班和干部值宿制度，重要的仓库、危险品仓库还须配备武装警卫人员。仓库应组织巡逻和夜间值班，严防偷窃和破坏。门卫要加强对进出仓库的车辆、人员及货品的检查，凭进出仓库的有效凭证放行，并做好登记工作。

现代仓库中装卸、搬运、堆垛及各种机械设备在操作使用时，必须严格遵守操作程序和规则，防止各类工伤事故的发生。

仓储货品的名称、数量、规格、种类等，仓库管理人员必须严格保密。

三 仓储安全管理的对象

仓储安全管理的对象包括三方面：人身安全、货品安全和设备设施安全。

（一）人身安全

仓库工作人员在装卸、搬运、堆码、保管养护货品等操作过程中，直接与装卸、搬运设备以及不同特性的货品接触，因而必须注意做好人身安全工作。做好人身安全工作应从以下几个方面着手：

优化工作环境，消除事故隐患；

加强安全意识教育；

进行仓储机械设备的安全操作规程培训；

建立、健全工作场所、仓储机械设备的安全检查制度，并有效组织实施。

（二）货品安全

货品安全管理的主要内容包括防止货品由于本身的成分、结构特点和理化性质，以及受光照、温度、湿度等客观条件的影响而发生霉烂变质、虫蛀鼠咬、自然爆炸、火灾、水淹和丢失等事故。为切实做好货品的安全管理工作，应从以下几个方面着手：

加强货品养护知识的培训教育；

根据货品性质、特点和保管条件要求等设计货品的保管环境；

选用适当的仓储设施与设备；

采取有效的防水措施；

采取有效的防鼠措施；

采用功能完善的仓储管理软件，做好货品的全方位管理，如对各货品保质期限进行提前预警等；

积极采用先进科学的仓储管理技术手段，如自动防盗、防火监控系统等。

（三）设备设施安全

仓储设备设施是指与仓储活动有关的所有相关的设备与设施，包括仓库本身、储存货架、搬运输送机械（包括叉车、搬运平台车、自动导引车辆、输送机、堆垛机等）、货品检验计量器具等。在使用这些设备时，应严格按照设备使用的技术要求进行操作。

做好设备设施的安全管理工作，应从以下几个方面着手：

对设备设施的选购严格把关，在设备设施选购前，必须进行广泛市场调研，在保证设备设施使用性能的前提下，选择安全性能良好的设备设施；

做好设备设施的技术使用培训工作，为保证设备设施的正常使用，必须对设备设施的使用者和管理者进行有关知识的培训；

制定设备设施的安全检查制度，并且严格实施。

以上三个方面的安全管理对象是相互联系的，三个方面的工作必须都要重视，以最大限度地保证人身安全、货品安全和设备设施安全。影响仓储安全的因素是多方面的，各类仓储企业都要根据自身的特点，认真分析影响仓储安全的各种因素，制定一系列切实可行的仓储安全管理办法，采取相应的安全预防措施，及时排除各种不安全因素，杜绝事故隐患，确保仓储企业的安全运营，把损失减少到最低限度。

四 仓储安全管理的任务

仓储安全管理的基本任务可归结为以下几点。

（一）建立、健全安全生产责任制和各项安全保卫制度

安全生产责任制和各项安全保卫制度是加强安全管理的重要措施。安全生产责任制应落实到各级人员，主要负责人对本单位的安全生产工作全面负责。安全生产责任制一般包括安全操作规程、危险品仓库安全操作制度等；安全保卫制度主要包括门卫制度、值勤制度、交接班制度等。

在建立、健全各种安全制度的同时，要加强平时的检查，监督执行情况，及时发现并消除隐患，确保安全。针对安全事故，实行生产安全事故责任追究制度，依照《中华人民共和国安全生产法》和其他有关法律、法规的规定，追究生产安全事故责任人员的法律责任。

（二）提高仓储安全生产技术水平

在货品储运过程中，为防止和消除伤亡事故，保障职工安全和减轻繁重体力劳动，仓库必须对仓储安全生产给予充分地投入，进行安全生产科学技术研究，推广应用安全生产先进技术，提高安全生产水平。如需采用新工艺、新技术或者使用新设备，仓库必须了解、掌握安全技术特性，采取有效的安全防护措施，并对从业人员进行专门的安全生产教育和培训。

（三）提高职工的安全生产意识

充分发动和依靠全体职工是切实做好仓储安全工作的必由之路。为此，从业人员必须具备必要的安全生产知识，熟悉有关的安全生产规章制度和安全操作规程，掌握本岗位的安全操作技能。未经安全生产教育和培训合格的从业人员，不得上岗作业。

（四）防治和打击一切破坏活动

由于储存着大量货品，仓库往往成为不法分子的攻击目标。为此，仓库职工必须提高警惕性，积极做好必要的防护措施，确保仓库安全。一旦发生偷盗、纵火等事故，仓库应立即与公安部门联系，争取早日破案。

第二节　治安保卫管理

治安保卫工作是仓储管理的重要组成部分，治安保卫管理能预防和制止违反治安管理的行为和犯罪活动，消除治安灾害隐患，确保各项仓储工作的正常进行，保护国家、集体的财产和职工的生命、财产安全。治安保卫管理的内容包括建立健全治安保卫管理组织、治安保卫管理制度，落实各项治安防范措施等。

一 治安保卫管理组织

治安保卫组织通常分为保卫组织、警卫组织和群众性治安保卫组织。为了顺利开展治安保卫工作，仓储部门应当根据实际情况，按照精干高效、运转灵活的原则设立保卫机构，或者配备专职、兼职保卫工作人员，从而形成仓储安全网。

（一）保卫组织

仓库保卫机构在仓库经营管理部门的领导下进行工作，在业务上受到当地公安机关和上级保卫部门的指导。其主要任务是对本仓库的货品、设备和人员的安全全面负责。保卫机构要与公安、劳动、供电、交通运输、防汛、防震、卫生等部门加强联系，及时交换安全信息，接受指导；对警卫守护人员进行经常性的业务技术教育；对员工进行安全方面的讲座和业务技术训练；定期或不定期地举行安全操作表演；调查、登记、处理、上报有关案件等。

（二）警卫组织

仓库警卫工作的重点是负责仓库日常的警戒防卫。其任务是：掌握出入仓库的人员情况；禁止携带易燃、易爆等危险货品入库；核对出库货品；日夜轮流守卫；谨防盗窃与破坏等事故的发生；在仓库发生人为或自然灾害事故时，要负责仓库的防护、警戒工作。

（三）群众性治安保卫组织

群众性治安保卫组织是指在仓库党政领导及保卫部门的指导下成立治安保卫委员会或治安保卫小组，成员包括仓库领导和普通职工，并在各班、组设立安全保卫员。其基本任务是：利用各种方式对仓库职工和临近居民进行治安保卫宣传教育，协调警卫人员做好保卫和防火工作，协助维护单位的治安秩序和保卫要害部位的安全，劝阻和制止违反《中华人民共和国治安管理处罚法》的行为。

二 治安保卫管理制度

治安保卫管理必须贯彻预防为主、确保重点、打击犯罪、保障安全的方针，坚持"谁主管、谁负责"和"有奖有惩、奖惩分明"的原则。治安保卫工作的顺利开展，必须有完善的制度保障。为此，仓储部门应建立一系列治安保卫管理制度。

（一）安全岗位责任制度

明确安全管理责任一直是安全生产管理的重点，也是保障安全生产的基础。仓储部门或企业应根据收发、保管、养护等具体业务特点，确定每个岗位的安全责任，并与奖惩挂钩，通过认真贯彻执行安全岗位责任制度来加强职工的责任感，堵塞工作中的漏洞，保证仓储工作秩序有条不紊，确保仓库安全。

（二）门卫、值班、巡逻、守护制度

门卫是仓库的咽喉，仓库必须严格人员、货品的出入管理。传达人员及值班警卫人员要坚守岗位，尽职尽责，对外来人员必须进行验证、登记，及时报告可疑情况，以防意外发生。

（三）仓储设施管理制度

仓储设施是进行仓储工作的必要条件。完善的仓储设施管理制度，能保证仓储业务活动的正常进行，避免意外事故的发生，也有利于仓储经营取得最好的经济效益。

（四）重要货品安全管理制度

根据 ABC 管理法的观点，仓储货品可根据一定的指标分为 A、B、C 三类，对 A 类货品应重点对待。从安全角度看，危险品、价值极高等货品应重点防护、认真对待，以免造成人身伤亡和巨大的经济损失。

（五）要害部位安全保卫制度

要害部位是安全防护的重点，因此，必须建立健全要害部位安全保卫制度，在要害部位设置安全技术防范设施。要害部门或者要害岗位，不得录用和接受有犯罪记录的人员。

（六）防火安全管理制度

在安全管理工作中，防火是重点，保证货品安全又是防火的中心。为此，仓库管理人员必须熟悉各种仓储货品的性能、引起火灾的原因和各种防火、灭火方法，并采取各种防范措施，从而保证仓库的安全。

（七）机动车辆安全管理制度

机动车辆管理也是治安保卫管理的一个重要方面。外单位的车辆不得随意进入仓

库，因业务需要必须进入的，必须履行必要的手续，且必须做好防火、防爆等保护措施。严格仓库自有车辆的使用制度，做到安全用车，避免灾害事故的发生。

(八) 治安防范的奖惩制度

认真落实治安防范的奖惩制度直接关系到安全岗位责任制度的有效运行。因此，必须对治安防范工作做得好的部门和单位给予表扬、奖励，对工作不负责任而发生事故和问题的部门和单位给予批评或处罚，并及时向上级有关部门报告奖惩情况。

三 治安保卫工作的内容

仓库治安保卫工作的主要内容有防盗、防抢、防骗、防破坏、防火、员工人身安全保护等。治安保卫工作不仅有专职保安员承担的工作，如门卫管理、治安巡查等，还有大量的工作应由相应岗位的员工承担，如办公室防火防盗、财务防骗、锁门关窗等。仓库主要的治安保卫工作及要求有以下几点。

(一) 守卫大门和要害部位

仓库大门是仓库与外界的连接点，也是承担货品保管责任的分界线。大门守卫是维护仓库治安的第一道防线，负责开关大门，限制无关人员、车辆进入，接待入库办事人员并实施身份核查，禁止入库人员携带火源、易燃易爆货品入库，检查出库车辆，核对出库货品和出库单，并收留放行条，查问和登记出库人员携带的货品，特殊情况下查扣货品、封门。

对于危险品仓库、贵重货品仓库、特殊品储存仓库等要害部位，仓库需要安排专职守卫看守，限制人员接近，防止危害、破坏和失窃。

(二) 巡逻检查

由专职保安员不定时、不定线、经常地巡视整个仓库区每一个位置的安全保卫工作。巡逻检查一般安排两名保安员进行，携带保安器械和强力手电筒。查问可疑人员，检查各部门的防卫工作，关闭确实无人的办公室、仓库门窗、电源，制止消防器材挪作他用，检查仓库内的异常状况，检查停留在仓库内过夜的车辆是否符合规定等。在巡逻检查中，若发现不符合治安保卫制度要求的情况，则要采取相应的措施处理或者通知相应部门处理。

●（三）防盗设施、设备使用

仓库的防盗设施如围墙、门锁、窗等，应根据法律法规和治安保管的需要设置和安装。仓库的防盗设施如果不加以有效使用，则不能实现防盗目的。承担安全设施操作的仓库员工应该按照制度要求，有效使用配置的防盗设施。

仓库的防盗设备除了专职保安员的警械外，主要有视频监控设备、报警设备等，仓库应按照规定使用设备，由专人负责操作和管理，确保设备的有效运作。

●（四）治安检查

治安责任人应经常检查治安保卫工作，督促按规定办事。治安检查实行定期检查与不定期检查相结合的制度，班组每日检查、部门每周检查、仓库每月检查，及时发现治安保卫漏洞、不安全隐患，采取有效措施及时消除。

●（五）治安应急

治安应急是指在仓库发生治安事件时，采取紧急措施，防止和减少事件所造成的损失。治安应急需要通过制定应急方案，明确应急人员的职责以及明确在发生事件时信息发布和传递的流程，以经常性演练来保证实施。

第三节　消防安全管理

仓库集中储存着大量的货品，火灾是对仓库安全的最大威胁和破坏。仓库必须坚持"以防为主，防治结合"的消防方针，认真贯彻执行《中华人民共和国消防法》和《仓库防火安全管理规则》。

一　仓库火灾发生的原因

火灾是指在时间或空间上失去控制的燃烧所造成的灾害。火灾的发生，必须同时具备三个条件：可燃物、助燃物及着火源。

（一）可燃物

凡能与空气中的氧或其他氧化剂起剧烈反应的物质，都称为可燃物。简单地说，就是可以燃烧的物质。如火柴、草料、棉花、木材、纸张、汽油、酒精、氢气、乙炔等。

（二）助燃物

凡能帮助和支持燃烧的物质，都叫作助燃物。如氧气、氯气、氯酸钾、高锰酸钾、过氧化钠等。

（三）着火源

凡能引起可燃物质燃烧的热能源，都称为着火源。如明火焰、摩擦冲击产生的火花、静电产生的火花、雷电产生的火花、化学反应（包括自燃、遇水燃烧和与性能相抵触的物质接触起火）等。

以上三个条件必须同时具备，并相互作用，燃烧才能发生。因此，防火和灭火的基本原理和一切防火措施都是围绕如何消除这三个条件的。只要除掉这三个条件中的任何一个条件，火灾便会被消灭。

在仓储过程中，仓库里储存有可燃物（各种货品），空气中也总是存在助燃物（氧气）。根据燃烧三要素，要分析引起火灾的原因，就是要找出引起火灾的着火源。能引起火灾的着火源有很多，一般可以分为直接火源和间接火源两大类。

1. 直接火源

（1）明火。明火包括生产、生活用的炉火，灯火，焊接火，火柴、打火机的火焰，燃烧的烟头，车辆和内燃机械的排烟管火星，未熄灭的烟花爆竹等。

（2）电火花。由电线短路、用电超负荷、漏电等引起的电路、电气设备的电火花等。

（3）雷电与静电。雷电是带有不同电荷的云团在接近时瞬间放电而形成的高能量电弧，它能引起可燃物质燃烧。静电则是因摩擦、感应而使物体表面电子大量集结，以电弧的方式向外传导，它同样也能使易燃物燃烧。在管道中传输的液体、工作中的电器、运转中的输送带、高压电器、强无线电波等都会产生静电。

2. 间接火源

（1）加热引燃起火。如棉布、纸张因靠近灯泡，草料、木版因靠近炉火等而燃烧起火等。

（2）货品自燃起火。这是指在既无明火，又无外来热源的条件下，货品本身自行发热而燃烧起火。

二 仓库火灾的特点

（一）易发生，损失大

仓库货品储存集中，其中不少是易燃易爆货品，一旦遇到着火源，极易发生火灾。仓库发生火灾不仅会造成库存货品损失，还会对仓库建筑、设备、设施等造成破坏，甚至可能引起人身伤亡。

（二）易蔓延扩大

由于仓库储存货品多，火势易蔓延扩大。一般货品仓库燃烧中心温度往往在1000℃以上，而化学危险货品（如汽油等）在着火后产生的中心温度更高。高温不仅会使火势蔓延速度加快，还会造成库房、油罐的倒塌，在库外风力影响下，形成一片火海。爆炸品仓库、化学危险货品仓库等还易引起爆炸。

（三）扑救困难

由于库内货品堆放数量多，在发生火灾后，货品燃烧时间长，加之许多仓库远离城区，供水和道路条件较差，这就增加了扑救的难度。库房平时门窗关闭，空气流通较差，在着火时货物易发生不完全燃烧，产生大量烟雾，这会影响消防人员的视线和正常呼吸。在发生火灾后，若库房内堆垛货品倒塌，使通道受阻，则也会给扑救带来困难。

三 防火与灭火的原理

燃烧必须要可燃物、助燃物、着火源共同作用才能发生，缺少任何一个要素都不能形成燃烧。防火工作就是使三者分离，不相互发生作用。而灭火的方法也是围绕三者进行，将其中一种或两种要素分离。

（一）防火方法

1. 控制可燃物

通过减少或者不使用可燃物、将可燃物质进行难燃处理来防止火灾。如仓库建筑采用不燃材料建设，使用难燃电气材料等；易燃品使用难燃包装，用难燃材料苫盖可燃物等。此外，通风使可燃气体及时排出，洒水可减少可燃物扬尘。

2. 隔绝助燃物

对于易燃品，采取封闭、抽真空、充装惰性气体、用不燃液体浸泡等方式，或表面涂刷不燃漆、不燃涂料等方式，使易燃品不与空气直接接触，以防止燃烧。

3. 消除着火源

因为仓库不可避免地会储藏可燃物，而隔绝空气的操作需要较高的成本，所以仓库防火的核心就是消除着火源。这也是灭火的基本方法。

（二）灭火方法

灭火是指在可燃物已发生燃烧时，为终止燃烧所采取的措施。

1. 冷却法

将燃烧物的温度降低到燃点以下，使之不能汽化，从而阻止燃烧。常用的冷却法有用冷水、干冰等降温。

2. 窒息法

减少燃烧物附近的氧气含量，让燃烧不能继续。窒息法包括：封闭窒息法，如将燃烧空间密闭；充注不燃气体窒息法，如充注二氧化碳、水蒸气等；不燃物遮盖窒息法，如用黄沙、惰性泡沫、湿棉被等覆盖着火物灭火。

3. 隔绝法

隔绝法是指将可燃物减少、隔离的方法。例如，当仓库发生火灾时，将未着火的货品及时搬离，从而避免火势扩大。隔绝法是灭火的基本原则，采用隔绝法一方面可减少货品受损，另一方面能控制火势。当发生火灾时，首要的工作就是将火场附近的可燃物搬离或者用难燃材料隔离。

4. 化学抑制法

化学抑制法是指通过多种化学物质在燃烧物上的化学反应，产生降温、绝氧等效果以消除燃烧。

5. 综合灭火法

火灾的危害性极大，当火势凶猛时，现场基本无法控制。发生火灾时，要及时采取多种灭火方法共同灭火。

四 常用灭火剂的使用

在扑救灭火时，必须根据货品的性质，正确选用灭火剂。常用的灭火剂有以下几种。

（一）水

水的灭火原理是水在遇热后迅速气化，在蒸发时能吸收大量的热，从而起到显著的冷却作用，降低燃烧区温度和隔断火源，并在不溶于水的液体表面上形成不燃乳浊液，对能溶于水的液体起稀释作用。

水能导电，不适用于电气装置的灭火。对能与水起化学反应，放出可燃气体和大量热以及遇水可分解产生有毒气体的货品，不能用水来扑救灭火。密度比水小的易燃液体，如汽油、甲苯等，能浮在水面，着火时也不宜用水扑救灭火。

用于灭火的水，主要有两种：密集射流和雾状水。密集射流是通过加压的水，构成强有力的密集水流，喷射到较远的地方，冲击燃烧表面，摧毁正在燃烧分解的物质，使燃烧停止。雾状水是用喷雾装置将水流分散成粗细不同的水雾。雾状水的喷射面广，吸热量大，对扑救室内和近距离火源最为合适。雾状水主要用来扑救可燃气体、粉状易燃固体和氧化剂（忌水物质除外）以及流散在地上、面积不大、厚度不超过5cm的易燃液体火灾。

（二）泡沫

泡沫分为化学泡沫和空气泡沫两种。泡沫密度小，且富有黏性，在喷射出去后，覆盖在易燃液体的表面上，能吸收液体的热量，降低液体的温度，形成隔绝层，使外面空气进不来，从而使燃烧停止。

化学泡沫是硫酸铝和碳酸氢钠的水溶液与发泡剂通过相互作用而形成的膜状气泡群。它要求发泡倍数（即形成泡沫的容积与泡沫粉和水混合容积比）不低于55倍。泡沫的持久性，即泡沫体积被破坏25%的时间，不少于25分钟。空气泡沫是由一定比例的泡沫液、水和空气，经过水流的机械作用，相互混合而成的。空气泡沫黏稠、稳定性好，能在物体表面迅速流散，组成浓厚的覆盖层，起到隔绝空气的作用。

泡沫是扑救油类火灾最有效的灭火剂。但是泡沫不能用于扑救乙醇、丙酮、醋酸等能使泡沫消失的化学危险品火灾，可使用"抗溶性泡沫剂"配制而成的灭火剂。

(三) 二氧化碳

二氧化碳是一种无色无味的不燃气体，也不导电，二氧化碳对火场的破坏很少，是一种良好的灭火剂。二氧化碳的作用是冷却燃烧物和冲淡燃烧区中氧的含量，使燃烧停止。二氧化碳可扑救电器火灾，小范围的油类火灾，某些忌水物质（如电石）和易燃气体燃烧引起的火灾。由于二氧化碳会逐渐散到空气中代替氧气，在使用时要注意空气流通。二氧化碳不宜扑救金属钠、钾以及镁粉、铝粉等火灾，这是因为二氧化碳和上述物质易起化学作用。

(四) 1211灭火剂

1211灭火剂本身为液体，毒性很小，可在非密闭的室内使用。用于灭火时，它通常只留下极少的残留物，特别适用于扑救油类、有机溶剂、精密仪器、纸张、文物档案等火灾，灭火效率比二氧化碳高4倍多。在具有爆炸性气体存在的仓库或容器里，充灌1211灭火剂，当1211灭火剂占到气体容积的6.75%，就能够起到抑制爆炸的作用。但是1211灭火剂不宜施救钠、钾、铯等轻金属的火灾。

(五) 干粉灭火剂

干粉灭火剂主要应用碳酸氯钠、碳酸氢钾或磷酸铵盐类，并混以其他化学试剂，使之具有斥水性及自由流动性，从而对扑救易燃液体和轻金属火灾的效果很好。

延伸阅读

火灾类型与灭火方法的匹配

扑救A类火灾（指固体物质火灾，如木材、棉、麻、纸张火灾等）：一般可采用水冷却法，但对于忌水的物质，如布、纸等应尽量减少水渍所造成的损失。对于珍贵图书、档案等，应使用二氧化碳、卤代烷、干粉灭火剂灭火。

扑救B类火灾（指液体火灾和可熔化的固体物质火灾，如原油、汽油、沥青、石蜡火灾等）：首先应切断可燃液体的来源，同时将燃烧区容器内可燃液体排至安全地区，并用水冷却燃烧区可燃液体的容器壁，减慢蒸发速度；及时使用大剂量泡沫灭火剂、干粉灭火剂将液体火灾扑灭。

扑救 C 类火灾（指气体火灾，如煤气、天然气、甲烷、氯气火灾等）：首先应关闭可燃气阀门，防止可燃气发生爆炸，然后选用干粉、卤代烷、二氧化碳灭火器灭火。

扑救 D 类火灾（指金属火灾，如钾、钠、镁、铝镁合金火灾等）：镁、铝燃烧时温度非常高，水及其他普通灭火剂无效。钠和钾的火灾切忌用水扑救，水与钠、钾起反应放出大量热和氧，会促进火灾猛烈发展。应用特殊的灭火剂，如干砂等。

扑救带电火灾：用"1211 灭火剂"或干粉灭火器、二氧化碳灭火器效果好，这是因为上述 3 种灭火器的灭火药剂绝缘性能好，不会发生触电伤人的事故。

五 仓库防火安全管理

（一）储存管理

库房内货品储存要分类、分堆，堆垛之间应当留出必要的通道，主要通道的宽度一般不应少于 2m。根据库存货品的不同性质、类别确定垛距、墙距、柱距、梁距。每个库房必须规定储存限额。

能自燃的货品、化学易燃货品与一般货品及性质互相抵触和灭火方法不同的货品，必须分库储存，并标明储存货品的名称、性质和灭火方法。能自燃的货品和化学易燃货品堆垛应当布置在温度较低、通风良好的场所，并应当有专人定时测温。遇水容易发生燃烧、爆炸的化学易燃货品，不得存放在潮湿和容易积水的地点。

受阳光照射容易燃烧、爆炸的化学易燃货品，不得在露天存放。化学易燃货品的包装容器应当牢固、密封，发现包装破损、残缺、变形和货品变质、分解等情况时，应当立即进行安全处理。易燃、可燃货品在入库前，应当有专人负责检查，对可能带有火险隐患的货品，应当存放到观察区，经检查确无危险后，方准入库或归垛。

储存易燃和可燃货品的库房、露天堆垛附近，不准进行试验、分装、封焊、维修、动用明火等可能引起火灾的作业。如因特殊需要进行这些作业，事先必须经仓库防火负责人批准,并采取安全措施,调配专职或义务消防队员进行现场监护,备有充足的灭火器材。作业结束后,应当对现场认真进行检查,切实查明未留火种后,方可离开现场。库房内不准设办公室、休息室,不准住人,不准用可燃材料搭建隔层。在库房或露天堆垛的防火间距内,不准堆放可燃货品和搭建货棚。库房内一般不应当安装采暖设备,如货品防冻必须采暖,可用暖气采暖。散热器与可燃货品堆垛应当保持安全距离。库区和库房内要经常保持整洁。对散落的易燃、可燃货品和库区的杂草应当及时清除。用过的油棉纱、油抹布、沾油的工作服、手套等用品,必须放在库房外的安全地点,妥善保管或及时处理。

(二) 装运管理

装卸化学易燃货品,必须轻拿轻放,严防震动、撞击、重压、摩擦和倒置。不准使用能产生火花的工具,不准穿带钉子的鞋,并应当在可能产生静电的设备上,安装可靠的接地装置。

进入易燃、可燃货品库区的蒸汽机车和内燃机车,必须装置防火罩,蒸汽机车要关闭风箱和送风器,并不得在库区停留和清炉。仓库应当有专人负责监护。进入库区的汽车、拖拉机必须戴防火罩,并不准进入库房。进入库房的电瓶车、铲车,必须有防止打出火花的安全装置。运输易燃、可燃货品的车辆,一般应当将货品用苫布苫盖严密,随车人员不准在车上吸烟。

对散落、渗漏在车辆上的化学易燃货品,必须及时清除干净。库房、站台、货场在装卸作业结束后,应当彻底进行安全检查。

各种机动车辆在装卸货品时,排气管一侧不准靠近货品。各种车辆不准在库区、库房内停放和修理。

(三) 电源管理

库房内一般不宜安装电气设备。如果需要安装电气设备,则应当严格按照有关电力设计技术规范和有关规定执行,并由专业电工进行安装和维修。储存化学易燃货品的库房,应当根据货品的性质,安装防爆、隔离或密封式的电器照明设备。各类库房的电线主线都应当架设在库房外,引进库房的电线必须装置在金属或硬质塑料套管内,电器线路和灯头应当安装在库房通道的上方,与堆垛保持安全距离,严禁在库房内顶架线。库房内禁止使用碘钨灯、日光灯、电熨斗、电炉子、电烙铁、电钟、交流收音机和电视机等电器,禁止用可燃材料做灯罩,不应当使用 60 瓦以上的灯泡。灯头与货品应当保持安全距离。库房内不准架设临时电线。库区如需架设临时电线,必须经仓库防火负责人批准。使用临时电线的时间不应当超过半个月,到期及时拆除。库区的电源应当设总闸和分闸,每个库房应当单独安装开关箱。开关箱应当设在库房外,并安装防雨、防潮等保护设施。在库区及库房内使用电器机具时,必须严格执行安全操作规程。电线要架设在安全部位,免受货品的撞击、砸碰和车轮碾压。电气设备除经常检查外,每年至少应当进行两次绝缘检测,发现可能引起打火、短路、发热和绝缘不良等情况时,必须立即修理。禁止使用不合规格的保险装置。电气设备和电线不准超过安全负荷。库房工作结束时,必须切断电源。

(四)火源管理

库区内严禁吸烟、用火,严禁放烟花、爆竹和信号弹。在生活区和维修工房安装和使用火炉,必须经仓库防火负责人批准。金属火炉距可燃物不应当小于 1.5m。在木质地板上搭设火炉,必须用隔热的不燃材料与地板隔开。金属烟囱距可燃墙壁、屋顶不应当小于 70cm,距可燃屋檐不应小于 10cm,高出屋檐不应小于 30cm。烟囱穿过可燃墙、窗时必须在周围用不燃材料隔开。不准用易燃液体引火。火炉附近不准堆放木片、刨花、废纸等可燃物。不准靠近火炉烘烤衣物和其他可燃物。燃着的火炉应有人负责管理。从炉内取出的炽热灰烬,必须用水浇灭后倒在指定的安全地点。

(五)消防设施配置

仓库区域内应当按照《建筑设计防火规范》的规定,设置消防给水设施,保证消防供水。库房、货场应当根据灭火工作的需要,备有适当种类和数量的消防器材设备,并布置在明显和便于取用的地点。消防器材设备附近,严禁堆放其他货品。仓库应当装设消防通信、信号报警设备。消防器材设备应当有专人负责管理,定期检查维修,保持完整好用。寒冷季节要对消防储水池、消火栓、灭火机等消防设备采取防冻措施。

(六)火灾自动报警技术

火灾自动报警技术是早期发现火灾隐患,以便及时补救,或尽可能减小损失的有效手段。目前,火灾自动报警系统由火灾探测器和火灾报警器两部分组成。探测器装在需要监视的现场,报警器装在有人看守的值班室,两者之间用导线或无线方式连接。

1. 火灾探测器

火灾初期一般都会产生烟雾、高温和火光，火灾探测器就是利用一些敏感元件和电子线路，将上述物理现象转变为电信号，然后送给报警器的一类特殊的传感器，主要有感烟、感温和光辐射传感器三种类型。另外，由于可燃气体在空气中达到一定浓度时，遇明火便会燃烧或爆炸。因此，可燃气体探测器也属于火灾探测器的一种。

2. 火灾报警器

火灾报警器的作用是接收探测器感知的火灾信号，用灯光或数码显示火灾发生的部位，记录火灾发生时间并发出声、光报警信号。

第四节　台风与雨湿防范管理

一　台风的性质与危害

台风是热带风暴的最高形式，是产生在离赤道5个纬度以北（南半球在赤道5个纬度以南）的热带洋面上的热带气旋，是在热带洋面上强烈发展起来的气旋性涡旋。

台风是移动的气压系统，从形成到衰亡整个过程都在移动。对我国有影响的台风的移动线路主要有三个方向，分别是：西行路经，在西太平洋生成，向西移动，经南海在我国华南或越南登陆；西北路径，在西太平洋生成，向西北移动，在我国东南、华东登陆；转向路径，在西太平洋生成，向西北移动，然后转向东北方向到我国华北登陆或转到日本。

台风在我国登陆的时间主要分布在每年的5~10月，12月~次年4月基本上不在我国登陆。台风在我国登陆的地点主要集中在华南、华东地区，华北、东北极少。西北路径的台风经常在华东登陆后又转回东海，成为转向路径，这种台风的危害较大。一般台风在登陆后会迅速地转为热带低气压或者温带低气压，风力减弱，但是仍然会随气流向内陆移动。每年在我国沿海登陆的热带气旋一般为8~10个。

台风一方面给广大的地区带来了充足的雨水，参与构成与人类生活和生产关系密切的降雨系统；另一方面也总是带来各种破坏，台风具有突发性强、破坏力大的特点，是世界上最严重的自然灾害之一。

台风的破坏力主要由以下三个因素引起的。

一是强风。台风是一个巨大的能量库，其风速在17米/秒以上，甚至达60米/秒。

二是暴雨。一次台风登陆，降雨中心在一天之中可降下100~250mm的大暴雨，甚至可达500mm。暴雨带来的洪涝灾害是最具危险性的灾害。台风暴雨强度大，洪水出现频率高，波及范围广，来势凶猛，破坏性极大。

三是风暴潮。所谓风暴潮，就是指当台风移向陆地时，由于台风的强风和低气压的作用，使海水向海岸方向强力堆积，潮位猛涨，水浪向海岸压去的现象。强台风的风暴潮能使沿海水位上升5~6m。风暴潮与天文大潮高潮位相遇，会产生高频率的高潮位，从而导致潮水漫溢，海堤溃决，海水冲毁房屋和其他设施，淹没城镇和农田，造成大量人员伤亡和财产损失。风暴潮还会造成海岸侵蚀，引起海水倒灌造成土地盐渍化等灾害。

二 防台风工作的基本要求

在华南、华东沿海地区的仓库，经常会受到台风的危害。仓库要高度重视防台风工作，避免灾害性天气对仓库造成严重的危害。

●（一）要建立相应的防台风管理组织

仓库应设置专门的防台风办公室或专门人员，负责研究仓库的防台风工作，制定防范工作计划，接收天气预报和台风警报，与当地气象部门保持联系，组织防台风检查，管理相关文件，承担台汛期防台风防汛联络组织工作。

仓库主要负责人应亲自领导或参加防台风工作，组成防台风指挥部。在台汛期到来之前，指挥部就要组织检查全库的防台风准备工作，对仓库的抗台风隐患及时予以消除或者制定消除措施，督促各部门准备各种防台风工具，制定抗台风措施，组织购置抗台风物料并落实保管责任。

在台汛期间，仓库要建立通信联络、物资供应、紧急抢救、机修、排水、堵漏、消防等临时专业小组，确定各小组成员，并明确责任。

(二) 要积极防范、有备无患

台风并不是年年都在一个地区登陆，防台风工作是一项防患于未然的工作。仓库要对员工，特别是要对管理干部进行防台风宣传和教育，要用科学态度、生动事例教育员工，去除麻痹思想，提高员工对台风灾害的认识，并把防台风作为季节性的仓储工作任务。仓库要表扬防台风先进者，对不重视灾害，因失职而造成损失者必须认真处理。仓库领导人及防台风组织负责人在台风季节，要参加昼夜驻库值班，并组织员工轮流守护仓库。

(三) 要全员参与，防范损害

台风不仅可能损害仓储物资，还可能对仓库建筑、设备、设施、场地以及物料备料等一切财产和人身安全造成损害，甚至会造成环境污染危害。防台风抗台风工作是所有员工的工作，需要全员参与，人人有责。

台风不以人的意志和行为为转移，仓库防台风抗台风工作的核心是防止和降低台风对仓库财产的损害、避免人身伤害。抗台风工作就是在台风到达之前，将可能会被狂风暴雨、积水、坠物损害的财产进行妥善处理，疏通排水口等。在台风到达时，切断非必要的电源，人员转入安全环境庇护，避免受到伤害。

(四) 要不断改善仓库条件

为了取得防台风抗台风工作的胜利，仓库需要有较好的硬件设施设备，以提高设施设备抗风、防雨、排水、防水浸的能力。仓库要减少使用简易建筑，及时拆除危房并及时维修加固老旧建筑、围墙，提高货场的排水能力，注意协调仓库外围关系，避免外围建筑、物品对排水的阻碍。购置和妥善维护水泵等排水设备，备置堵水物料，牢固设置场地的绑扎固定绳桩。

三 仓库抗台风具体措施

仓库在接到台风来袭的通知后，应迅速采取抗台风措施。抗台风具体措施如下。

全面检查仓库和货品，确定抗台风准备方案。仓库管理者召集各班组长、专岗人员，对仓库设施、仓储货品、场地等进行全面检查，按照抗台风指挥部的要求、仓库抗台风的制度和实际需要制定抗台措施，并迅速组织执行。

将存放在可能被风和雨水损害位置的货品、设备转移到安全位置。将散放的货品及时堆垛收存。将在简易建筑、移动式苫盖棚中的怕水货品移到合适的仓库中。临江、河、水沟的货品内移。

加固仓库的门窗、屋顶、雨棚等,防止漏水和被风吹落,必要时对仓库建筑本身进行加固。

对会被风吹动、被雨淋湿的货品、设备、设施,进行苫盖、固定绑扎,并与地面固定绳桩系固牢靠。将不使用的设备收妥,如吊杆等放下、固定好。

对排水系统、管道系统进行疏通,确保畅通。清理泄水口附近的货品、杂物,防止散落堵塞泄水口。对于年久失修或者一时无法疏通的排水通道,应采用临时措施确保排水。

在台风到来时,仓库要停止生产作业,及时关闭门窗、拴锁,关闭迎风开口,关闭照明等非必要电源,关闭仓库一切火源、热源,将排水泵等所有应急设备启动运行,收整固定作业设备。

当风力达到8级,或者抗台风指挥部发出通知时,所有人员按照安排进入预定的安全场所躲避,进行清点登记。安全场所要注意避开树木旁、电缆下、高空设备下、临水边、挡土墙旁,不能躲在货垛旁、集装箱内、车内及车旁,同时要避免单人随处躲避。注意保持与外界联系。

在确定风力减弱时,在保证人员安全的前提下,以两人及以上为一小组,迅速进行排水,检查和加固封闭仓库门窗;检查和加固货品苫盖,稳固可能会倒塌的货品。若风力再次加强时,人员则应迅速返回安全场所。

在台风过后,或者在台风警报解除后,仓库人员应迅速返回工作岗位,及时排除仓库、货场的积水;详细检查货品情况,将货品受损情况进行详细记录;发现严重损失时,应通报商务部门摄影取证;视天气情况进行通风散热、除湿保管作业。尽快消除台风的影响,恢复正常仓储生产。

四 雨湿防范管理

雨湿是仓储货品损害的一个重要原因,在我国南方地区,雨水较为充沛,洪水也主要发生在长江、珠江水系,防雨水危害是一项长年的安全工作。华北、东北和西南地区雨水相对较少,发生水灾的次数也较少,但也不能放松对雨水危害的预防,北方地区正因为雨水少,所以防水能力差,在发生水灾后的危害常常更大。仓库防雨湿应注意以下几个问题。

(一) 仓库有足够的防雨建筑

仓库在规划建设时,就要根据仓库经营的定位、预计储存货品的防雨需要,建设足够大的室内仓库、货棚等,以保证怕水货品都能在室内储藏。

(二) 仓库具有良好的排水能力

仓库建筑、货场必须具有良好的排水能力,不会积水。整个库区要有足够能力的排水沟渠网络,能保证具有一定余量的正常排水需要。仓库要加强日常管理,随时保证排水沟渠不堵塞、不淤积,暗渠入水口的周围不能堆放货品和杂物。

(三) 做好货垛衬垫

在室内地势较低的仓库,雨季时仓库入口的货位,都必须衬垫防水设备。防水湿垫垛要有足够的高度,场地垫垛高30~50cm,仓库垫垛高10~30cm,平台货位应尽可能地高出地面30~50cm。

(四) 及时苫盖货品

若仓储的货品需要防湿,在入库作业一开始就要在现场准备好苫盖物料。在作业过程中,因下雨而停工、休息时,要用苫盖材料将货品盖好;在天气不好时,已堆好的货垛端头也要及时苫盖;在货垛堆好后,堆垛作业人员离开前,必须苫盖妥当。无论天气如何,怕水湿货品都不能露天储存。

第五节 作业安全管理

作业安全涉及货品的安全、作业人员人身安全、作业设备和仓库设施等安全。作业安全是仓库的责任范围,如果出现问题,仓库则应承担全部责任。仓储作业安全管理是仓库经济效益管理的基本组成部分。

一 作业安全管理一般要求

仓库对安全管理应予以特别的重视，尤其是重视前期的预防管理，尽量避免发生作业事故。

(一) 加强劳动安全保护工作

劳动安全保护包括直接和间接对员工实行的人身保护措施。仓库要遵守《中华人民共和国劳动法》的劳动时间和休息规定，保证每日不超过 8 小时、每周不超过 44 小时的工时制度落实，依法安排加班，给员工足够的休息时间，包括合适的工间休息；提供合适和足够的劳动防护用品，如工作鞋、手套、工作服等，并督促作业人员使用和穿戴。

仓库应采用具有较高安全系数的作业机械、作业设备。作业工具应与作业要求相符合，作业场地必须具有合适的照明、通风、防滑、保暖等作业条件。作业人员不冒险作业，不在不安全环境中作业，遇到大风、雨雪影响作业时应暂缓作业，避免带伤病作业。

(二) 重视作业人员资质管理

仓库应对新参加仓库工作和转岗的员工，进行仓库安全作业教育和操作培训，保证上岗员工都掌握作业技术与规范。从事特种作业的员工必须经过专门培训并取得特种作业资格，且只能按证书规定的项目进行操作，不能混岗作业。安全作业宣传和教育是仓库的长期性工作，作业安全检查是仓库安全作业管理的日常性工作，仓库要通过严格地检查、不断地宣传，严厉地惩罚违章和忽视安全的行为，强化作业人员的安全责任意识。

(三) 健全安全操作管理制度

安全作业管理应成为仓库日常管理的重要项目。仓库可通过制定各项制度来保证管理的效果，例如，制定科学合理的作业安全制度和安全责任制度，并通过严格监督，确保员工能够有效并充分地执行制度。

二 仓库货品安全管理

（一）防失窃

仓库应防卫严密、严防盗窃。仓库大门、窗户应完好，人员离开时应锁门、关窗；贵重货品应特别储存并加锁。

（二）防燃爆

入库人员严禁携带烟火，非货品保管人员、搬运作业人员不得随意进入仓库；仓库内及附近应设有消防设备，并于适当位置张贴消防器材配置图；易爆易燃的危险性货品应与其他货品隔离保管，并于明显处标示"严禁烟火"；对长时间存放在库内的货品应定期检查（有无虫害、变形、受潮等）；仓库消防设施应齐全；仓库的电源线不得裸露，要严格用电管理。

（三）防杂乱

各项货品应按类别排列整齐，以"物料货位卡"标明货品名称及编号并绘制各类材料位置图；未经验收和正在验收中的货品和收料后的货品应分开存放；货品保管部门应凭货品收发单据办理货品收发作业，并登记"货品收发记录表"。

（四）防贬值

材料库应具备经检定合格的度量器具，并应随时校正，妥善保管，以免在验收材料时出现差异；度量器具至少每年需要做一次总校正；未按规定办理领料手续的，不得发料；易变质货品应以"先进先出"方式发放。

三 人力操作作业安全管理

只有劳动强度低的作业环节才能使用人力操作，并尽可能地采用人力机械作业。男工搬举货品每件不超过80kg，距离不大于60m；女工搬举货品每件不超过25kg，集体搬运时个人负荷不超过40kg。人力机械承重也有一定的限制范围，如人力绞车、拖车、滑车、手推车等承重不超过500kg。

作业环境要保障安全。作业前，作业员工应清楚明白作业要求，了解作业环境、危险因素和危险位置。必须有专人在现场严格按照安全规范进行作业指挥。作业人员应避开不稳定的货垛，不在散落、塌陷的位置及运行设备的下方等不安全位置作业；在作业设备调位时暂停作业；如果发生安全隐患应及时停止作业，待安全隐患消除后方可恢复作业。

作业人员应当按照要求穿戴相应的安全防护用具，使用合适的作业工具进行作业；采用安全的作业方法，不采用自然滚动、滑动、挖角、挖井等有危险的作业。人员在滚动货品的侧面作业时，要注意与机械的配合，在机械移动作业时，人员必须提前站到高处。

工间休息要安排合理。每作业 2 小时应至少有 10 分钟休息时间，每作业 4 小时应至少有 1 小时休息时间，并且依照人的生理需要适当进行调整。

四 机械作业安全管理

仓库应使用合适的机械、设备进行作业；尽可能采用专用设备作业，或者使用专用工具；使用通用设备作业的，设备必须要能满足作业需要，并进行必要的防护，如绑扎、限位等。

仓库所使用的设备必须具有良好的工况。特别是设备的承重机件，更应无损坏，符合使用的要求。设备应在允许负荷范围内进行作业，不超负荷运行。危险品作业需降低 25%负荷标准作业。

设备作业要有专人进行指挥。指挥人员应采用规定的指挥信号，按作业规范进行作业指挥。

在汽车装卸时，注意保持安全间距。汽车与堆物距离不小于 2m，与滚动货品距离不小于 3m。多辆汽车同时装卸时，直线停放的前后车距不得小于 2m，并排停放的两车侧板距离不得小于 1.5m。汽车装载应固定妥当、绑扎牢固。

载货移动设备不得载人运行。除了连续运转设备，如自动输送线，其他设备须在停止稳定后作业，不得在运行中作业。

移动吊车必须在停放稳定后作业。叉车不得直接叉运压力容器和未包装货品。移动设备在载货时须控制行驶速度，不高速行驶。货品不能超出车辆两侧 0.2m，禁止两车共载一物。

五 危险品装卸搬运安全管理

危险品的性质不稳定，仓库在所有作业过程中都必须预防燃烧、爆炸、中毒等事故，必须制定危险品的安全操作规程，并且严格遵守，所使用装卸搬运机具也必须符合安全要求。

危险品的装卸、搬运必须轻装轻卸，使用不发生火花的工具（用铜制或包铜的器具），禁止滚、摔、碰、撞、重压、震动、摩擦。对怕热、怕潮的危险品，在搬运时应采取必要的防护措施。装卸场地和道路必须平坦、畅通。如果夜间装卸，必须有足够亮度的安全照明设备。

在装卸、搬运操作时，工作人员应根据货品性质和操作要求，穿戴相应的防护用具（如工作服、防护镜、口罩、防毒面具、橡皮手套、橡皮围裙及套袖、橡皮鞋、鞋罩等），严防有害物质危害人体健康。

用过的各种防护用具，须及时清洗干净。储存腐蚀性货品的仓库附近应该设水池或冲洗设备，预防在操作中遇到包装破裂，人身沾染时，便于迅速浸水及冲洗解救。在对强毒害性、强腐蚀性和放射性危险品进行各项作业过程中，工作人员不宜随便饮食，确须饮食和休息时，均应用肥皂擦洗手脸。

六 电器设备使用安全管理

库内不准设置移动式照明灯具。照明灯具下方不准堆放货品，灯具垂直底部与储存货品水平高度之间不得小于 0.5m。仓库不准使用电炉、电烙铁、电熨斗等电热器具和电视机、电冰箱等家用电器。库内敷设的配电线路，需穿金属管或用非燃硬塑料管保护。

储存有危险品的库房的电气装置必须符合国家现行的有关爆炸危险场所电气安全规定，禁止使用碘钨灯和 60 瓦以上的白炽灯等高温照明灯具。当使用日光灯等低温照明灯具和其他防燃型照明灯具时，应当对镇流器采取隔热、散热等防火保护措施，确保安全。

库区的每个库房应当在库房外单独安装开关箱，保管人员在离库时，必须拉闸断电。仓库禁止使用不合规格的保险装置。高压线经过的地方，必须有安全措施和警告标志。高大建筑物和危险品库房，要有避雷装置。

仓库电器设备的周围和架空线路的下方严禁堆放货品，对提升、码垛等机械设备易产生火花的部位，要设置防护罩。

仓库的电器设备必须由持合格证的电工进行安装、检查和维修保养，电工应严格遵守各项电器操作规程。电器设备在使用过程中应有可熔保险器和自动开关。电动工具必须有良好的绝缘装置，使用前必须使用保护性接地。

第六节 仓储质量管理

一 仓储质量的含义与内容

（一）仓储质量的含义

仓储组织必须向客户及时地提供数量完整、质量完好的货品。因此，仓储质量可以被认为是仓储货品能够满足客户需要的程度。具体来说仓储质量特征表现为以下几点。

1. 存量大

仓库应增加有效利用面积，提高场地的利用率，尽可能地利用立体空间，通过合理安排减少场地空置，以能容纳更多的货品。

2. 进出快

进出快有两方面的意思，一方面为货品进出库作业效率高、时间短；另一方面为货品周转速度快，货品滞库时间短。

3. 保管好

仓库具有适合货品保管的条件，具有科学合理的保管方案、管理制度和有针对性的保管措施；员工认真进行保管作业；货品在仓库内堆垛稳固、摆放整齐、查询方便，账、卡、证、物一致，货品随时能以良好的状态出库。

4. 耗损少

没有发生货品残损和变质等各类保管、作业事故。货品自然耗损控制在最低的程度，意外事故和不可抗力所造成的损失最小。整体货损货差率降到最低。散落货品能及时良好回收，受损货品能及时得到维护。

5. 费用省

通过节省开支、消除无效作业、充分利用生产要素、开展规模化经营，仓库的仓储成本降低，客户所要支付的费用减少。避免产生不合理的、损害社会效益的费用。

6. 风险低

仓储风险包含两点，一是仓储保管人承担的风险，如仓储物损害的赔偿；二是存货委托人承担的风险，如不可抗力造成的仓储物损害。仓储风险质量目标就是彻底消灭仓储保管操作风险，尽可能减少委托人承担风险的仓储物损失。

7. 服务优

服务质量是仓储的生命力，是客户接收仓储服务的前提条件。服务水平是一项软指标，不同的消费者有不同的服务要求。仓库要保证仓储服务水平，就必须建立服务标准，以便让所有员工都遵守规章制度；对外服务协议化，让客户明确所能享受的服务水平，让客户知道物有所值；更重要的是针对消费者对服务的无止境需求，通过协议明确限定服务范围，以防止发生服务纠纷。

（二）仓储质量内容

仓储过程并不仅仅是消极地保护仓储对象，还可以采用流通加工等手段改善和提高货品的质量。因此，仓储过程在一定意义上也是货品质量的形成过程。

1. 仓储服务质量

仓储业务有极强的服务性质，服务内容随用户的要求不同而不同，仓库要了解和掌握用户的需求，如：货品质量的保持程度；流通加工对货品质量的提高程度；配送方式的满足程度；成本及仓储费用的满足程度；相关服务（如信息提供、索赔及纠纷处理）的满足程度。

当然，对服务的满足不能是消极被动的，有时候客户提出的某些服务要求，由于"效益背反"的作用，会增加成本或出现别的问题，这对客户实际是有害的，盲目满足客户各种要求不是服务质量高的表现。

2. 仓储工作质量

仓储工作质量指的是对仓储各环节（如验收、装卸搬运、保管、出库等）的质量的保证。这是相对于企业内部而言的，是在一定的标准下的仓储质量的内部控制。

提高仓储工作质量应在搬运方法、搬运设备、设施与器具上狠下功夫，如加工件应固定在工位器具内，以免磕碰等。仓储工作质量和服务质量既有区别，又有联系，仓储服务质量水平主要取决于仓储工作质量。因此，工作质量是仓储服务质量的保证和基础。

3. 仓储工程质量

仓储质量不但取决于工作质量，而且取决于工程质量。我们把在仓储过程中对产品质量发生影响的各种因素（人的因素、制度因素、设备因素、工艺因素、计量与测试因素、环境因素等）统称为"工程"。很明显，提高工程质量是仓储质量管理的基础工作，能提高工程质量，就能做好"预防为主"的质量管理。

二、仓储质量管理的概念与原则

（一）仓储质量管理的概念

仓储质量，笼统来说就是仓储的使用价值。仓储能被社会接受的质量特征，包括经济性、功能性、时间性、安全性、舒适性等。

仓储质量管理是为了实现仓储的质量特征所开展的计划、组织、控制和协调活动，包括制定质量标准，实现质量标准的实施方案，组织力量实施质量的保证方案，在实施过程中开展严格的控制、监督、约束，做好人员、部门间的协调和信息沟通，不断调整和优化在实施过程等。

（二）仓储质量管理的基本原则

1. 全面管理

现代企业质量管理最基本的方法就是开展全面质量管理。仓储的全面质量管理是以仓储产品的质量为中心，以最优的质量、最低的消耗、最佳的服务使客户满意为目标，运用一定的组织体系和科学的管理方法，动员、组织各部门和全体员工共同努力，在仓储的各个环节上对影响仓储质量的因素进行综合处理的行为。全面质量管理包括四个方面。

(1) 质量管理的对象是全面的。包括仓库设计规划、仓储计划、仓储作业、仓储管理、财务管理、人力资源管理、设备管理等方面。

(2) 质量管理是全过程的管理。从市场宣传、商务磋商到仓储安排、接收货品、仓储作业、货品包装、货品交付、客户联系的全过程都要实施全面质量管理。

(3) 仓储全面质量管理是一种全员的管理。直接参与仓储活动的部门及人员和支持部门及人员，企业的高层领导及基层员工全部都要参与管理，全体员工都要具有高度的质量意识，充分发挥主动性和创造性，以确保产品质量。

(4) 质量管理的方法是系统的。对于整个仓储活动的质量管理，需要依据统一的质量标准和质量体系，所有部门、人员都有相应的质量责任要求。

2. 以防为主

质量管理的基本要求是仓储的一切活动都是为了满足客户的需要。质量管理需要建立有效的质量管理体系，采取严格的质量责任制，通过事先控制、以防为主来保证质量，形成质量管理和保证的系统。充分利用质量控制和管理的现代技术和手段，事先发现问题，提前进行控制，确保仓储质量。

3. 细节着手

质量管理是一项系统的工作，要有规划地进行。企业要重视对细节的质量管理，从仓储现场工作入手，通过一系列小变革解决小问题，进入质量提升的良性循环，使整体质量不断提高，节约质量管理成本。

三、仓库质量管理的基本方法

（一）排列图法

质量管理专家约瑟夫·朱兰把 ABC 分析法应用在质量管理上，提出了排列图分析法，该方法成为寻找影响产品质量因素的一种有效方法。排列图有两个纵坐标、一个横坐标、几个直方形和一条曲线。左边的纵坐标表示频数（件数、金额等），右边的纵坐标表示频率；横坐标表示影响质量的各个因素，并按影响程度从小到大，从左到右排列；直方形的高度表示某个因素影响的大小，曲线表示各个影响因素大小的累计百分数，被称为"帕累特曲线"。通常按累计百分数可将影响因素分为 3 类：0%~80% 为 A 类，在累计百分数 80% 以内的各因素，显然是主要因素；累计百分数在 80%~90% 的为 B 类，是次要因素；累计百分数在 90%～100% 的为 C 类，是一般因素。

例如：某仓库对所储存货品因丢失、损坏等质量事故而发生的赔偿费进行统计，各类赔偿费数据如表 6-1 所示，其排列如图 6-1 所示。

表 6-1　各类赔偿费的相关数据

赔偿费类别	代号	赔偿金额（千元）	单项百分比（%）	累计百分比（%）
金属锈蚀降价	A	7.5	32.6	32.6
装卸损坏	B	6	26.1	58.7
差错事故损失	C	5	21.7	80.4
丢失	D	3	13.1	93.5
其他	E	1	6.5	100.0
合计		23	100.0	

由排列图可以看出：影响储存货品质量的主要因素是锈蚀、摔坏和差错事故，这 3 个因素占累计百分数的 80.4%，这样就找出了影响该库质量问题的主要因素，仓库应及时采取措施，重点控制。

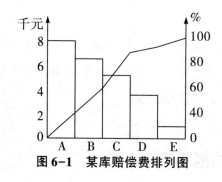

图 6-1　某库赔偿费排列图

（二）相关图法

相关图又称散布图，是表示两个变量之间关系的图，用于分析两个测定值之间的相关关系。将两种有关数据列出，并用坐标点填在坐标纸上，对数据的相关性进行直观地观察分析，可以得到定性的结论。

1. 强正相关

当因素的数值增大时，质量特性值也显著提高，点子的分布呈直线状。这表示因素和质量之间有强的正相关关系。

2. 弱正相关

当因素的数值增大时，质量特性值也有提高，但点子的分布比较分散。这表示因素和质量之间有弱的正相关关系。

3. 不相关

当因素的数值增大时，产品质量不一定增大，也不一定下降，点子的分布很分散。这表示这种因素和产品质量没有相关关系。

4. 弱负相关

当因素的数值增大时，质量特性值下降，但点子的分布比较分散。这表示因素和质量之间有弱的负相关关系。

5. 强负相关

当因素的数值增大时，质量特性值显著下降，点子的分布呈直线状。这表示因素和质量之间有强的负相关关系。

6. 非线性相关

当因素的数值增大时，质量特性值开始提高，后来却下降，点子的分布呈曲线状。这表示因素和质量特性值之间是曲线相关关系。

仓储管理经常需要处理以下几种关系，例如，进出库成本与作业量之间的关系，仓储成本与维护量之间的关系，空气温度与易挥发货品损耗间的关系等等。图 6-2 表示空气温度变化与某些化工品挥发损耗量之间的关系。

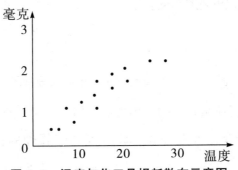

图 6-2 温度与化工品损耗散布示意图

●（三）统计分析表

统计分析表又称检查表、统计调查表，是利用统计报表来进行数据整理和粗略原因分析的一种工具。因调查的质量问题不同，它可采取不同的格式，一般根据工作需要自行设计。

在使用统计分析表时,应将问题、原因、缺陷等按类别记录在表上,进行汇总分析。例如,"货品维护保养情况月报表"分别对除锈喷油、直接喷油、苫垫、翻垛等项目进行记录和汇总,直接反映仓库对库存货品的各种维护情况;又如"储运业务货损、货差事故月报表"分别按事故类别"少发、多发、串发、验错、丢失、串装、保管事故、装卸搬运损坏"等项目进行记录和汇总,从中找出储运业务货损、货差的主要原因,从而为改进工作指明了方向。

(四)因果分析图

因果分析图,又称特性因素图、石川图、树枝图或鱼刺图。在生产过程中出现的质量问题,往往是多种因素综合影响的结果。用此图可以对重要影响因素加以分析和分类,搞清因果关系。其基本分析思路可从"人员、设备、原料、方法、环境"五个方面入手,例如,某仓库金属锈蚀的因果分析情况如图6-3所示。

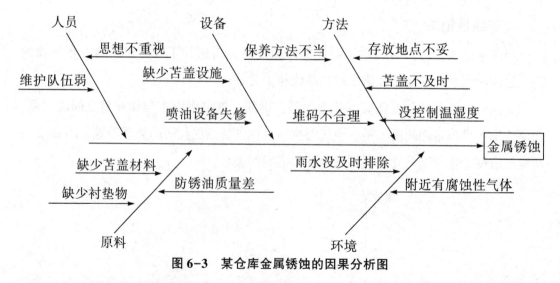

图6-3 某仓库金属锈蚀的因果分析图

上面介绍了几种进行质量管理的常用方法,但要想解决仓储质量问题,不断提高仓储质量,还需要结合仓储专业知识,即掌握仓储管理的技能,以保障仓储管理质量。

◆ 本章小结 ◆

　　仓储安全管理包括人身安全、货品安全和设备安全管理，是开展仓储生产经营业务的基本保障。仓库治安保卫管理是指通过建立健全治安保卫管理组织、治安保卫管理制度，落实各项治安防范措施等来保护仓库财产安全。仓库消防安全管理是对仓库火灾的管理，必须坚持"以防为主，防治结合"的消防方针。防火和灭火工作的基本原理就是要使可燃物、助燃物、着火源三者分离，不相互发生作用。台风和雨湿是造成仓库货品损害，特别是我国南方地区仓库货品损害的重要因素，企业应建立一定组织和采取一定措施加以防范。仓库作业安全涉及货品安全、人身安全、作业设备和仓库设施等安全，仓库作业安全管理应遵循相应的安全管理规定。仓储质量管理是为了实现仓储产品的质量特征所开展的计划、组织、控制和协调活动，仓储质量管理要遵循全面管理、以防为主、细节着手的基本原则，并采取适当的质量管理方法。

■ 案例分析 ■

一次失效的动火作业许可流程

　　2016年4月21日，江苏省靖江市某仓储公司的员工许某找到邵某，申请4月22日的动火作业。邵某在《动火作业许可证》"分析人""安全措施确认人"两栏无人签名的情况下，直接在许可证"储运部意见"栏中签名，并将许可证直接送公司副总经理朱某签字，朱某直接在许可证"公司领导审批意见"栏中签名。当天许某将许可证送到安保部，安保部巡检员刘某在未对现场可燃性气体进行分析、确认安全措施的情况下，直接在许可证"分析人""安全措施确认人"栏中签名，并送给安保部副主任何某签字，何某在未对安全措施检查的情况下直接在许可证"安保部意见"栏中签名。

　　4月22日8时，许某到安保部领取了21日审批的《动火作业许可证》，许可证

"监火人"栏中无人签字。8时10分左右,申某开始在2号交换站内焊接2301管道接口法兰,许某在站外预制管道内。安保部污水处理操作工夏某到现场监火。8时20分左右,申某焊完法兰后到站外预制管道,许某到站内用乙炔焰对1302管道下部开口。因割口有清洗管道的消防水流出,许某停止作业,等待消防水流尽。在此期间,邵某对作业现场进行过一次检查。8时30分左右,安保部巡检员陈某、陆某巡查到2号交换站,陆某替换夏某监火,夏某去污水处理站监泵,陈某继续巡检。9时13分左右,许某在继续对1302管道开口时,引燃地沟内可燃物,火势在地沟内迅速蔓延,瞬间烧裂相邻管道,由于可燃液体外泄,2号交换站全部过火。10时30分左右,2号交换站上方管廊起火燃烧。10时40分左右,交换站再次发生爆管,大量汽油向东西两侧道路迅速流淌,瞬间形成全路面的流淌火。12时30分左右,2号交换站上方的管廊坍塌,火势加剧。经现场应急处置和救援,至23日2时4分,历时近17个小时,现场明火被扑灭。事故导致1名消防战士在灭火中牺牲,直接经济损失2532万元。

(资料来源于网络,文字有删改)

问题讨论

1. 该仓储公司在安全管理方面存在哪些问题?
2. 公司应如何保障仓储安全管理制度落到实处?

复习思考题

1. 仓储安全管理的要求有哪些?
2. 仓储应建立哪些治安保卫管理制度?
3. 简述火灾产生的原因。
4. 简述不同类型的火灾应采用的对应方法。
5. 仓库抗台风的具体措施有哪些?
6. 仓库有哪些基本的防雨湿方法?
7. 仓库安全作业管理有哪些一般要求?
8. 仓库质量管理应遵循哪些原则?

实训题

熟悉灭火药剂和器材。模拟仓库失火场景，组织学生扑救火灾。通过实训，学生应掌握不同类型的火灾所采用的灭火方法。

第七章

特殊货品仓储管理

现代物流采购管理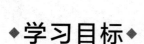

◆学习目标◆

通过本章学习，学生要掌握危险品的概念和保管要求，了解油品变质的原因，熟悉油品仓库管理的基本措施，理解冷库工作的基本原理，熟悉冷库仓储管理的基本环节和内容，了解粮食储存困难的原因，掌握常见的粮食贮藏方法与粮库安全管理措施。

开篇案例

内蒙古自治区建立全国首座低温粮食应急仓储设施

2012年5月10日，内蒙古自治区呼和浩特市低温成品粮库破土动工，其建设规模为1.5万吨，项目总投资2432万元，建筑面积10400平方米。该项目按照《成品粮应急储备库建设设计要点》设计，具有四层框架结构、多层主体仓房、可控低温存储和电梯与叉车相结合的现代化仓储设施。2012年10月，在已经完成土建工程的基础上，该粮库通过了呼和浩特市质检部门的主体验收，设备安装调试基本结束。

便捷的成品粮油进仓设施与快速螺旋溜槽出仓的专用设计体现了市场供应的应急需要，载货电梯的上下运行与电瓶叉车的托盘货架尽显成品库内的高效物流，智能操作的低温设备与通风检测的结合满足了成品粮存储保鲜的品质要求。该项目的建成，实现了内蒙古自治区粮食成品库建设史上的突破，也为全国其他大中城市建设低温成品粮库提供了宝贵经验。

（资料来源：国家粮食和物资储备局，文字有删改）

第一节 危险品仓储管理

一、危险品的概念与种类

(一) 危险品的概念

危险品又称"危险化学品",它是指在流通中,由于本身具有的燃烧、爆炸、腐蚀、毒害及放射等性能,或由于摩擦、振动、撞击、暴晒或温湿等外界因素的影响,能够发生燃烧、爆炸或导致人畜中毒、表皮灼伤,以至危及生命,造成财产损失等危险性的货品。它主要包括化工原料、化学试剂和部分医药、农业杀虫剂及杀菌剂等。

(二) 危险品的种类

化学危险品按不同危险性可以分为10类:爆炸性货品;氧化剂和有机过氧化物;压缩气体和液化气体;自燃货品;遇湿水燃烧货品;易燃液体;易燃固体;毒害性货品;腐蚀性货品;放射性货品。

延伸阅读

危险货物与化学危险品的区别

1. 提出部门不同

《危险货物品名表》(GB12268-2005,以下简称《品名表》)是由中国国家标准化管理委员会等参与编辑和发布的。《危险化学品目录》(以下简称《目录》)是由国务院安全生产监督管理部门会同其他相关单位,根据化学品危险特性的鉴别和分类标准确定、公布、并适时调整的。

2. 适用范围不同

《品名表》主要列入了在运输过程中最常见的危险货物。而《目录》主要侧重于生产、储存、使用、经营过程，它列入的是危险化学品。

3. 定义不同

按照《危险货物分类与品名编号》，危险货物的定义为："凡具有爆炸、易燃、毒害、腐蚀、放射性等性质，在运输、装卸和储存保管中，容易造成人身伤亡和财产损毁而需要特别防护的货物，均属危险货物。"按照《危险化学品安全管理条例》（国务院令第591号），危险化学品定义为："本条例所称危险化学品，是指具有毒害、腐蚀、爆炸、燃烧、助燃等性质，对人体、设施、环境具有危害的剧毒化学品和其他化学品。"因此，从上述危险货物和危险化学品概念和范围的划分，可以看出，在危险货物的范围中有危险化学品，但不全是危险化学品；有些货物不属于危险化学品，但属于危险货物。

二 危险品仓储基本要求

（一）危险品仓库选址

危险品仓库需要根据危险品的危害特性，依据政府的市政总体规划，选择合适的地点建设。危险品仓库必须远离四周其他建筑物，要根据危险品的不同性能选择适宜的储存场所，一般建在郊区较为空旷的地区，远离居民区、供水源、主要交通干线、农业保护区、河流、湖泊等，在当地常年主导风向的下风处。建设危险品仓库必须获得政府经济、环保、安全等部门的审批。

（二）危险品仓库构筑

危险品仓库的建筑结构需要根据危险品的危险特性和发生危害的性质，采用妥善的建筑形式，并取得相应的许可。建筑和场所需根据危险化学品的种类、特性，设置相应的监测、通风、防晒、调温、防火、灭火、防爆、泄压、防毒、消毒、防潮、防雷、防静电、防腐、防渗漏或者隔离等安全设施、设备。仓库的设施、设备要符合国家安全及消防标准的要求，并设置明显标志。

（三）设备使用管理

储存危险品的仓库实行专用仓库的使用制度，设施和设备不能用于其他用途。各种设施和设备要按照国家相应标准和有关规定进行维护、保养，定期检测，保证符合安全运行要求。对储存剧毒化学品的装置和设施要每年进行一次安全评价；对储存其他危险品的装置和设施要按规定定期进行安全评价。在评价中不符合要求的设施和设备应停止使用，立即更换或维修。

（四）库场使用管理

危险品必须储藏在专用仓库、专用场地或者专用储藏室内。对危险品专用仓库的要求，不仅包括专区专用，还包括不同种类的危险品应分类存放在不同的专用仓库，各仓库存放确定种类的危险品。与建立危险品仓库需经管理部门批准一样，危险品仓库改变用途，或改存其他危险品，也需要相应的管理部门审批。

危险品的危害程度还与危险品的存放数量有关，仓库需要根据危险品的特性和仓库的条件，确定各仓库的存量。

三 危险品保管工作

（一）严格和完善的管理制度

为了保证危险货品仓储的安全，仓库需要依据危险品管理的法律、法规，根据仓库的实际情况和危险品的特性，制定严格的危险品仓储管理的各类安全制度、责任制度、安全操作规程，并在实践中不断完善。仓库需要制定的管理措施主要有：危险货品管理规则、岗位责任、安全防护措施、安全操作规程、装卸搬运方案、保管检查要求、垛型和堆积标准、验收标准、残损溢漏处理程序、应急措施等。

从事危险化学品生产、经营、储存、运输的人员，以及危险化学品的使用者、处置废弃危险化学品的人员，必须接受有关法律、法规和安全知识、专业技术、职业卫生防护和应急救援知识的培训，并经考核合格后，方可上岗作业。

（二）出入库管理

危险货品进入仓库，仓库管理人员要严格把关，认真核查品名标志，检查包装，清点数量，细致地做好核查登记工作。对于品名、性质不明或者包装、标志不符及包装不良的危险品，仓库有权拒收，或者依据残损处理程序进行处理，未经处理的包装破损的危险品不得进入仓库。剧毒化学品实行双人收发制度。

危险货品在出库时，仓库需认真核对危险货品的品名、标志和数量，协同提货人、承运司机查验货品，确保按单发货，并做好出库登记，详细记录危险货品的流向、流量。提货车辆和提货人员一般不得进入存货区，而由仓库搬运人员将应发货品送到存货区外的发货场。柴油车及无安全装置的车辆不得进入存货区，提货车辆装有抵触性货品的，不得进入库区配货装运。

● （三）货位选择和堆垛

危险品的储存方式、方法与储存数量必须符合国家标准。仓库管理人员要根据国家标准及管理制度，危险品的危险特性、包装，合理选择存放位置；根据危险货品保管要求，妥善安排符合相应通风、遮阳、防水、湿度、控温条件的仓库或堆场货位。仓库要根据危险品的性质和包装确定合适的堆放垛型和货垛大小，其中，桶装危险品堆放高度不得超过 3 个桶高，袋装危险品不得超过 4 米。库场内的危险货品之间以及和其他设备之间须保持必要的间距，其中：货垛顶距离灯具不小于 1 米；货垛距离墙不小于 0.5 米；货垛之间不小于 1 米；消防器材、配电箱 1.5 米范围内禁止堆货或放置其他货品；仓库内的消防通道宽度不小于 4 米，货场内的消防主通道宽度不小于 6 米。

危险货品要堆叠整齐、堆垛稳固、标志朝外，不得倒置。货堆头悬挂标有危险品编号、品名、性质、类别、级别、消防方法的标志牌。

● （四）安全作业

危险品在装卸作业前，仓库应详细了解所装卸危险货品的性质、危险程度、安全和医疗急救措施等，并严格按照有关操作规程和工艺方案执行作业。仓库应根据货品性质选用合适的装卸机具，在装卸易爆货品时，装卸机械应安置火星熄灭装置，禁止使用非防爆型电气设备；作业前应对装卸机械进行检查，装卸搬运爆炸品、有机过氧化物、一级毒害品、放射性货品，装卸搬运机具应按额定负荷降低 25% 使用。作业人员应穿戴相应的防护用品。夜间装卸作业危险货品，应有良好的照明，装卸易燃、易爆货品应使用防爆型的安全照明设备。作业现场须准备必要的安全和应急设备和用具。

危险品包装破损或包装不符合要求的，要暂停作业，待妥善处理后方可作业。

危险品只能委托有危险品运输资质的运输企业承运。不符合条件的运输工具禁止作业。

（五）妥善保管

危险品仓库实行专人管理。剧毒化学品实行双人保管制度。仓库存放剧毒化学品时，须向当地公安部门登记备案。

仓库管理人员应遵守库场制度，坚守岗位，根据制度规定，定时、定线、定项目、定量地进行安全检查和测查，采取相应通风、降温、排水、排气、增湿等保管措施。

仓库应严格限制闲杂人员入库，在接待委托人抽样时，应详细查验证件和认真监督，严格按照操作规程操作。

危险货品在提离后，仓库应及时清扫库场，将底货、地脚货、垃圾集中于指定的地点且妥善处理，并进行必要的清洗、消毒处理。

（六）妥善处置

对于废弃的危险品、危险品废弃物、底货、地脚货、垃圾以及仓库停止作业时的存货、容器等，仓库要采取妥善处置措施，如随货同行、移交、封存、销毁、掩埋等无害处理措施，不得留有事故隐患，并将处置方案在相应管理部门备案，接受管理部门的监督。剧毒危险品发生被盗、丢失、误用情况时，应立即向当地公安部门报告。

四 危险品应急处理

应急处理是指发生危险品事故时的处理安排。危险品仓储必须根据库存危险品的特性、仓库的条件以及法律法规和国家行政机关的要求，制定仓储危险品应急措施。

应急措施包括发生危害时的措施安排和人员的应急职责，具体包括危险判定、危险事故信号、汇报程序、现场紧急处理、人员撤离、封锁现场、人员分工等。

应急措施要作为仓库工作人员的专业知识，让每一位员工都了解自己的职责，务必熟练掌握操作技能。

仓库应该定期组织员工开展应急措施演习。当人员有变动时，要及时进行演习。

延伸阅读

危险品撒漏的应急处理

1. 爆炸性货品

对爆炸性货品撒漏物,应及时用水湿润,再撒以锯末或棉絮等松软货品收集后,保持相当湿度,报请消防人员处理,绝对不允许将收集的撒漏物重新装入原包装内。

2. 氧化剂和有机过氧化物

在装卸过程中,因包装不良或操作不当而使氧化剂撒漏时,工作人员应将漏撒物轻轻扫起,另行包装,但不得同车发运,须将撒漏物留在安全地方,将泼洒现场清扫干净。

3. 压缩气体和液化气体

发现气瓶漏气时,特别是有毒气体漏气时,工作人员应迅速将气瓶移至安全处,并根据气体性质做好相应的防护,人站在上风处,将阀门旋紧。大部分有毒气体能溶解于水,遇紧急情况时,可用浸过清水的毛巾捂住口鼻进行操作。若不能制止,则应迅速疏散人员并及时通知相关部门处理。如果气瓶周边有水渠,则可尝试将气瓶推入水中以延缓有毒气体挥发速度。

4. 易燃液体

当易燃液体撒漏后,工作人员应及时用砂土或松软材料覆盖吸附,将易燃液体集中至空旷安全处处理。覆盖时,要注意防止液体流入下水道、河道等地方,以防污染环境。

5. 自燃货品、易燃固体和遇湿易燃货品

上述货品可以收集起来另行包装。收集的残留物不能任意排放、抛弃。对遇水反应的撒漏物在处理时不能用水,但在清扫时可以用大量的水冲刷清洗现场。

6. 毒害性货品和感染性货品

固体毒害性货品及感染性货品,可在清扫收集后装入容器中;液体毒害性货品及感染性货品应用棉絮、锯末等松软物浸润,吸附后收集,盛入容器中。

7. 腐蚀性货品

液体腐蚀性货品应用干砂、干土覆盖吸收,先清扫干净,再用水洗刷;大量溢出时,可用稀酸或稀碱中和,中和时,要防止发生剧烈反应。用水洗刷撒漏现场时,只能轻轻地浇洗或用雾状水喷淋,以防水珠飞溅伤人。

第二节 油品仓储管理

一、油品的性质与储存容器

(一)油品的性质

油品也称"石油产品",是以石油或石油成分中的某一部分作原料生产出来的各种货品的总称。根据组分的轻重,油品可分为液化石油气、汽油、煤油、柴油、润滑油、沥青等。

石油的主要组成元素为碳氢元素,含有少量氧、氮、硫、磷和微量氯、碘、砷、硅、钠、钾等元素,它们都以化合物的形式存在。石油不是单一化合物,而是由几百种甚至上千种化合物组成的混合物,主要成分有以下几种:

烃类有机物(烷烃、环烷烃和芳香烃);

非烃类有机物,即烃的衍生物,这类化合物的分子中除含有碳氢元素外,还含有氧、硫、氮等,其元素含量虽然很少,但对油品质量的影响是不可忽视的,大部分需要在加工过程中脱除;

除含有机物外,石油还夹杂有少量的无机物,主要是钠、钙、镁的氯化物,硫酸盐、碳酸盐以及少量泥污、铁锈等,它们的危害主要是增加原油的黏度,增加储运能量的消耗,加速设备的腐蚀和磨损等。

石油是一种黏稠状的可燃性液体矿物油,颜色多为黑色、褐色或绿色,少数有黄色,一般情况下比水轻。

(二)油品的储存容器

油品在油库储存,通常是分门别类地储存在不同油罐内。

油罐按建筑形式分为地下式、半地下式及地上式三种类型。地下式油罐的最高液面应低于附近地面最低标高0.2米;半地下式油罐的罐底埋入地下深度不小于罐高的一半,且罐内的最高液面比邻近地面高小于0.2米;地上式油罐的油罐底不低于邻近地面最低标高,同时油罐的埋入深度小于其高度一半。

油罐按建造材料分为金属油罐及非金属油罐。金属油罐是应用最广泛的储油容器,它具有安全可靠、施工方便、适宜储存各种油品等优点。目前,金属油罐主要有拱顶油罐、浮顶油罐。拱顶油罐被广泛用于储存除液化气外的各种原料油、成品油等。拱顶本身是承重结构,罐内没有桁架和立柱,结构比较简单,钢材用量较少,承压能力也较高。浮顶油罐的特点是顶盖直接放在油面上,随油品收发上下浮动,因此,除了顶盖和灌壁之间的部分环形空间外,几乎全部消灭了气体空间,从而大大减少了油品的蒸发损耗。浮顶油罐被广泛应用于储存原油,建造容积一般在5000立方米以上。目前,大型原油浮顶油罐容积已达150000立方米。

延伸阅读

为什么浮顶油罐比较安全?

拱顶油罐的罐顶与罐壁是焊接固定的,随着气温的变化、罐内液面的升降,常有空气吸进罐内,油气呼出罐外,这不仅增加了油品的损耗,也增加了火灾危险性。

浮顶油罐的罐顶可以上下浮动,四周用耐油橡胶密封圈以弹簧压紧在罐壁上。罐顶紧贴着油面,油面升高,罐顶跟着上升;油面降低,罐顶跟着下降。这种油罐不用装呼吸器,比拱顶油罐能大大减少油品的损耗,也比较安全。即使油罐着火,一般也只限制在罐顶与罐壁之间一条20厘米左右的密封圈上,比一般油罐容易扑灭。

浮顶油罐虽然比拱顶油罐安全,但是也仍存在一些缺点:罐顶与罐壁之间的密封圈并不绝对密封,罐顶上有出气孔,因此,仍有少量的油气挥发。近年来,经过改进结构,内浮顶油罐被创造了出来,它基本上克服了上述缺点。这种油罐的外表与普通拱顶油罐差不多,但罐内也装上浮顶,因此,被叫作"内浮顶"。因为拱顶是固定的,浮顶是活动的，所以在一般情况下，内浮顶与拱顶之间总保持一定的空间。当油品从浮顶下呼出油气时，气体一般仍停留在拱顶以下的空间内；当油品吸气时，又把气体吸入。贮存在内浮顶油罐内的油品损耗量很少，比一般油罐至少减少80%，发生火灾、爆炸的危险性也大大减小。

为了便于生产管理，保证安全，油罐应设置温度、液位等控制仪表及报警装置。为了保证正常工作，油罐应设置必要的附件。附件主要有梯子、栏杆、入孔、透光孔、量油孔、进出油短管、机械呼吸阀、液压阀、放水低阀、防火泡沫箱等。为了保证安全，油管还装有静电接地装置。大容积地面油罐还应装有避雷针。

二 油品储存变质的原因与保证

（一）油品储存变质的原因

油品在储存过程中质量可能会发生变化。油品质量变化的内在原因是氧化、蒸发、添加剂失效和析出等；外部因素则是杂质混入，如水、异种油品、机械杂质等混入造成的污染。前者称为"老化"，后者称为"污损"，统称为"油品变质"。

1. 蒸发与氧化

一些油品，特别是汽油、溶剂油等，蒸发性较强。由于蒸发，除大量的轻组分损失外，油品的理化性质也会变化，如10%馏出温度的升高、饱和蒸气压和辛烷值降低等，都会使油品质量降低。如在7℃~48℃范围内，在有透气阀的露天油罐中储存70号汽油，10个月后10%馏出，温度增高约10℃，饱和蒸气压也随之下降；皂化溶剂油中的酒精在蒸发后会使油品的乳化性能变差等。

油品在储存及使用过程中难免会与空气中的氧接触，特别是在温度较高且有金属催化作用时，容易氧化。油品老化的最重要的原因就是氧化，油品氧化，首先是生成酮、醇、醚等含氧有机物，继而生成有机酸（包括溶于水的低分子有机酸和溶于油的高分子有机酸）。腐蚀产物可进一步加速油品的老化，油品深度氧化的结果是生成缩合物，其中包括胶质、沥青质、油泥及其他沉淀物。

2. 水杂污染

油品中的水杂，绝大部分是在运输、装卸、储存过程中混入的。在全部因储存变质的油品中，由于混入水杂而使油品质量不合格的占绝大部分。混入油品中的各种机械杂质除会堵塞滤清器和油路，造成供油故障外，还会增加机件磨损，甚至造成摩擦表面刮伤等不良后果。混入油品中的水能腐蚀机件（水在低温条件下冻结后也会堵塞油路）；水的存在会使一些添加剂（如清净分散剂、抗氧抗腐剂、抗爆剂等）分解或沉淀，从而失效；有水存在时，油品的氧化速度加快，胶质生成量也加大。

3. 混油污染

不同性质的油品不能混合，否则会使油品质量下降，严重时会使油品变质。特别是各种中高档润滑油，含有多种特殊作用的添加剂，当含有不同添加剂的油品相混时，就会影响油品的使用性能，甚至会使添加剂沉淀变质。如在润滑油中混入轻质油，就会降低闪点和黏度；在柴油中混入汽油，会使柴油的闪点降低和燃烧性能变差；在溶剂油中混入车用汽油，会使馏程不合格并增加毒性。

● **（二）油品储存质量的保证**

1. 降低油库温度，减少温差

因为温度高时，油品蒸发量大，氧化速度也快，所以要选择阴凉地点存放油品，尽量减少或防止油品受到阳光暴晒。在油罐外表喷涂银灰色或浅色的涂层，可以反射阳光，降低油温。为减少油品与空气接触面积，减少蒸发，应多用罐装，少用桶装。在炎热季节，仓库应喷水降温。有条件时，应尽量使用地下、半地下仓库或山洞储存油品，以降低储存的温度，延缓油品氧化和胶质增长的速度。

2. 饱和储存，减少气体空间

油罐上部气体空间容积越大，油品越易蒸发损失和氧化。为此，油罐除根据油温变化，留出必要的膨胀空间（即安全容量）外，应尽可能装满。对储存期较长且装油量不满的油罐中的油品，要适时倒装合并。

3. 减少与铜和其他金属接触

各种金属，特别是铜，能诱发油品氧化变质。实验证明，铜能使汽油氧化和胶质增长的速度加快6倍。因此，油罐内部不要用铜制零部件。油罐内壁涂刷防锈层可以较好地避免金属对油品氧化所起的催化作用（涂层还能防止金属氧化锈蚀），减缓油品变质的进程。

4. 减少与空气接触，尽可能密封储存

密封储存油品，具有减少油品蒸发损失，保证油品清洁，延缓油品氧化变质，减

轻容器锈蚀等优点。密封储存对于润滑油较为适宜，特别是高级润滑油和特种油品，必须采用密封储存，以减少油品与空气接触和防止污染物侵入。对于蒸发性较大的汽油、溶剂油等，则要采用内浮顶油罐储存，以降低蒸发损耗和延缓氧化。据测定，用内浮顶罐储存汽油，可减少蒸发损失80%~95%，同时，可减少环境污染和降低火灾、爆炸事故的概率。

5. 保持储油容器清洁干净

在向油罐或油桶内装油前，工作人员必须认真检查罐、桶内部，清除水杂等污染物质，不清理干净不灌装。储油罐内壁应涂刷防腐涂层，以避免铁锈落入油中。一般可使用生漆、呋喃树脂或环氧树脂等涂料进行涂刷，防锈效果较好。

6. 加强听装、桶装油品的管理

桶装油品要配齐胶圈，拧紧桶盖，尽量入库存放，露天存放的要卧放或斜放，防止桶面积水。应避免在风沙、雨雪天或空气中尘埃较多的条件下露天灌装作业，以防水杂侵入。雨雪过后，应及时清扫桶上的水和雪；定期擦去桶面尘土，并经常抽检桶底油样，如有水杂应及时抽掉。听装油品及溶剂油、高档润滑油、润滑脂等严禁露天存放。

7. 定期检查储油罐底部状况并清洗储油容器

油品储存的时间越长，氧化产生的沉积物越多，对油品质量的影响越严重。因此，必须每年检查罐底一次，以判断是否需要清洗油罐。轻质油和润滑油储罐一般三年清洗一次，重柴油储罐一般两年半清洗一次。

8. 定期抽检库存油品，确保油品质量

为确保油品质量，防止油品在保管过程中质量发生变化，仓库要定期对库存油品抽样化验。桶装油品每六个月复验一次，罐存油品可根据周转情况每三个月至一年复验一次。对于易变质、稳定性差、存放周期长的油品，应缩短复验周期。

三 油库仓储安全管理

（一）防止燃烧与爆炸

1. 控制可燃物

对在装卸油品操作中发生的跑油、冒油、滴油、漏油、溢油等情况，应及时清除

处理;严禁将油污、油泥、废油等倒入下水道排放,应收集放于指定的地点,妥善处理;油罐、库房、泵房、发油间以及油品调和车间等建筑物附近,要清除一切易燃物,如树叶、干草和杂物等;用过的沾油棉纱、油抹布、油手套、油纸等物,应置于工作间外有盖的铁桶内,并及时清除。

2. 断绝火源

不准携带过火柴、打火机或其他火种进入油库和油品储存区、油品收发作业区等。严格控制火源流动和明火作业;油库内严禁烟火,修理作业必须使用明火时,一定要申报有关部门审查批准,并在采取安全防范措施后,方可动火;汽车、拖拉机在入库前,必须在排气管口加戴防火罩,停车后立即熄灭发动机,并严禁在库内检修车辆,也不准在作业过程中启动发动机;铁路机车在入库时,要加挂隔离车,关闭灰箱挡板,不得在库区清炉时和在非作业区停留;油轮停靠码头时,严禁使用明火,禁止携带火源登船。

3. 防止电火化引起燃烧和爆炸

油库及一切作业场所使用的各种电气设备,都必须是防爆型的,安装须符合安全要求,电线不可有破皮、裸露及发生短路的现象;油库上空严禁高压电线跨越。储油区和桶装轻质油库房与电线的距离,必须大于电杆长度的1.5倍;通入油库的铁轨,必须在入库口前安装绝缘隔板,以防止外部电源由铁轨流入油库内发生电火花。

4. 防止金属摩擦产生火花引起燃烧和爆炸

严格执行出入库和作业区的有关规定。禁止穿钉子鞋或铁掌鞋进入油库,更不能攀登油罐、油轮、油槽车、油罐汽车和踏上油桶,并禁止铁轮进入库区;禁止用铁质工具敲打容器的盖,在开启大桶盖和槽车盖时,应使用铜扳手或在碰撞时不会发生火花的合金扳手;在库房内应避免金属容器相互碰撞;禁止在水泥地面上滚动无垫圈的油桶;油品在接卸作业中,要避免鹤管在插入和拔出槽车口或油轮舱口时发生碰撞。凡是有油气存在的地方,都不能碰击铁质物品。

5. 防止油蒸气积聚引起燃烧和爆炸

未经洗刷的油桶、油罐、油箱以及其他储油容器,严禁修焊。洗刷后的容器在焊前要打开盖口通风,必要时先进行试爆;库房内储存的桶装轻质油品,要经常检查,发现渗漏应及时换装。桶装轻质油的库房、货棚和收发间应保持空气流动;地下、山洞油罐区，严防油品渗漏，要安装通风设备，保持通风良好，避免油气积聚。

(二) 防止静电放电

油品在收发、输转、灌装过程中，油品分子之间和油品与其他物质之间的摩擦，会产生静电，其电压随着摩擦的加剧而增大，如不及时导除，当电压增高到一定程度时，就会在两带电体之间调火（即静电放电）而引起油品着火。要防止静电放电，需要做到以下几点。

一切用于储存、输转油品的油罐、管线、装卸设备，都必须有良好的接地装置，及时把静电导入地下，并应经常检查静电接地装置技术状况和测试接地电阻。油库中油罐的接地电阻不应大于10欧（包括静电及安全接地）。立式油罐的接地极按油罐圆周长计，每18米一组，卧式油罐接地极应不少于2组。

向油罐、油罐汽车、铁路槽车装油时，输油管必须插入油面以下或接近罐底，以减少油品的冲击和与空气的摩擦。

在空气特别干燥、温度较高的季节，尤应注意检查接地设备，适当放慢输油速度，必要时可在作业场地和导静电接地极周围浇水。

在输油、装油开始和装油到容器的3/4至结束时，容易发生静电放电事故，这时应将输油速度控制在1米/秒内。

船舶在装油时，要使加油管出油口与油船的进油口保持金属接触状态。

油库内严禁向塑料桶里灌轻质燃料油，禁止在影响油库安全的区域内用塑料容器倒装轻质燃料油。

所有登上油罐和从事燃料油灌装作业的人员均不得穿着化纤服装（经鉴定的防静电工作服除外）。上罐人员登罐前，要手扶无漆的油罐扶梯片刻，以导除人体静电。

接地线必须有良好的导电性能、适当的截面积和足够的强度。油罐、管线、装卸设备的接地线，常使用厚度不小于4毫米、截面积不小于48平方毫米的扁钢；油罐汽车和油轮可用直径不小于6毫米的铜线或铝线；橡胶管一般用直径3~4毫米的多股铜线。

接地极应使用直径50毫米、长2.5米、管壁厚度不小于3毫米的钢管，清除管表面的铁锈和污物（不要作防腐处理），挖一个深约0.5米的坑，将接地极垂直打入坑底土中。接地极应尽量埋在湿度大、地下水位高的地方。接地极与接地线间的所有接点均应栓接或卡接，确保接触良好。

（三）防止油品中毒

油品具有一定的毒害性，因其化学结构、蒸发速度和所含添加剂性质、加入量的不同而不同。一般认为基础油中的芳香烃、环烷烃毒性较大，油品中加入的各种添加剂，如抗爆剂（四乙基铅）、防锈剂、抗腐剂等都有较大的毒性。因此，仓库需要根据各种油品的性质，采取必要的预防中毒措施。

油品库房要保持良好的通风。进入轻质油库房作业前，应先打开窗口，让油品蒸气尽量逸散后再进入库内工作。

油罐、油箱、管线、油泵及加油设备等要保持严密不漏，如发现渗漏现象应及时维修，并彻底收集和清除漏洒的油品，避免油品产生蒸气，加重作业区的空气污染。

进入轻油罐、船舶油舱作业时，必须事先打开入孔通风，并穿戴有通风装置的防毒装备，还要配上保险带和信号绳。在操作时，罐外要有专人值班，以便随时与罐内操作人员联系，并轮换作业。

在清扫汽油、煤油油罐汽车和小型容器的余油时，严禁工作人员进入罐内操作；在清扫其他余油必须进罐时，应采取有效的安全措施。

在进行轻油作业时，操作者一定要站在上风口位置，尽量减少油蒸气吸入。

根据油品质量调整作业场所，作业场所要安装排风装置，以免在加热和搅拌过程中产生大量油蒸气，危害操作人员健康。

第三节　冷库仓储管理

一　冷藏保管的基本原理

冷藏是指在保持低温的条件下储存货品的方法。在低温环境中，细菌等微生物大大降低繁殖速度，生物体的新陈代谢速度降低，能够延长有机体的保鲜时间，因而鱼类肉类、水果、蔬菜及其他易腐烂货品都应冷藏保管；对于在低温时能凝结成固态的流质品,由于在低温环境下有利于运输、作业和销售,也应冷藏保管;在低温环境中,一些混合物的化学反应速度变慢,可以冷藏保管。

冷藏保管根据控制温度的不同,分为冷藏和冷冻两种方式。冷藏是将温度控制在0℃~5℃进行保存,在该温度下水分不致冻结,不破坏食品的组织,具有保鲜的作用,但是微生物仍然有一定的繁殖能力,因而保藏时间较短;冷冻则是将温度控制在0℃以下,使水分冻结,微生物基本停止繁殖,新陈代谢基本停止,从而实现防腐。

冷冻又分为一般冷冻和速冻。一般冷冻采取逐步降温的方式,当达到控制温度后停止降温;速冻则是在很短的时间内将温度降到控制温度以下,使水分在短时间内完全冻结,然后逐步恢复到控制温度。速冻一般不会破坏细胞组织,具有较好的保鲜作用。冷冻储藏能使货品保持较长的时间,不易腐烂变质。

二、冷库的一般结构

冷库可以分为生产性冷库和周转性冷库。生产性冷库是指进行冷冻品生产的冷库,是生产的配套设施;周转性冷库则是维持冷货低温的流通仓库。冷库按控制的温度和制冷方式不同,分为冷冻仓库、冷藏仓库、气调冷库和流制冷设备机房。库房采用可封闭式的隔热保温结构,内装有冷却排管或冷风装置与制冷设备相接。库内装有温度、湿度测量设备,湿度控制设备,通风换气设备等,此外,还有货位、货架、货品传输作业设备等。

冷库是用隔热材料建成的,具有怕水、怕潮、怕热气、怕跑冷的特性,冷库的结构一般包括以下四个部分。

(一)冷却间和冻结间

冷却间和冻结间也称为"预冷加工库间"。货品在进入冷藏或者冷冻库房前,先在冷却间或者冻结间进行冷处理,以均匀降温到预定的温度。对于冷藏货品,降温至2℃~4℃;冷冻货品则迅速地降至-20℃使货品冻结。因此,冷却间和冻结间具有较强的制冷能力。货品在冷却间和冻结间以较为分散的状态存放,以便均匀降温。因为预冷作业只是短期的作业,所以货品不堆垛,一般处于较高的搬运活性状态,多数直接放置在搬运设备上,如放置在推车上或托盘上。

(二)冷冻库房

冷冻库房是指可以长期保存冷冻货品的库房。货品经预冷后,转入冷库堆垛存放。冷冻货品的货垛一般较小，以便降低内部温度，货垛底部采用货板或托盘垫高，货品不直接与地面接触，避免温度波动时水分再冻结后使货品与地面粘连。库内以叉车作业为主，大多采用成组垛。冷冻库房能保持冷冻温度，长期将温度控制在需要的保存温度范围内。

（三）冷藏库房

冷藏库房是存储冷藏货品的场所。货品在预冷后，达到均匀的保藏温度时，送入冷藏库房码垛存放，若是少量货品则直接存入冷藏间冷藏。冷藏货品仍具有新陈代谢和微生物活动，还会出现自升温现象，因此，冷藏库房需要对货品进行持续冷处理。冷藏库房一般采用风冷式制冷，用冷风机降温。为了防止货垛升温，保持货品呼吸所需的新鲜空气流通，冷藏库房一般采用行列堆垛的方式，垛形较窄、较长，或者使用货架存放。因为冷藏存期较短，所以货品在库内搬运活性较高，托盘成组堆垛较为理想。

（四）分发间

冷库的低温环境不便于货品分拣、成组、计量、检验等人工作业，为了冷冻库和冷藏库的温度、湿度控制，减少冷量耗损，仓库需要尽量缩短开门时间和次数，以免库内温度波动太大。因此，货品在出库时，工作人员应迅速地将货品从冷藏库或冷冻库移到分发间，在分发间进行相关装运作业。虽然分发间温度也较低，但分发间不能存放货品。

延伸阅读

食品、蔬菜冷藏的条件

1. 温度

低温一般不能杀灭微生物，但可以使微生物的活动受到抑制，直至使食品中的水分完全冻结，微生物的活动完全停止，低温还可以使蔬菜与水果的呼吸作用减弱，因此，合适的低温是食品冷藏的基本条件。

2. 湿度

冷库内相对湿度要适当。相对湿度过低，会使食品表面干缩和脱水，品质变差；

相对湿度过高会使库温在 0℃ 以上的冷藏食品表面发潮，微生物更容易繁殖。

3. 二氧化碳和氧气浓度

蔬菜、水果在保持冷藏的同时，仓库应适当提高二氧化碳、氮气浓度，降低氧气浓度，以延长贮存期。一般氧气浓度控制在 2%~5%，二氧化碳浓度控制在 2%~8%（过低的二氧化碳浓度会使蔬菜、水果成熟速度加快；过高的二氧化碳浓度会使蔬菜、水果腐烂速度加快）。二氧化碳浓度控制，通常通过冷藏库换气量来实现，冷藏库与冷藏箱每昼夜换气次数为 2~4 次，也可通过气体发生器燃烧丙烷气体来减少氧气含量与增加二氧化碳含量。

4. 臭氧浓度

臭氧的作用是：杀灭微生物（臭氧对微生物的细胞膜产生氧化作用使微生物死亡）；除去异味；消毒冷库与延缓水果成熟（对能使水果成熟的乙烯具有氧化消除作用）。臭氧不适用于乳制品库（乳制品氧化会产生脂肪酸）、绿叶菜库（易使绿叶菜产生斑点）。

三 冷库仓储管理

作为专业存储仓库，冷库有较为特殊的布局、结构和用具，货品也较为特殊。冷库对管理技术、专业水平要求较高。冷库大多存放食品，管理不善不仅会造成货损事故，还会发生食物安全事故，影响人们身体健康。

（一）冷库的使用管理

冷库的使用，应按设计要求，充分发挥冷库的冻结、冷藏、制冰、储冰能力，提高利用率，确保安全生产与货品质量。库房管理要设立专门小组。要特别注意防水、防潮、防热气、防跑冷气、防跑氨气，对冰、霜、水、门、灯要严格把关。

库房的墙、地坪、门、顶棚等部位有了冰、霜、水要及时清除。

库内排管和冷风机要及时扫霜、融霜，以提高制冷效能，节约用电，冷风机水盘内不得积水。

未经冻结的热货不得进入冻结物冷藏间，以防止损坏冷库。

要管好冷库门，货品进出要随手关门，库门损坏要及时维修。库门要开启灵活，关闭严密，不漏冷气，风幕机要正常运转。

冷库在投入使用后，除非进行空仓维修保养，否则必须保持制冷状态。即使没有存货，冷冻库也要保持在-5℃，冷藏库控温在0℃以下。

●（二）货品出入库管理

要按照货品的类别和保管温度的不同分类使用库房。食品库不得存放其他货品，食品也不能存放在非食品库房。不同控制温度的货品不能存放在同一库房内。

货品入库时，除了仓储通常所进行的查验、点数外，还要对送达货品的温度进行测定，查验货品内部状态，并详细记录，对于已霉变的货品不接收入库。货品入库前要进行预冷，保证货品均匀地降到需要的温度。未经预冷的货品不得直接进入冷库，以免高温货品大量吸冷造成库内温度升高，影响库内其他货品。

货品出库时，应认真核对，因为冷库内储存的货品大多类似，所以要准确核对货品的标志、编号、所有人、批次等项目，防止错取、错发。对于出库时需要做升温处理的货品，应按照作业规程进行加热升温，不得自然升温。

●（三）冷货作业管理

为了减少冷耗，货品出入库作业应选择在气温较低的时间段进行，如早晨、傍晚、夜间。出入库作业要集中仓库的作业力量，尽可能缩短作业时间；装运车辆与库门之间的距离尽量缩短，以缩短货品露天搬运距离；防止隔车搬运。若货品出入库时库温升高，则应停止作业，封库降温。出入库搬运应用推车、叉车、输送带等机械搬运，用托盘等成组作业，以提高作业速度。作业中不得将货品散放在地坪上，避免货品和货盘冲击地坪、内墙、冷管等，吊机悬挂重量不得超过设计负荷。

库内堆码严格按照仓库规章进行，合理选择货位。存期长的货品应存放在库里端，存期短的货品应存放在库门附近，易升温的货品存放位置应接近冷风口或排管。根据货品或包装形状，合理采用垂直叠垛或交叉叠垛的方式。货垛要求堆码整齐、稳固、间距合适。货垛不能影响冷风流动，避免出现冷风堵塞。堆垛完毕后，在垛头上悬挂货垛牌。拆垛作业时，应从上往下取货，禁止在垛中抽取。货品冻结粘连时，禁止强行取货，避免扯坏包装。

●（四）冷货保管管理

冷库内要保持清洁干净，地面、墙、顶棚、门框上应无积水、无霜冻、无挂冰，若有应立即扫除，特别是在作业后，要及时清除制冷设备、排水管上的霜冻，以提高设备设施的制冷能力。

定时、经常测试库内温度和湿度,严格按照货品保存所需的温度控制库内温度,尽可能减少温度波动,防止货品因变质或者解冻变软而倒垛。

按照货品所需要的通风要求,进行通风换气。其目的是保持库内合适的氧分和湿度,冷库一般采用机械通风,根据货品保管的需要控制通风次数和通风时间,如冷藏库每天应通风2~4次,每次换气量为冷藏库体积的1~2倍,或者使库内二氧化碳含量达到适合的范围。通风也可将空气中的热量、水汽带入库内,因此,要选择合适的时机。

当货品存期届满、接近存期、出现性质变化等情况时,仓库应及时通知存货人处理。

四 冷库安全管理

冷库一般不会发生爆炸、燃烧等恶性危险事故,但冷库的低温、封闭环境对人员也有可能会产生伤害,例如,低温会造成设备的材料强度、性能降低,需引起足够的重视。

(一)防止冻伤

进入库房的人员,必须做好保温防护,穿戴手套、工作鞋。身体裸露部位不得接触冷冻库内的物品,包括货品、排管、货架、作业工具等。

(二)防止人员缺氧窒息

冷库特别是冷藏库内的植物和微生物的呼吸作用会使二氧化碳浓度增加,冷媒泄漏入库会使库房内氧气含量不足,因此,人员在进入库房,尤其是长期封闭的库房前,需对库房进行通风,避免库内氧气不足。

(三)避免人员被封闭库在内

库门应设专人开关,限制无关人员进库。若有人员入库,则应在库门外悬挂告示牌。作业工班要有核查人数的责任人,只有在确定人员都出库后,才能摘除告示牌。

(四)妥善使用设备

库内作业应使用抗冷设备且进行必要的保温防护。不使用会发生低温损害的设备和用具。

延伸阅读

冷链物流亟待加强

随着我国经济的发展，各级政府部门对冷库建造与冷链物流的发展越来越重视，人们对食品质量和食品安全也越来越关注，保护易腐食品品质已成为现代社会生活的基本需求。我国低温仓储业近年来得到了快速的发展，但与发达国家相比，我国低温仓储业在冷库容积总量、冷藏冷冻技术水平与冷库运营方式等方面仍然存在着差距。

目前，我国冷链物流装备不足，原有设施陈旧并且发展和分布不平衡。我国冷库总容量有700多万立方米，但只限于肉类、鱼类的冷冻储藏。当原材料不足或生产淡季时，冷库处于闲置耗能状态。作为我国冷库主体的国有冷库建库较早，大部分使用期已超过15年，进入了大修期。我国现在亟须大、中修理的冷库容量占总冷库容量的1/3以上，达200万吨，并且受当时条件的限制，冷库工程设计标准低，工艺流程不合理，施工水平及建材、设备质量均存在很多问题，自动化程度低，已不适应当前市场对仓储和配送业务的需要。

在国内配送市场，冷藏运输汽车和火车车厢均严重不足。同时，出口行业的冷柜和承运车辆也存在数量短缺。与发达国家相比，中国大型冷库的存量相当低，不足以服务如此庞大的消费者群体。

要实现真正的冷链物流显然离不开物流管理的信息化。因为冷链物流介入货物从生产到销售的全生命周期，涉及生产和流通的部门非常多，所以必须运用专业的物流管理信息系统来建立产品全生命周期信息档案，科学整合生产、分销、仓储、运输、配送等供应链上下游的信息。

第四节　粮库仓储管理

粮食存储是仓储最古老的项目,"仓"在古代就是表示粮食的储藏场所。粮食包括小麦、玉米、燕麦、大麦、大米、豆类和种子等。粮食仓储是实现粮食集中收成、分散消耗的手段,同时也是国家战略物资储备的方式之一。

一　粮食的质量标志

粮食的质量可以通过感官鉴定和实验分析的方法确定。感官鉴定是通过粮食的颜色、气味和滋味来判定质量;实验分析是通过测定容重、含水量、感染度来确定质量。

- **(一) 颜色**

每种粮食都有自身的颜色特点,如玉米应呈金黄色、大米应呈白色等。当粮食陈旧、变质时,颜色会变得灰暗、混浊。确定颜色的方法是在黑色的纸上铺一层粮食样品,在太阳的散射光线下,观察确定。

- **(二) 气味和滋味**

新鲜的粮食具有清香气味,一般储粮的气味清淡或具有一定熏蒸气味。变质的粮食具有恶臭味或其他特殊气味并且滋味发苦。鉴别气味除了通过嗅,还可以用手捧一把粮食,通过体温温热,感受气味;或将粮食在两只手上来回翻转几次,并吹气,如果气味很快减轻或消失,则认为粮食品质近于标准;也可取样品加热嗅闻,确定气味。如果有异味的粮食在热水中浸泡2~3分钟,异味仍未消失,则表明粮食质量不佳。

- **(三) 容重**

容重是指通过一定容积(如1升)的粮食重量判定粮食质量的方法。容重是一项综合指标,粮食的水分含量、粉碎细度、形状、表面温度、杂质含量、颗粒完好程度都会影响容重。测定的容重要与标准容重进行比较,以确定粮食的优劣。

(四)含水量

对通过标准取样程序所取得的粮食的样品,可以通过测定粮食的含水量而确定质量。含水量是粮食仓储保管的重要的指标之一,仓库需要对湿度进行控制,以防止粮食霉变、自热、干燥、粉碎。粮食含水量标准见表7-1。

表7-1 粮食水含量标准

粮食种类	含水量	粮食种类	含水量
大米	15%以下	赤豆	16%以下
小麦	14%以下	蚕豆	15%以下
玉米	16%以下	花生	8.5%以下
大豆	15%以下	花生果	10%以下

(五)感染度

感染度表示粮食被昆虫、霉菌感染的程度。其中,虫害感染度根据1千克粮食中含有的害虫(壁虱目和象鼻虫)个数来确定。壁虱目1~20个或象鼻虫1~5个为第一等感染;壁虱目在20个以上或象鼻虫6~10个为第二等感染;壁虱目呈现毡状或象鼻虫10个以上为第三等感染。如果出现一等以上壁虱目感染、一等象鼻虫感染,就需要采用熏蒸的方式灭虫。

二 粮食储存的困难

粮食作为大宗货物,需要较大规模的集中仓储。为了降低粮食的储藏成本、运输成本,提高作业效率,粮食主要以散装的形式运输和仓储,只有进入消费市场流通的粮食才采用袋装。粮食的存储困难主要有以下几点原因。

(一)呼吸性和自热性

粮食仍然有植物的新陈代谢功能,能够吸收氧气和释放二氧化碳。通过呼吸作用,粮食能产生和散发热量。当大量的粮食堆积时,释放的二氧化碳会使空气中的氧气含量减少,造成人体窒息;大量堆积的粮食所产生的热量不能散发会使粮堆内部温度升高。另外,粮食中含有的微生物也具有呼吸和发热的能力。粮食的自热不能散发，在大量积聚后，甚至会引起自燃。粮食的呼吸性和自热性与含水量有关，含水量越高，自热性越强。

（二）吸湿性和散湿性

粮食本身含有一定的水分，当空气干燥时，水分会向外散发。当外界湿度大时，粮食会吸收水分，在水分充足时，粮食会发芽，芽胚被破坏的粮食会发霉。因吸湿性粮食在吸收水分后不容易干燥，而储存在干燥环境中的粮食也会因散湿而形成水分的局部集结而致霉。

（三）吸附性

粮食有吸收水分和呼吸的性能，能将外界环境中的各种气味、有害气体、液体等吸附在内部，不能去除。受异味沾污后，粮食会因无法去除异味而损毁。

（四）易受虫害

粮食本身就是众多昆虫幼虫和老鼠的食物。未经杀虫的粮食含有大量的虫卵和细菌，在温度、湿度合适时，就会大量繁殖，形成虫害。经过杀虫的粮食，也会因吸引虫鼠而产生二次危害。

（五）散落流动性

散装粮食因颗粒小、颗粒之间一般不会粘连而具有松散流动的特性，在外力作用下，当粮堆的倾斜角足够大时，就会出现自然流动。根据粮食的散落流动性，仓库可以采用流动的作业方式。

（六）扬尘爆炸性

干燥粮食的麸壳、粉碎的粮食粉末等在流动和作业时所产生的扬尘会伤害人的呼吸系统，当能燃烧的有机质扬尘达到一定浓度时，遇火源会发生爆炸。

延伸阅读

粮食仓储损失严重

我国国家粮食和物资储备局曾指出，我国在粮食生产加工环节的损失每年达到350亿千克，其中一个重要的原因在于地方储粮仓库严重过时。据调查，目前全国范围内，在20世纪60-70年代建立的老式粮仓仍然占不小比例，这类粮仓条件较差，粮仓大部分没有保温储藏功能，有的甚至连烘干设备都没有，粮仓漏水、粮食受潮等问题无法避免。同时，农户家庭储粮也存在严重浪费现象，储粮设施简陋，储粮方法不科学，全国能做到科学储粮的农户比例不足3%。我国农村有2.4亿多农户存粮，粮食储存量占全国粮食总产量的60%以上。由于没有宽裕的储粮空间，很多农户直接将粮食堆放在没有围墙的门楼下，粮食不仅容易受潮霉变，更易受鼠虫之害。

三 粮食储存的基本措施

（一）干燥储存

干燥储存是指以干燥为主要手段的储存方法。这是保证粮食安全储存最基本的措施。刚收获的粮食，含水量较高，且正在后熟期，干燥速度要缓慢些，一般以先低温后高温处理或采用二次干燥法为宜。

对含蛋白质较多的大豆、蚕豆等豆类，因子叶组织细密，毛细管细小，传湿力弱，而种皮较疏松，易失水，以采用低温慢速带荚曝晒为宜。否则，易裂皮、出皱纹，影响品质，并不耐储存。对含脂肪较多的油料，如油菜籽，水分较易蒸发，但粒小、皮脆，在高温下容易走油，干燥时最好采用籽粒与荚壳混晒，既可防止走油，又能起到促进干燥的作用。至于含淀粉较多的稻、麦等谷类粮食，由于淀粉结构比较疏松，籽粒毛细管粗大，传湿力较强，适当采用高温快速的办法干燥，一般对品质无不良影响。

粮食干燥的方法有很多，目前大多采用日光曝晒和人工干燥两种。日光曝晒所需设备少，费用低，操作简便，不仅能减少水分含量，还能杀虫灭菌，并有利于促进后熟。人工干燥是使用烘干设备对粮食进行干燥的一种方法。当机械烘干时，应根据不同粮种和水分含量控制热风温度和出口粮温，以免损害粮食品质和发芽率。

（二）通风与密闭储存

适时通风可以促进粮堆内外气体交换，降温散湿，防止温差结露，防止二氧化碳积聚影响种子生活力。而适时密闭则可减少外温度湿度对粮堆的影响，有利于粮堆保持低温干燥。两者方法不同，其目的都在于创造低温、干燥的安全储存条件。因此，在保证入库粮食干燥的基础上，在储存期间，根据季节气候的变化和粮堆的具体情况，适时进行通风或密闭，是一种更加完善的储存措施。

通风储存的方式主要有自然通风和机械通风。自然通风是适时启开门窗，通过空气自然对流来进行气体交换。机械通风则是利用单管或多管通风机，将外界低温干燥的空气鼓入或吸入粮堆，以达到气体交换的目的。不管采用哪种方法，通风时机的选择都很重要。经过通风后，粮堆要保证降温散湿，或降温而不增湿，或降湿而不增温。从气温的年变化规律来看，在每年气温上升季节，当气温高于仓温和粮温时，一般不宜通风，仓库应以密闭为主；在气温下降季节，粮温大多高于气温，是通风的有利时机。根据气温的日变化规律，夜间气温低于白天，夜间通风往往比白天有利。但是，空气湿度的变化与气温相反，即气温高，相对湿度小；气温低，相对湿度大。因此，要选择低温而又干燥的通风时机，必须事先认真检测仓库内外温湿度条件并进行对比。对于温度高湿度大的散装粮堆，在仓库外温度很低、温差较大的情况下可自然通风，在通风时应勤翻粮面，使粮堆内部湿热空气尽快散发，以免结露。

密闭储存方式主要有全仓密闭和粮面压盖两种。全仓密闭是将仓库门窗全面封闭；粮面压盖是用干燥无虫的谷壳、草木灰或袋装干沙压盖粮面。密闭储存的目的在于防止外部湿热侵入粮堆，一般在春暖之前进行。

● **（三）低温储存**

低温储存是指将储存温度控制在较低的水平，以达到安全储存的目的。实践证明，低温储存可以限制粮堆生物体的生命活动，减少贮粮损失；能减缓粮食陈化，利于保鲜；能有效解决成品粮油度夏难的问题。由于低温储存不用或少用化学药剂处理粮食，避免或减少了污染，可保持贮粮卫生。此外，低温储存还可以作为处理高水分粮食的一种应急措施。

低温储存方法有自然低温储存、机械制冷低温储存和地下储存等。自然低温储存是在寒冬季节，采取自然通风或仓外冷冻等办法，降低贮粮温度，在春暖之前采取全仓密闭或粮面压盖密闭储存，以使粮食较长期地处于低温干燥状态。自然低温储存在北方平均气温较低的地区效果较好。机械制冷低温储存是利用制冷机械产生冷气送入仓房或粮堆中，使粮食处于冷藏状态，以抑制各种生物成分的生命活动，即使在夏天也能保证贮粮安全。地下贮粮在我国具有悠久的历史。目前的主要仓型有立筒仓、尖低喇叭仓、平低喇叭仓。因为地下贮粮受外界温湿度的影响较小，所以它与其他低温储存一样，具有防霉、防虫、保鲜的良好效果。

（四）气调储存

气调储存又称"受控大气储存"。它是通过调节密闭粮堆内的气体成分，主要是降低氧气浓度或增加二氧化碳、氮气的浓度，以抑制粮堆内各种生物成分的生命活动，从而达到安全储存的目的。实践证明，当氧气浓度降到2%或二氧化碳浓度增加到40%以上，霉菌受到抑制，害虫也会很快死亡，因此，能较好地保持粮食品质。目前，气调储存的技术有气密贮粮、氮气贮粮、二氧化碳贮粮和减压贮粮等。

气调储存的关键在于做好粮堆的密封工作。一般囤垛可采取六面或五面密封，仓房密闭性能好的散装粮堆则可采取粮面密封。密封材料多为聚氯乙烯或聚乙烯压延薄膜。

气调储存的脱氧方法有很多，大体可分为生物降氧和机械降氧两大类。生物降氧，就是利用生物体的呼吸作用，把密封粮堆中的氧气消耗掉，以达到低氧保管的目的。具体措施有自然缺氧、微生物辅助降氧和异种粮串联降氧。机械降氧则是采用一定的机械设备来脱除粮堆中的氧气，具体方法有抽氧充氮、二氧化碳灌注排氧、燃烧式制氮机充氮脱氧和分子筛富氮脱氧等。

延伸阅读

气调储存的技术发展史

气调储存技术最早应用于果蔬，法国科学家首先研究了空气对苹果成熟的影响，并于1821年发表了研究成果。1860年，英国建立了一座气密性较高的贮藏库，贮藏苹果库温不超过1℃。结果表明，苹果质量良好，但该研究在当时未被重视。1916年，英国的凯德和韦斯德两人对苹果进行气调储存试验。一开始只调节空气成分贮藏，结果试验失败。后来在冷藏的基础上调节气体成分，试验成功。1929年，英国建立了世界上第一座现代气调库，用于储存30吨苹果。1941年，英国发表研究报告，提供了气体成分和温度参考数据以及气调库的建筑方法和气调库的操作等有关说明。1962年，美国成功研制出燃料冲洗式气体发生器，通过丙烷燃烧来使空气中氧含量减少、二氧化碳含量增高，从此实现真正的气调储存，气调冷藏技术进入了新阶段。

（五）"双低"储存和"三低"储存

"双低"储存一般指低氧、低药剂量的密封储存，是在自然缺氧的基础上，再施放低剂量的杀虫剂的一种储存方法。这种方法能有效地消灭常见的贮粮害虫，并且能防止粮食发热霉变。实践证明，低氧恶化了虫霉的生态条件，同时在密封粮堆内施药，药剂减少了挥发空间，无形中增加了有效浓度。同时，由于用药少，既可节省费用，又能减少药剂对贮粮的污染。"双低"储存一般是在粮食入库后，先密封粮堆进行自然缺氧，当氧气降到不能再降而又未达到杀虫效果时，再施低剂量的磷化铝片，用药量为每立方米1~1.5克，采用布袋埋藏法施药。

"三低"一般指低温、低氧、低药剂防治储存方法，是粮食储存的综合措施。目前，采用低温贮粮的仓库，除机械制冷低温仓库，其他仓库一般达不到常年控制害虫和微生物发展的要求，必须配合其他有效措施，进行综合治理。在高温季节入库的粮食可采取"低氧（密闭）—低药（有虫时）—低温（10月份以后通风）"储存；在低温季节入库的粮食可采取"低温（通风）—低氧（次年春季后）—低药（有虫时）"储存。

延伸阅读

古代仓储的管理手段

古代仓储始终把对人和库存实物的管理放在突出的位置。仓储既保证了国家的粮食安全，但也是腐败易生之地。封建王朝在仓储制度中普遍存在的问题主要是：仓吏腐败，亏空严重；储备不足，调控乏力。

解决这些问题的主要做法有以下四种。

（1）对粮食储备实行专管，由中央财政直接控制。一般中央财政最高行政长官是全国仓储的最高主管，其下另设专门的"仓官"负责仓储事宜。如明代，户部掌管全国钱粮，各省由布政司分理，无论是京库钱粮支用还是地方存留与上缴，都须遵循户部的细则定例，并接受户部的审核。

（2）对不同类型的仓储采取不同的管理形式。如常平仓等官仓主要由各级政府机构管理，义仓、社仓、预备仓等民间仓储，则在官府的指导下，主要由民间自行管理。

（3）制定较严密的管理条规和制度。例如，秦代有专门的仓律，规定严格；西汉时期设有专门的会计簿册，详细记录仓储谷物数量、品种、出入情况等，上级官吏经常检查所属仓谷。宋代以后，有关仓储的规章更多、更细、更严。

（4）注意加大监督检查的力度。清代雍正时期严查钱粮亏空就是一例。据载，雍正元年至三年（1723—1725年），雍正连续发出有关清查钱粮亏空的谕旨30余道，并派朝廷官员协助清查地方钱粮亏空。在清查过程中，即便涉及高官与贵族也决不宽待，对被参奏贪赃的官员，一是抄家，二是罢官，严重者处以极刑。

四　粮库安全管理

（一）干净无污染

粮库必须相当清洁干净。仓库所建设的粮库需要达到仓储粮食的清洁卫生条件，尽可能使用专用的粮筒仓。通用仓库拟用于粮食仓储，应是能封闭的，仓内地面、墙面要进行硬化处理，不起灰扬尘，不脱落剥离，必要时使用木板、防火合成板固定铺垫和镶衬，作业通道须进行防尘铺垫。金属筒仓应进行除锈防锈处理，如进行电镀、喷漆、喷塑、内层衬垫等，在确保无污染物、无异味时方可使用。

在粮食入库前，粮库应进行彻底清洁，清除异物、异味，只有待仓库内干燥、无异味时，粮食才能入库。对不满足要求的地面，应采用合适的衬垫，如用帆布、胶合板严密铺垫。将兼用仓库储藏粮食时，同仓库内不能储存非粮食的其他货品。

（二）保持干燥、控制水分

保持干燥是粮食仓储的基本要求，粮库内不得安装日用水源，消防水源应妥善关闭，洗仓水源应离仓库有一定的距离，并在排水下方。仓库旁的排水沟应保持畅通，无堵塞，特别是在粮库作业后，应彻底清除哪怕是极少量的撒漏入沟的粮食。

随时监控粮库内湿度，将湿度严格控制在合适的范围之内。当仓内湿度升高时，要检查粮食的含水量，当含水量超过要求时，应及时采取除湿措施。粮库在通风时，要采取措施避免将空气中的水分带入仓内。

(三)控制温度、防止火源

粮食本身具有自热现象,温度、湿度越高,自热能力也越强。在气温高、湿度大时,需要控制粮库温度,采取降温措施。每日要测试粮食温度,特别是内层温度,以及时发现自热升温情况。当发现粮食自热升温时,应及时降温,采取加大通风、进行货堆内层通风降温、内层释放干冰等措施,必要时进行翻仓、倒垛散热。

粮食具有易燃特性,飞扬的粉尘遇火源会爆炸燃烧。粮库对防火工作有较高的要求。在粮食出入库、翻仓作业时,应避免一切火源出现,特别是要消除作业设备在运转时产生的静电,粮食与仓壁、输送带摩擦产生的静电。加强吸尘措施,排除扬尘。

(四)防霉变

粮食除了因细菌、酵母菌、霉菌等微生物的污染分解而霉变,还会因自身的呼吸作用及自热而霉烂。微生物的生长繁殖需要较适宜的温度、湿度和氧气含量,在温度25℃~37℃、湿度75%~90%时生长繁殖最快。霉菌和大部分细菌需要足够的氧气,酵母菌则是可以进行有氧呼吸、无氧呼吸的兼性厌氧微生物。

粮库防霉变以防为主。要严把入口关,防止已霉变的粮食入库;避开潮湿货位,如通风口、排水口、漏雨的窗和门,远离会回潮的外墙,地面妥善衬垫隔离;加强仓库温度湿度的控制和管理,保持低温和干燥环境;经常清洁仓库,特别是潮湿的地角,清除随空气飞扬入库的霉菌;清洁仓库外环境,消除霉菌源。

经常检查粮食和粮库,发现有粮食霉变时,应立即清出霉变的粮食,进行除霉、单独存放或另行处理,并有针对性地在仓库采取防止霉变扩大措施。

应充分使用现代防霉技术和设备,如使用空气过滤器通风、紫外线灯照射、施放可食用防霉药物等。

(五)防虫鼠害

粮库的虫鼠害主要表现在直接对粮食的耗损、虫鼠排泄物和尸体对粮食的污染、携带外界污染物入仓、破坏粮库设备和保管条件、破坏包装物。

危害粮库的昆虫种类有很多,包括甲虫、蜘蛛、米虫、白蚁等。它们往往繁殖力很强,能在短时间内造成大量损害。

粮库防治虫鼠害的方法:

保持良好的仓库状态,及时用水泥等高强度填料堵塞建筑孔洞、裂痕等,防止虫鼠在仓内隐藏；

库房各种开口隔栅完好，保持门窗密封；

防止虫鼠随货入库，对入库粮食进行检查、确定无害时方可入库；

经常检查，及时发现虫害鼠迹；

若使用高效低毒的药物灭杀虫鼠，则要避开粮食或者使用无毒药物直接喷洒、熏蒸。

使用诱杀灯、高压电灭杀，合理利用高温、低温、缺氧等手段灭杀。

◆本章小结◆

> 危险品、油品、冷藏品和粮食都属于特殊货品。对特殊货品的仓储，既要遵循一般货品仓储管理的基本要求，也要根据它们的储存特殊要求，安排相应的储存条件，采取相应的储存方法和作业手段。在危险品和油品储存中，除了要保证货品的质量，还要特别重视安全问题，防止造成重大财产和人身伤害。

■案例分析■

案例1：北京大兴冷库火灾事故

2017年11月18日，北京市大兴区西红门镇新建村一冷库发生火灾，造成重大人员伤亡和财产损失。起火区域是典型的集生产经营、仓储、住人等于一体的"多合一"建筑。该建筑系樊某某投资建设，2002—2006年，他先后分三次建成地下一层、地上二层、局部三层楼房，并陆续用于出租、经营。其中，地下一层为冷库区，共6个冷库间，总面积5000平米，正处于设备安装调试阶段；地上一层为餐饮、洗浴等商户，总面积约6600平米；地上二层、局部三层均为出租房，总面积约8300平方米。2017年初，樊某某多次安排李某、王某等人在自建房及地下冷库内铺设接连电线，相关作业人员均无专业资质。事故调查报告披露，本次火灾的原因是埋在聚氨酯保温材料内的电气线路发生故障，遇难者死因均系一氧化碳中毒。

问题讨论

结合案例,谈谈在冷库的选址、施工、运行中如何做好安全保障工作。

案例2:中储粮建成全球最大的粮食仓储物联网

中国储备粮管理集团有限公司(以下简称中储粮)在全国布局直属粮库和分库980多个,覆盖31个省(自治区、直辖市),基本实现了中央储备粮油由中储粮直属企业自存自管。直属库点主要布局在各大粮食主产省份和重要交通线沿线和重要物流节点。

中储粮因地制宜推广应用先进适用绿色储粮技术,基本形成北方地区以低温准低温储粮为主、南方以控温和气调储粮为主的技术体系架构。目前,中央储备粮绿色科技储粮技术覆盖率已达到98%,共获得300多项专利。

在中储粮总部,可以现场实时查看各地直属库的库区作业和仓内粮食储存情况。通过布设在粮堆中的传感器,每栋仓房的粮食温度、湿度可以被实时采集、分析、预警,粮库管理有了"千里眼"。

中储粮的粮仓全面应用了内环流控温、氮气气调、智能通风等绿色储粮技术,从而确保中央储备粮数量真实、质量良好,在国家亟须时调得动、用得上。

据工作人员介绍,氮气气调可以使得储粮过程中氮气浓度达到98%时杀虫,氮气浓度达到95%时防虫,从而保证储粮新鲜,节能环保,实现绿色储粮。此外,新型储粮技术的应用也改善了粮库作业环境。以往夏天仓内温度在30℃以上,使用内环流控温系统后,粮仓内温度控制恒定,粮食水分损耗小,保管员进入粮仓就像进入空调房。

问题讨论

1. 有人认为,粮食仓储是一项传统商业行为,没有必要投入巨资建立物联网,你如何看待这种说法?
2. 粮食仓储有可能实现无人化管理吗?

复习思考题

1. 什么是危险品？危险品有哪些类别？
2. 简述危险品仓库管理一般要求。
3. 油品储存变质的原因有哪些？
4. 冷库仓储管理包括哪些方面内容？
5. 粮食储存有哪些基本方法？

实训题

组织学生参观企业的冷库或粮库，了解库房的管理规章制度，分析其优点与不足，并向仓库管理人员提出建议。

第八章

仓库的选址与布局设计

◆学习目标◆

通过本章学习，学生要了解仓库选址的影响因素及程序，掌握常用的选址决策方法，掌握仓库总平面规划的基本要求，熟悉仓库总平面规划的主要内容，熟悉作业区布置、库房内部布置的基本要求，了解仓库货品流动的形式安排与货位布置的形式安排。

开篇案例

菜鸟网络在杭州空港经济区内"筑巢"

菜鸟网络科技有限公司（以下简称菜鸟网络）计划通过5~8年时间，建设遍布全国的开放式、社会化物流基础设施，建立一张能支撑日均300亿元网络零售额的"中国智能物流骨干网络"，从而让货物在国内任何一个地区都能在24小时内送达。当下，菜鸟网络正在全国布局这一项目，在杭州地区的选址落在空港经济区。

菜鸟网络的杭州空港经济区项目总投资40亿元，其中，一期投资20亿元，计划建设约20万平方米的电子商务物联网应用中心，建成后可处理超过80万单/天的电子商务订单；建设10万平方米的电商运营中心、物流商务区和配套服务区；建设10万平方米的城市干线运输中心和车辆运力中心。该项目一旦建成运营，可提供电子商务年交易额达200亿元的物流服务。

为何青睐空港经济区？据分析，菜鸟网络主要看中当地区位优势。比如，空港经济区拥有年旅客吞吐量突破2000万人次的萧山国际机场，航空优势十分明显；国内民营快递前三强也已齐聚空港经济区，中国"快递之都"羽翼正丰。特别是，目前空港经济区正在推进以"一城三区五平台"为核心的千亿级空港智能物流园，将打造以物联网、大数据、云计算、电子商务、网络金融、跨境贸易为核心的国际物流服务平台。而这些与菜鸟网络的宗旨不谋而合。

（资料来源：《萧山日报》，文字有删改）

第一节 仓库选址的影响因素

一 仓库选址的概念

仓库选址是指在一个具有若干供应点及若干需求点的经济区域内，选一个地址建设仓库的规划过程。仓库选址首先是根据仓库的特点选择建设的地区，然后在所选择的地区内采用某种选址方法进一步确定建设的具体地点。

仓库的选址是仓库规划中至关重要的一步。一方面，仓库是不动产，拥有众多建筑物、构筑物以及固定机械设备，一旦建成很难搬迁，如果选址不当，则将付出沉重的长期代价；另一方面，如果仓库选址得当，就会使货品通过仓库的汇集、中转、分发，直到输送到需求点的全过程中，长期获得比较高的物流效率。

二 仓库选址的原则

（一）适应性原则

仓库的选址须与国家及地方的经济发展方针、政策相适应，与我国物流资源分布和需求分布相适应，与国民经济和社会发展相适应。

（二）协调性原则

仓库的选址应将区域物流网络作为一个大系统来考虑，使仓库的设施设备在地域分布、物流中心生产力、技术水平等方面互相协调。

（三）经济性原则

仓库在发展过程中，有关选址的费用，主要包括建设费用及物流费用（经营费用）两部分。仓库的选址定在市区、近郊区或远郊区，未来物流辅助设施的建设规模及建设费用以及运费等是不同的，在选址时，应以总费用最少为原则。

（四）战略性原则

仓库的选址应具有战略眼光。一是要考虑全局，二是要考虑长远规划。局部要服从整体，眼前利益要服从长远利益，既要考虑目前的实际需要，又要考虑日后发展的可能。

三、仓库选址的影响因素

（一）自然环境因素

1. 气象条件

仓库在选址过程中，主要考虑的气象条件有温度、风力、降水量、无霜期、冻土深度、年平均蒸发量等指标。如选址要避开风口，这是因为仓库建设在风口会加速露天堆放货品的老化。

2. 地质条件

仓库是大量货品的集结地。某些容重很大的建筑材料堆码起来会给地面带来很大压力。如果仓库地面下存在淤泥层、流沙层、松土层等不良地质条件，则可能给受压地段带来沉陷、翻浆等严重后果，为此，仓库选址要求土壤承载力高。

3. 水文条件

仓库选址需远离容易泛滥的河川流域与上溢的地下水区域，要认真考察近年的水文资料，地下水位不能过高，绝对禁止选择洪泛区、内涝区、故河道、干河滩等区域。

4. 地形条件

仓库应选择地势较高、地形平坦之处，且应具有适当的面积与外形，完全平坦的地形是最理想的，其次是稍有坡度或起伏的地方，山区和陡坡地段则应该完全避开。在外形上，可选择长方形，不宜选择狭长或不规则形状。

（二）经营环境因素

1. 经营环境

仓库所在地区的物流产业优惠政策对物流企业的经济效益将产生重要影响，数量充足和素质较高的劳动力也是仓库选址应考虑的因素之一。

2. 货品特性

仓库的选址应与产业结构、产品结构、工业布局紧密结合考虑。

3. 物流费用

物流费用是仓库选址所要考虑的重要因素之一。大多数仓库选择在接近物流服务的需求地建设,例如,接近大型工业区、商业区,以便缩短运距、降低运费等。

4. 服务水平

在现代物流过程中,能否实现准时运送是仓库服务水平高低的重要指标,因此,仓库在选址时,应保证客户在任何时候向仓库提出的物流需求都能快速获得满足。

(三) 基础设施状况

1. 交通条件

仓库必须具备方便的交通运输条件,最好靠近交通枢纽进行布局,如紧临港口、交通主干道、铁路编组站或机场,并有两种以上运输方法相连接。

延伸阅读

UPS优先在交通枢纽设立仓储中心

UPS宣布,在成都和上海开设两家全新的合同物流仓储中心,拓展在中国的物流网络。目前,UPS在中国的合同物流仓储中心总数超过130个,覆盖87个城市。这是UPS继宣布开设上海医疗设备仓储中心和杭州医疗保健仓储中心之后的又一重要举措。成都和上海的两个全新合同物流仓储中心将为客户提供配送和仓储解决方案。

UPS亚太区总裁表示:"UPS始终致力于投资亚洲市场,通过拓展运营设施来满足该地区客户的发展需求。UPS拥有可靠的服务、卓越的物流运营模式、行业领先的科技解决方案、全球性仓储配送和多模式运输网络,这些优势可令我们的客户获益。对于两家全新仓储中心的开设,我们感到非常高兴,这意味着我们恪守发展中国市场的承诺,并且UPS也在这一潜力巨大的市场中获得商机。"

从战略上看,这两家非保税仓储中心的位置均接近国际机场和主要公路网,能够为不断发展的多个行业（如高科技行业、工业制造行业、航空业以及零售业）提供物流支持。UPS 的客户能与 UPS 全球信息技术平台相连，从而获取仓储配送和备件服务支持。

UPS 成都仓储中心面积超过 4400 平方米；上海仓储中心面积超过 6500 平方米，距离上海浦东国际机场大约 3 千米。

2. 公共设施状况

仓库的所在地，要求城市的道路、通信等公共设施齐备，有充足的供电、供水、供热、供燃气的能力，并且场区周围要有污水、固体废物处理场所。

● **（四）其他因素**

1. 国土资源利用

仓库的规划应贯彻节约用地、充分利用国土资源的原则。仓库一般占地面积较大，周围需留有足够的发展空间，因此地价对仓库的布局规划有重要影响。此外，仓库的布局要兼顾区域与城市规划用地的相关要求。

2. 环境保护要求

仓库的选址需要考虑保护自然环境与人文环境等，尽可能降低仓库作业对城市生活的干扰。大型转运枢纽应设置在远离市中心的地方，以免增加城市交通压力，让城市的生态建设成果得以维持。

3. 位置选择

由于仓库是火灾重点防护单位，它不宜设在易散发火种的工业设施（如木材加工企业、冶金企业）附近，也不宜设在居民住宅区附近。

延伸阅读

某卖场配送中心选址

根据零售学理论，一个大卖场的选址需要经过精心测算。第一，需要测算商圈里的人口消费能力。首先对地区进行细化，计算区域内各个小区详尽的人口规模以及人口密度，了解区域内人口年龄分布、文化水平、职业分布、人均可支配收入等情况。划定重要的销售区域和普通的销售区域。第二，需要研究这片区域内的城市交通和周边商圈的市场竞争情况。

四 仓库选址注意事项

（一）因地而异

大中城市的仓库应采用集中与分散相结合的方式选址；在中小城镇中，因仓库的数量有限且不宜过于分散，故宜选择独立地段；在河（江）道较多的城镇，货品集散大多利用水运，仓库可选择沿河（江）地段建设。

（二）因库而异

转运型仓库大多经营倒装、转载或短期储存的周转类货品，大多采用多式联运方式，因此，一般应设置在城市边缘交通便利的地段，以方便转运和减少短途运输。储备型仓库主要经营国家或所在地区的中长期储备货品，一般应设置在城镇边缘或城市郊区的独立地段，且具备直接而方便的水陆运输条件。综合型仓库经营的货品种类繁多，应根据货品类别和物流量选择在不同的地段，如与居民生活关系密切的生活型仓库，若物流量不大又没有环境污染问题，则可选择在接近服务对象的地段，但应具备方便的交通运输条件。

（三）因品而异

经营不同货品的仓库对选址的要求不同。例如：果蔬食品仓库应选择入城干道处，以免运输距离过长，货品损耗过大；冷藏品仓库往往选择在屠宰场、加工厂、毛皮处理厂等附近；有些冷藏品仓库会产生特殊气味、污水、污物，设备噪声较大，可能对所在地环境造成一定影响，故应选址城郊；通常建筑材料仓库的物流量大、占地多，可能产生某些环境污染问题，有严格的防火等安全要求等，因此，建筑材料仓库应选址在城市边缘的对外交通运输干线附近。

燃料及易燃材料仓库应满足防火要求，选择在城郊的独立地段建设，若在气候干燥、风速较大的城镇，还必须选址在大风季节的下风位或侧风位，特别是油品仓库选址应远离居住区和其他重要设施，最好在城镇外围的地形低洼处。

第二节 仓库选址的程序和方法

一 仓库选址的程序

在进行仓库选址时,可以按照图8-1所示的程序进行。

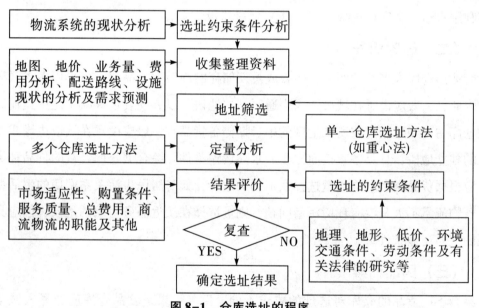

图8-1 仓库选址的程序

(一) 选址约束条件分析

选址时,首先要明确建立仓库的必要性、目的和意义,然后根据物流系统的现状进行分析,制定物流系统的基本计划,确定所需要了解的基本条件,以便大大缩小选址的范围。

1. 需要条件

需要条件包括仓库的服务对象,即顾客的现在分布情况及未来分布情况的预测、货品作业量的增长率及配送区域。

2. 运输条件

仓库应靠近铁路货运站、港口和公共汽车终点站等流通据点，同时，应靠近运输者的办公地点。

3. 配送服务条件

向顾客报告到货时间、发货频次，根据供货时间计算从顾客到仓库的距离和服务范围。

4. 用地条件

仓库选址要考虑是用现有的土地还是重新取得地皮；如果重新取得地皮，那么地价有多贵；在地价允许范围内的用地分布情况如何。

5. 法规制度

根据指定用地区域等法律规定，明确有哪些地区不允许建立仓库。

6. 流通职能条件

仓库选址要考虑商流职能与物流职能是否分开；仓库是否也附有流通加工的职能；如果需要，从保证职工人数和通勤方便出发，是否要限定仓库的选址范围。

7. 其他

不同的物流类别有不同的特殊需要，如为了保持货品质量的冷冻、保温设施，防止公害设施和危险品保管设施等，对选址都有特殊要求，在选址时应考虑是否满足条件。

（二）收集整理资料

仓库选择地址的方法，一般是通过成本计算，也就是将运输费用、配送费用及物流设施费用模型化，采用约束条件及目标函数建立数学公式，从中寻求费用最小的方案。但是，采用成本计算方法寻求最优的选址方案时，必须对业务量和生产成本进行正确分析和判断。

1. 掌握业务量

仓库在选址时，应掌握的业务量包括如下内容：工厂到仓库之间的运输量、向顾客配送的货品数量、仓库保管的数量、配送路线别的业务量。

因为上述业务量在不同时期会有波动，所以要对数据进行研究。除了对现状各项数据进行分析外，还必须确定仓库在建成后的预测数值。

2. 掌握费用

仓库在选址时，应掌握的费用如下：工厂到仓库之间的运输费，仓库到顾客之间的配送费，设施、土地的费用以及人工费、业务费等。因为前两项费用随着业务量和运送距离的变化而变动，所以必须对每吨千米的费用进行成本分析，第三项包括可变费用和固定费用，最好根据可变费用和固定费用之和进行成本分析。

3. 其他

在基本比例尺地图上标出顾客、现有设施及工厂的位置，并整理各候选地址的配送路线及距离等资料，将必备车辆数、作业人数、装卸方式、装卸费用等结合起来考虑。

（三）地址筛选

在对所取得的上述资料进行充分整理和分析，并考虑各种因素的影响及对需求进行预测后，就可以初步确定选址范围，即确定初始候选地点。

（四）定量分析

针对不同情况选用不同模型进行计算，得出结果。如果是对单一仓库进行选址，则可采用重心法等；如果是对多个仓库进行选址，则可采用奎汉-哈姆勃兹模型、鲍摩-瓦尔夫模型、CELP法等。

（五）结果评价

结合市场适应性、购置土地条件、服务质量条件等对计算结果进行评价，看是否具有现实意义及可行性。

（六）复查

分析其他影响因素对计算结果的相对影响程度，分别赋予它们一定的权重，采用加权法对计算结果进行复查。如果复查通过，则原计算结果即为最终结果；如果复查发现原计算结果不适用，则返回第三步继续计算，直至得到最终结果。

（七）确定选址结果

在用加权法复查通过后，计算所得的结果即可作为最终的计算结果。但是，所得解不一定为最优解，可能只是符合条件的满意解。

二 仓库的选址方法

仓库选址的具体方法多种多样,如重心法、综合因素评价法、盈亏点平衡评价法、线性规划表上作业法、启发式算法等。这些方法各有优势特点,也都有不足之处。重心法和综合因素评价法比较有代表性,下面主要介绍重心法和综合因素评价法。

(一) 重心法

1. 单一仓库的选址

仓库是物流过程中的一个节点,理论上说,它应该是货品集中和分发过程中费用发生最小的理想地点。平面几何图形有一个重心问题,仓库选址所用的重心法也是要找到一个类似的"重心",具体来说,就是寻求使得总运输成本最小的仓库位置。其中,总运输成本与需求点到仓库的距离、运输费率和各点的货品运输量相关。总运输成本的公式为:

$$\min TC = \sum V_i R_i d_i$$

式中:TC 为总运输成本;V_i 表示 i 点的运输量;R_i 表示 i 点的运输费率;d_i 表示从位置待定的仓库到 i 点的距离。

重心法是在理想条件下求出的仓库位置,但模型中的假设条件在实际生活中会受到一定的限制。重心法在计算中简化的假设条件包括以下几个方面。

(1) 模型常常假设需求量集中于某一点,但实际上需求来自于分散在广阔区域内的多个消费点。

(2) 模型没有区分在不同地点建设及经营仓库的其他成本,而只计算运输成本。

(3) 运输成本在公式中是以线性比例随距离增加的,而运费是由不随运距变化的固定部分和随运距变化的可变部分组成的。

(4) 模型中仓库与其他网络节点之间的路线通常假定为直线,而实际运输所采用的路线可能是非直线的。

(5) 模型未考虑未来收入和成本的变化。

从以上假设中可以看出,模型存在诸多的限制条件,但这并不意味着模型没有价值,重要的是选址模型的结果对事实问题的敏感程度。如果简化假设条件,模型对仓库选址的建议影响很小或根本没有影响，那么可以证明简单的模型比复杂的模型更有效。

2. 多个仓库的选址

由于现代物流网络包含两个及以上的仓库，在现代物流网络规划中，会出现多个仓库的选址问题。这个问题可以分解为以下问题：

（1）应该建设多少个仓库？
（2）仓库应该建设在什么地方？
（3）仓库的规模应该有多大？
（4）每个仓库所服务的客户是哪些？
（5）每个仓库的供应渠道是什么？
（6）每个仓库应该存放什么样的货品？
（7）送货的方式应如何选择？

一般可以先将起讫点预先分配给位置待定的仓库，这样就形成了与待选仓库数量相同多的起讫点群落。随后找出每个起讫点群落的重心。

针对仓库进行起讫点分配的方法有很多，可以先把相互间距离最近的点组合起来形成群落，找出各群落的重心位置，再将各点重新分配到位置已知的仓库，找出修正后的各群落新的重心位置，继续重复上述过程直到不再有任何变化，从而完成特定数量仓库选址的计算。

增加仓库数量，通常会使运输成本下降，但物流过程中的其他成本会上升，特别是仓库建设的固定成本和库存持有成本的上升。多个仓库的选址问题也可以采用其他方法解决，这里不一一介绍了。

●（二）综合因素评价法

仓库在选址时，要考虑的因素是多方面的，其中，有许多非经济因素无法进行客观测量。这个时候可以借助综合因素评价法，将非经济因素进行量化处理，用一定的方法计算各选址方案得分，以得分高的方案为合理方案。

综合因素评价法实际指代一类方法，如加权因素法和因子分析法。下面对这两种方法作介绍。

1. 加权因素法

若在仓库选址中仅对影响仓库选址的非经济因素进行量化分析评价，则一般可以采用加权因素法。加权因素法的应用步骤如下：

（1）对仓库选址涉及的非经济因素通过决策者或专家打分，用求平均值的方法确定各非经济因素的权重，权重大小可界定为1~10；

（2）专家对各非经济因素就每个备选场址进行评级，可分为5级，用字母A、E、I、O、U表示，各个级别分别对应不同的分数（A=4分、E=3分、I=2分、O=1分、U=0分）；

（3）将某非经济因素的权重乘以对应选址方案级别分数，得到该因素所得分数；

（4）将各方案的非经济因素分数相加，即得各方案总分数，总分数最高的方案即为最佳选址方案。

例如：某配送中心为了选址，设计了甲、乙、丙、丁4种方案，专家对非经济因素的权重和评级分数进行确定，计算结果如表8-1所示。

表8-1 各方案权重与评级分数表

非经济因素	权重	各选址方案等级及分数			
		甲方案	乙方案	丙方案	丁方案
场址位置	9	A/36	E/27	I/18	I/18
面积和位置	6	A/24	A/24	E/18	U/0
地势和坡度	2	O/2	E/6	I/6	I/6
风向、日照	5	E/15	E/15	I/10	I/10
铁路接轨条件	7	I/14	E/21	I/14	A/28
施工条件	3	I/6	O/3	E/9	A/12
同城市规划的关系	10	A/40	E/30	E/30	I/20
合计		137	125	105	94

从表8-1中的计算结果可以看出，甲方案得137分，得分最高，因此，甲方案的选址最佳。

2. 因子分析法

因子分析法是将经济因素和非经济因素按照相对重要程度统一起来，确定各种因素的重要性因子和各个因子的权重比率，按重要程度计算各方案的库址重要性指标，以库址重要性指标最高的方案为最佳方案。

因子分析法设经济因素的相对重要性为M，非经济因素的相对重要性为N，经济因素和非经济因素重要程度之比为 $m:n$。

$$M = \frac{m}{m+n}, \quad N = \frac{n}{m+n}$$

（1）确定经济因素的重要性因子 T_i。设有 k 个备选库址方案，C_i 为每个备选库址方案的各种经济因素所反映的货币量之和（即该备选库址方案的经济成本）。

$$T_j = \frac{\dfrac{1}{C_i}}{\sum_{i=1}^{k} \dfrac{1}{C}}$$

在上式中，取成本的倒数进行比较是为了和非经济因素进行统一。因为非经济因素越重要，其指标应该越大，而经济成本就越高，经济性就越差，所以取成本倒数进行比较，计算结果数值大者经济性好。

（2）确定非经济因素的重要性因子 T_f。非经济因素的重要性因子 T_f 的计算分三个步骤。

第一，确定单一非经济因素对于不同候选库址的重要性。即就单一因素将备选库址两两比较，令较好的比重值为1，较差的比重值为0。将各方案的比重除以所有方案所得比重之和，得到单一因素相对于不同库址的重要性因子 T_d，计算公式如下。

$$T_d = \frac{W_j}{\sum_{i=1}^{k} W_j}$$

式中：T_d 表示单一因素对于备选库址 j 的重要性因子；W_j 表示单一因素所获得比重值。

第二，确定各个因素的权重比率 G_i。对于不同的因素，确定权重比率 G_i。可以用上面步骤两两相比的方法，也可以由专家根据经验确定，所有因素的权重比率之和为1。

第三，将单一因素的重要性因子乘以权重，将各种因素的乘积相加，得到非经济因素对各个候选库址的重要性因子 T_f，计算公式如下。

$$T_f = \sum_{i=1}^{k} G_i \cdot T_{di}$$

式中：T_{di} 为非经济因素 i 对备选库址的重要程度；G_i 为非经济因素 i 的权重比率；k 为非经济因素的数目。

仓库的选址与布局设计 第八章

（3）将经济因素的重要性因子和非经济因素的重要性因子按重要程度叠加，得到该库址的重要性指标 C_i。

$$C_i = M \cdot T_j + N \cdot T_f$$

式中：T_j 为经济因素的重要性因子；T_f 为非经济因素的重要性因子；M 为经济因素的相对重要性；N 为非经济因素的相对重要性。

例如，某公司拟建一座爆竹加工厂，有3处备选库址方案A、B、C，重要经济因素成本如表8-2所示，非经济因素主要考虑政策法规因素、气候因素和安全因素。就政策法规因素而言，A方案最宽松，B方案次之，C方案最差；就气候因素而言，A、B两个方案相同，C方案次之；就安全因素而言，C方案最好，B方案次之，A方案最差。据专家评估，三种非经济因素比重为：政策法规因素0.5、气候因素0.4、安全因素0.1。要求用因次分析法确定最佳库址。

表8-2 各方案的成本统计

经济因素	成本（单位：万元）		
	A方案	B方案	C方案
原材料	300	260	285
劳动力	40	48	52
运输费	22	29	26
其他费用	8	17	12
总成本	370	354	375

解：首先确定经济性因素的重要因子 T_i。

$$\frac{1}{C_1} = \frac{1}{370} = 2.703 \times 10^{-3}$$

$$\frac{1}{C_2} = \frac{1}{354} = 2.833 \times 10^{-3}$$

$$\frac{1}{C_3} = \frac{1}{375} = 2.667 \times 10^{-3}$$

则：

$$\sum_{i=1}^{3} \frac{1}{C_i} = 8.203 \times 10^{-3}$$

$$T_{jA} = \frac{\dfrac{1}{C_1}}{\sum_{i=1}^{3} \dfrac{1}{C_i}} = \frac{2.703}{8.203} = 0.330$$

$$T_{jB} = \frac{2.833}{8.203} = 0.354$$

同理：

$$T_{jC} = \frac{2.667}{8.203} = 0.325$$

确定非经济因素的重要性因子 T_f。

① 首先确定单一因素的重要性因子 T_d，分别如表 8-3、表 8-4、表 8-5 所示。

表 8-3　各方案政策因素比较表

库址	两两相比			比重和	T_d
	A—B	A—C	B—C		
A	1	1		2	2/3
B	0		1	1	1/3
C		0	0	0	0

表 8-4　各方案气候因素比较表

库址	两两相比			比重和	T_d
	A—B	A—C	B—C		
A	1	1		2	2/4
B	1		1	2	2/4
C		0	0	0	0

表 8-5　各方案安全因素比较表

库址	两两相比			比重和	Td
	A—B	A—C	B—C		
A	0	0		0	0
B	1		0	1	1/3
C		1	1	1	2/3

②将各非经济因素汇总如表8-6所示。

表8-6 各方案非经济因素汇总表

因素	A方案	B方案	C方案	权重
政策法规	2/3	1/3	0	0.5
气候	2/4	2/4	0	0.4
安全	0	1/3	2/3	0.1

③计算各选址方案非经济因素的重要性因子 T_f。

$$T_{fA} = \frac{2}{3} \times 0.5 + \frac{2}{4} \times 0.4 + 0 \times 0.1 = 0.533$$

$$T_{fB} = \frac{1}{3} \times 0.5 + \frac{2}{4} \times 0.4 + \frac{1}{3} \times 0.1 = 0.4$$

$$T_{fC} = 0 \times 0.5 + 0 \times 0.4 + \frac{2}{3} \times 0.1 = 0.067$$

最后计算总的重要性指标 C_i。

$$C_i = M \cdot T_j + N \cdot T_f$$

④假定经济因素和非经济因素同等重要，则：

$$M = N = 0.5$$

$$C_{iA} = 0.5 \times 0.330 + 0.5 \times 0.533 = 0.4315$$

$$C_{iB} = 0.5 \times 0.343 + 0.5 \times 0.4 = 0.3726$$

$$C_{iC} = 0.5 \times 0.325 + 0.56 \times 0.067 = 0.196$$

根据以上计算，因A方案重要性指标最高，故选A方案作为建厂库址。

假定经济因素权重为0.7，非经济因素权重为0.3，则：

$$C_{iA} = 0.7 \times 0.330 + 0.3 \times 0.533 = 0.3909$$

$$C_{iB} = 0.7 \times 0.343 + 0.3 \times 0.4 = 0.3601$$

$$C_{iC} = 0.7 \times 0.325 + 0.3 \times 0.067 = 0.2485$$

根据以上计算，仍旧是A方案重要性指标最高，因此，A方案最佳。

第三节 仓库的平面规划

仓库总平面规划,就是根据仓库总体设计要求,科学地解决生产和生活两大领域的布局问题,如主要业务场所、辅助业务场所、办公场所、生活设施场所等,在规定的范围内,进行统筹规划、合理安排,最大限度地提高仓库的储存和作业能力,并降低各项仓储作业费用。

一 仓库面积的概念

仓库的种类和规模不同,其面积的构成也不尽相同,进行仓库平面规划首先必须明确仓库面积的有关概念,再确定仓库的相关面积。

(一)仓库总面积

仓库总面积指从仓库外墙线算起,整个围墙内所占的全部面积。若在墙外还有仓库的生活区、行政区或库外专用线,则应包括在总面积之内。

(二)仓库建筑面积

仓库建筑面积指仓库内所有建筑物所占平面面积之和。若有多层建筑,则应加上多层面积的累计数。仓库建筑面积包括:生产性建筑面积(包括库房、货场、货棚所占建筑面积之和)、辅助生产性建筑面积(包括机修车间、车库、变电所等所占建筑面积之和)和行政生活建筑面积(包括办公室、食堂、宿舍等所占面积之和)。

(三)仓库使用面积

仓库使用面积指仓库内可以用来存放货品的面积之和,即库房、货棚、货场的使用面积之和。其中,库房的使用面积为库房建筑面积减去外墙、内柱、间隔墙及固定仓库等所占的面积。

(四)仓库有效面积

仓库有效面积指在库房、货棚、货场内计划用来存放货品的面积之和。

（五）仓库实用面积

仓库实用面积指在仓库使用面积中，实际用来堆放货品所占的面积，即库房使用面积减去必须的通道、垛距、墙距及进行收发、验收、备料等作业区面积后所剩余的面积。

库房（或货棚或货场）实用面积的计算公式如下。

$$S = \frac{Q}{q}$$

式中：S 为库房（或货棚、货场）的实用面积；Q 为库房的最高储存量；q 为单位面积货品储存量。

仓库总面积的计算公式如下。

$$F = \frac{\sum S}{\lambda}$$

式中：F 为仓库的总面积；$\sum S$ 为仓库实用面积之和；λ 为仓库面积利用系数。

二 仓库的总平面规划

现代仓库总平面规划一般可以划分为生产作业区、辅助作业区和行政生活区三大部分。现代仓库为适应货品快速周转的需要，在总体规划布置时，应注意适当增大生产作业区中收发货作业区面积和检验区面积。

（一）总平面规划的基本要求

遵守各种建筑及设施规划的法律、法规；满足仓库作业流畅性要求，避免迂回运输；保障货品的储存安全；保障作业安全；最大限度地利用仓库面积；有利于充分利用仓库设施和机械设备；符合安全保卫和消防工作要求；考虑仓库扩建的要求。

（二）总平面规划的主要内容

1. 生产作业区

生产作业区是仓库的主体，是仓储的主要活动场所，主要包括储货区、车道、铁路专用线、码头、装卸平台等。

储货区是储存保管、收发整理货品的场所，是生产作业区的主体区域。储货区主要由保管区和非保管区两大部分组成。保管区是主要用于储存货品的区域，非保管区主要包括各种装卸设备通道、待检区、收发作业区、集结区等。现代仓库已由传统的储备型仓库转变为以收发作业为主的流通型仓库，其各组成部分的构成比例通常为：合格品储存区面积占总面积的40%~50%，通道占总面积的8%~12%，待检区及出入库收发作业区占总面积的20%~30%，集结区占总面积的10%~15%，待处理区和不合格品隔离区占总面积的5%~10%。

库存铁路专用线应与铁路、码头、原料基地相连接，以便机车直接进入库区内进行货运。库内的铁路线最好是贯通式的，一般应顺着库长方向铺设，并应使岔线的直线长度达到最大限度，其股数应根据货场和库房宽度及货运量来决定。

仓库应根据货品流向的要求，结合地形、面积、库房建筑物、货场的位置综合考虑，以决定道路的走向和形式。汽车道主要用于起重搬运机械调动及防火安全，同时也要保证仓库和行政区、生活区之间的畅通。仓库道路分为主干道、次干道、人行道和消防通道等。主干道应采用双车道，宽度应在6~7米；次干道为3~3.5米的单车道；消防通道的宽度不少于6米，应布局在库区的外周边。

在河网密集地区建仓库，应尽量利用水路运输的有利条件，对河道的水文资料进行调查，以便确定码头的位置、建筑式样以及吊装设备。码头位置应选在河床平稳、水流平直、水域堤岸较宽、水深足够的地方，以便于船舶安全靠离码头，进行装卸作业。

2. 辅助作业区

辅助作业区是指为仓储业务提供各项服务的设备维修车间、车库、工具设备库、油库、变电室等。值得注意的是，油库的设置应远离维修车间、宿舍等易出现明火的场所，周围须设置相应的消防仓库。

3. 行政生活区

行政生活区是行政管理机构办公和职工生活的区域，具体包括办公楼、警卫室、化验室、宿舍和食堂等。为便于业务接洽和管理，行政管理机构一般布置在仓库的主要出入口，并与生产作业区用隔墙分开。这样既方便工作人员与作业区的联系，又避免非作业人员对仓库生产作业的影响和干扰。职工宿舍楼一般应与生产作业区保持一定距离，以保证仓库的安全和生活区的安宁。

此外，仓库的消防水道，应以环行系统布置于仓库全部区域，在消防系统管道上须装有室内外消火栓。消火栓应沿道设置,并靠近十字路口,其间隔不超过100米,距离墙壁不少于5米。根据当地气候,消火栓可建成地下式或地上式。

三、库房内部平面规划

库房储存区域可划分为:待检区、待处理区、不合格品隔离区、合格品储存区等。

(一)待检区

待检区用于暂存处于检验过程中的货品。该区域内货品一般采用黄色的标识以区别于其他状态的货品。

(二)待处理区

待处理区用于暂存不具备验收条件或质量暂时不能确认的货品。该区域内货品一般采用白色的标识以区别于其他状态的货品。

(三)不合格品隔离区

不合格品隔离区用于暂存质量不合格的货品。该区域内货品一般采用红色的标识以区别于其他状态的货品。

(四)合格品储存区

合格品储存区用于储存合格的货品。该区域内货品一般采用绿色的标识以区别于其他状态的货品。

为方便业务处理和库内货品的安全,待检区、待处理区和不合格品隔离区应设在仓库的入口处。仓库内除设置上述基本区域外,还应根据仓储业务的需要,设置卸货作业区、流通加工区和出库备货区等。

四、仓库的立体规划

仓库的立体规划,是指仓库在立体空间上的布置,即仓库在建筑高度上的规划。仓库在基建时,应因地制宜地将场地上自然起伏的地形加以适当改造,以满足库区各建筑物、库房和货场之间的装卸运输要求,并合理地组织场地排水。

(一)库房、货场、站台标高布局

库房地坪标高与库区路面标高决定于仓储机械化程度和叉车作业情况。库房地坪与路面之间的高差要适当,最多不超过 4% 的纵向坡度,以提高机械作业的效率。

货场一般沿铁路线布置,多数跨铁路专用线两侧。在标高上,货场应确保铁路专用线的正常运营。

装卸站台一般有汽车站台和火车站台之分,其高度和宽度与铁路线和汽车道标线标高关系密切,通常因货品批量大小、搬运方式和运输工具而异。装卸站台一般又分为高站台和低站台两种。处理多品种、少批量的货品,仓库一般用高站台,即站台高度与汽车货台高度一样。高站台的站台平面与出入库作业区连成一体,进出库的货品可以方便地装入车内。一般汽车站台高出路面 0.9~1.2 米,宽度不少于 2 米;火车站台高出轨面 1.12 米,宽度不少于 3 米。处理少品种、大批量的货品,仓库一般用低站台,即站台面和地平面等高,以有利于铲斗车、吊车等机械进行装卸作业。此外,还有一种可升降站台,即根据需要调节高度和坡度。

(二)合理利用地坪建筑承载能力

仓库地坪单位面积建筑承载能力因地面、垫层和地基结构的不同而不同。例如,在坚硬的地基上采用 300 毫米厚的片石,地面用 200 毫米厚的混凝土,其建筑承载能力为 5~7 吨/平方米。仓库应充分利用地坪的承载能力,用货架存货,以充分利用空间,同时使用装卸机械设备配合作业,加快库存货品的周转速度。

第四节 仓库的储存规划

仓库储存规划包括对作业区的布置、库房布置、货位布置等内容,是实现合理储存的必要步骤,是有效利用仓库设施和提高收发存取的效率的必然要求。

第八章 仓库的选址与布局设计

一 仓库作业区的布置

仓库作业区布置要求以主要库房和货场为中心,对各个作业区域加以合理布置。特别在有铁路专用线的情况下,专用线的位置和走向制约着整个库区的布局。

(一) 作业区布置应考虑的因素

1. 仓库特性

不同类型的仓库对作业区规划有不同的要求。例如,冷库要求作业区结构紧凑,制冷机房与库房间有一定距离;化工品库房要求设置隔离区,对通风、防潮、防火有严格的规定。

2. 货品吞吐量

在仓储作业区内,各个库房、货场储存的货品品种和数量不同,并且不同货品的周转速度也不同,这些都直接影响库房的出入库作业量。在进行作业区布置时,仓库应根据各个库房和货场的吞吐量来确定它们在作业区内的位置。吞吐量较大的库房应尽可能靠近铁路专用线或库内运输干线,以减少搬运和运输距离。

3. 库内道路

库内道路的配置与仓库主要建筑设施的规划是相互联系、相互影响的。在进行库房、货场和其他作业场地布置时,应该考虑作业场地和道路的配置,尽可能减少运输作业的混杂、交叉和迂回。另外,仓库在布置时,还应根据储存的具体要求合理确定干、支线的配置,适当确定道路的宽度,最大限度地减少道路的占地面积。

4. 仓库作业流程

仓库作业流程是在规划库房时要考虑的重要因素。简单的储存型库房,规划起来比较简单。综合性的物流中心可以完成繁杂的库房作业,包括接货、检验、储存、分拣、再包装、简单加工、配货、出库等作业环节。为了以最小的人力、物力耗费和在最短的时间完成各项作业,仓库就必须按照各个作业环节之间的内在联系对作业场地进行合理布置,使作业环节之间密切衔接,环环相扣。

5. 机械设备的使用特点

根据储存货品的特点和装卸搬运要求,货场要适当配备各种作业设备。例如,输送带、叉车、桥式起重机以及汽车等。为了充分发挥不同设备的使用特点,提高作业效率，在布置库房、货场时，仓库需要考虑所配置的设备情况。每种设备各有不同的使用要求和合理的作业半径，因此，仓库必须从合理使用设备出发，确定设备在库房、货场作业区内的位置以及与铁路专用线的相对位置。

(二) 作业区布置基本任务

1. 减少运输和搬运的距离，力求使用最短的作业路线

从整个仓库业务过程来看，仓库作业始终贯穿货品、设备和人员的运动，合理布置作业场地可以减少设备和人员在各个设施之间的运动距离，节省作业费用。

2. 有效地利用时间

不合理的规划必然造成人员设备的无效作业，增加额外的工作量，从而延长作业时间。合理的规划的主要目的之一就是避免时间上的浪费。合理的规划可以避免因阻塞等而产生的作业中断，并且因为作业方便，所以各个环节上人员和设备的闲置时间减少了。这些都有利于缩短作业时间，提高作业效率。

3. 充分利用仓库面积

仓库对不同规划方案进行比较和选择，以减少仓库面积浪费，使仓库布局紧凑、合理。

二、库房内部布置

库房内部规划的主要目的是提高库房内作业的灵活性和有效利用库房内部空间。根据库房作业的主要内容，库房可以分为储备型和流通型两类。由于这两类库房的主要作业内容不同，库房的布置要求也就不同。

(一) 储备型库房的布置

储备型库房是以货品保管为主的库房。在储备型库房中储存的货品一般周转速度较为缓慢，并且以整进整出为主。例如，在采购供应仓库、战略储备仓库和储运公司等以储运业务为主的库房中，货品的储存时间较长，两次出入库作业的间隔时间也较长。对于储备型仓库，库房规划的重点应该是尽可能压缩非储存面积，增加储存面积。

在储备型库房内，除需要划出一定的货品检验区、货品集结区以及在储存区内留有必要的作业通道之外，库房的主要面积应用于储存货品。检验区是为了满足对入库货品进行验收作业的需要，集结区是为了满足对出库货品进行备货作业的需要。根据库房内货位的布置及货品出入库的作业路线，储存区还需要规划出必要的作业通道。

储备型库房的规划特点是突出强调提高储存面积占库房总面积的比例，为此，必须严格核定各种非储存区的占用面积。库房内非储存区一般包括货品出入库作业场地、作业通道、墙距和垛距。在核定作业场地，即检验区和集结区时，要考虑库房平时出入库的货品数量。一般来说，库房出入库作业量增大，这些区域也应该相应地扩大，以保证及时、有效地组织货品出入库作业。如果库房一次收发货量较少，可利用主通道作为收发货场地时，就不需要另外开辟场地。库房在核定作业通道所需面积时，一方面，应该注意在合理安排出入库作业路线的基础上，适当减少作业通道的数量和长度；另一方面，在确定作业通道的宽度时，主要应考虑使用机械设备的类型、尺寸、灵活性以及操作人员的熟练程度等。

● **（二）流通型库房的布置**

流通型库房是以货品收发为主的库房，如批发和零售仓库、中转仓库和储运公司以组织货品运输业务为主的库房。在这类库房中，货品一般周转速度较快，库房频繁地进行出入库作业。

为了适应库房内大量货品经常性收发作业的需要，在进行库房布置时，必须充分考虑提高作业效率的要求。

与储备型库房相比，流通型库房的规划有不同的特点。流通型库房缩小了储存区面积，而增加了检货及出库准备区面积。在流通型库房里，备货往往是一项既复杂，工作量又大的作业。检货及出库准备区的作用就是方便货品出库作业。在检货及出库准备区内，各种货品按一定次序被安排在各个货位上。当进行备货作业时，作业人员或机械在货位间的通道内巡回穿行，将需要的货品不断拣出，送往集结区发运。

在流通型库房中，货品经过验收后首先进入储存区。在储存区内，货品按一定要求进行密集堆码。随着货品不断出库，拣货区的货品不断减少，这时就需要从储存区向拣货区补充货物。通过设置拣货及出库准备区能较好地协调储存与作业的需要。货品在储存区集中保管，经拣货及出库准备区出库，仓库可以提高作业效率和灵活性。

确定拣货及出库准备区面积主要应考虑货品出库作业的复杂程度和作业量。作业越复杂，作业量越大，作业区也应该越大，以避免在作业过程中，因作业场地过于拥挤而降低作业效率。

对于流通型库房来说，库房布置不是以提高面积利用率为主，而是要综合考虑各种需要。实际上，库房储存的货品周转速度越快，储存面积相对也越小。这是促使库房向空间发展，以争取储存空间的主要原因之一。

三、仓库货品流动形式安排

在现代物流系统中，仓库的作用由储存向着周转的方向变化。仓库中的主要作业成本也由储存成本向货品移动成本变化，因此，如何加快货品在仓库中的流动速度、减少流动环节、缩短移动距离，就成为仓库管理的努力方向。

在仓库布局中，优先考虑的就是如何让货品快速移动。货品在仓库中移动时，经过以下四个步骤：收货，批量存货，拣货和批量配货，出货。

货品在仓库中的自然流动过程体现了以上四个步骤，仓库在规划布局时，必须尽量缩短每个步骤之间的移动距离，使移动过程尽可能连续。通常货品在仓库中的流动方式有三种：直线型流动、U型流动和T型流动，如图8-2、8-3、8-4所示。

直线型流动仓库出货区和收货区建筑物的方向不同，往往用于接收邻近工厂的货品，或用不同类型车辆来出货和发货。直线流动型布置受环境和作业特性的限制，例如，中国北方地区不适于采用直线流动型布置，主要是因为采用直线流动型布置的仓库在冬季会出现穿堂风，从而影响作业。

图8-2 直线型流动

U型流动仓库在建筑物一侧有相邻的两个收货站台和发货站台，并且具有以下特点：站台可以根据需要作为收货站台或发货站台；如有必要可以在建筑物的两个方向发展；使用同一个通道供车辆出入；易于控制和安全防范；环境保护问题较小。

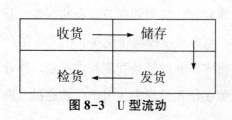

图8-3 U型流动

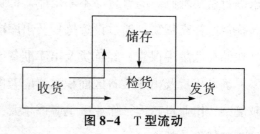

图8-4 T型流动

T型流动是在直线型的基础上,增加了存货区域功能。它有以下特点:可以实现快速流转和储存功能;可以根据需求增加储存面积;适用的范围更广。

延伸阅读

货品流动原则

为了缩短货品单件流动距离,提高流动效率,一般的做法是批量操作,不到最后关头不拆散货品。这是因为整托盘操作比拆箱操作在成本上更加节省,在经济意义上更加有效。在所有货品都必须频繁移动的仓库中,批量储存能使货品快速移动,也能减少库位不足的矛盾。

四、货位布置的形式安排

库房内货架或货垛的布置一般有直形和斜形两大类。在直形排列中,又有横列式、纵列式和混合式三种。露天货场上货垛的安排,一般与货场的主要作业通道成垂直方向,即按横列式排列,以便于搬运和装卸。

(一) 直形布置

即货架或货垛的排列与两侧墙壁互相垂直或平行。具体又分为横列式布置、纵列式布置和混合式布置。

1. 横列式布置

横列式布置,是指货架或货垛的长度方向与库房两侧墙壁互相垂直,即与两端山墙互相平行(见图8-5)。

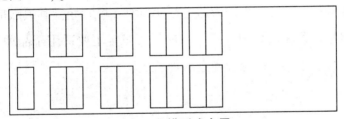

图8-5 横列式布置

从图 8-5 中可看出，横列式布置的主要优点是运输通道较长，作业通道较短，通风采光良好，因此，仓库对库存物资的收发和查验较方便，这有利于实现机械化作业。但是，横列式布置运输通道占用的面积较多，从而影响了仓库的面积利用率。

2. 纵列式布置

纵列式布置，是指货架或货垛的长度方向与库房两侧墙壁互相平行，即与两端墙面互相垂直（见图 8-6）。

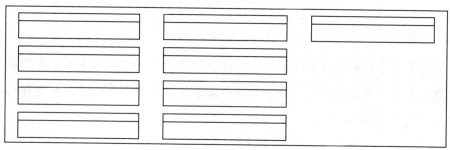

图 8-6　纵列式布置

纵列式布置的优点、缺点与横列式正好相反。其优点主要是仓库面积利用率比较高；缺点是难以进行机械化作业，特别是叉车作业，存取货品不便，通风采光不良。

3. 混合式布置

混合式布置，是指在同一库房内，货架或货垛的排列既有横列式又有纵列式，兼有上述两种方式的特点。

（二）斜形布置

斜形布置，是指货架或货垛与主通道的交角成 60°、45°或 30°，即成斜向排列，具体可分为货垛倾斜和通道倾斜两种情况。货垛倾斜，是指货垛的长度方向相对于运输通道和库墙成一锐角。通道倾斜，是指运输通道与库墙成一锐角，而货垛垂直于库墙排列。

斜形布置方式的优点主要是：进行叉车作业时，不必直角转弯，操作方便，可提高装卸搬运作业效率，同时，可缩短通道宽度和架（垛）距。其缺点是，形成众多的三角形区域，区域面积无法集中使用。一般斜式布置主要适用于品种较少，批量大，可用叉车操作直接上下架、码垛及搬运的货品。

五 库房非储存面积的设计与布置

（一）通道

库房内的通道可分为主通道、架（垛）间通道的巡回通道。主通道又可分为纵向通道和横向通道。库房纵向通道宽度一般为 2.5~3 米；每隔 20~30 米设一条横向通道，宽度可与门宽相同。主通道主要是供装卸搬运设备在库内行走，其宽度主要取决于装卸搬运设备的外形尺寸、回转范围以及单元装卸货品的尺寸。

货架、货垛间的通道，主要供作业人员存取搬运货品时行走用。其宽度视具体情况而定。一般情况下，货架间通道宽度为 1 米左右。巡回通道作为仓库保管员穿行架（垛）间的过道，宽度一般为 0.5 米左右。

（二）墙距

墙距是货架（垛）与库墙之间必须保持的一定距离，以保证建筑物的安全及让货品免受库外温湿度的影响。一般库房内墙距为 0.3~0.5 米。当墙距兼作一般通道用时，可放宽至 1 米左右。

（三）收发料区

收发料区是供收料、发料前临时存放货品的场所，一般应分别划出收料区和发料区。如二者共用，则应注意收发料切勿混淆。

收发料区一般设在库门附近，以方便收发料作业，其大小应视货品收发批量的大小、货品外形尺寸的大小等而定。若货品批量大、外形尺寸大，则收发区面积大。此外，其大小还与收发料频繁程度、货品品种规格等有关。

（四）保管员办公室

保管员办公室可设在库内，也可设在库外，库内办公室有利于工作人员收发料作业及方便保管员看管。但危险品仓库的保管员办公室应一律设在库外，以保证安全。

◆本章小结◆

仓库选址要做到科学化，需要考虑自然环境、经营环境、基础设施等一系列影响因素，遵循适当的程序安排，并根据实际情况采取适当的选址方法。仓库的总平面规划就是根据仓库总体设计要求，科学地解决生产和生活两大领域的布局问题，如主要业务场所、辅助业务场所、办公场所、生活设施场所等布局，在规定的范围内进行统筹规划、合理安排，最大限度地提高仓库的储存和作业能力，并降低各项仓储作业费用。仓库储存规划包括对作业区的布置、库房内部布置、仓库货品流动形式安排、货位布置的形式安排、库房非储存面积的设计与布置等内容，是实现仓库合理储存的必要步骤和落实措施。

■案例分析■

某物流中心仓库设计

1. 概况

某物流中心占地面积为40000平方米，建筑面积为20000平方米，总楼层建筑面积为70000平方米，容积率为175%。其建筑物布置如图8-7所示，图中各个部分的划分如下。

（1）管理楼，共5层。

（2）计算机控制中心，共2层。

（3）自动化立体仓库楼，有7台堆垛机。

（4）仓库楼，共4层，有空中移载车36台、垂直输送机16台、电梯6台、载重卡车82辆。

（5）门卫室。

2. 设施

（1）管理楼。管理楼具有先进的管理制度和舒适的办公环境。此外，所有的办公室、接待室和会议室都装备新式办公用具，其色彩与墙壁、地板及屋顶的色彩十分协调，加上亮度充足的灯光，作业者工作起来心情舒畅，效率倍增。管理楼是一幢拥有高级计算机和先进办公设备的智能信息大楼，物流中心的全部管理和运营工作都在这里进行。

（2）控制中心。为了对物流中心的进发货车辆进行实时控制，控制中心采用了先进的计算机车辆管理系统和作业管理系统，利用管理系统随时跟踪和判断车辆出入情况、待命车辆情况和车辆的作业情况，从而迅速调整进发货的工作程序。

（3）自动仓库楼。自动化立体仓库所占空间的长、宽、高为96米、36米、30米，拥有1万多个货位。它以标准托盘为单位实现单元荷载化，实行条形码系统管理。高精度的在库管理提高了物流中心和工厂之间的输送效率。自动仓库楼拥有自动入出库的装载系统，实现了无人管理的自动入出库作业。此外，自动仓库楼还装备了低噪声、高速、高精度和高柔性的出入库输送机，从而大大改善了作业环境。

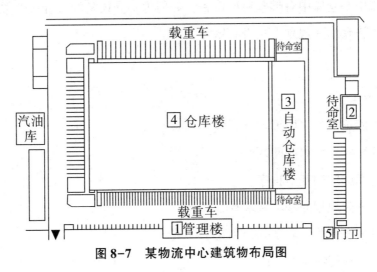

图8-7 某物流中心建筑物布局图

（4）仓库楼1。在仓库楼1，可以实现高速三维空间自动搬运作业。仓库楼1是4层楼，用16台垂直升降机与各层仓库联络，同时，又在各层的天井空间处与水平行走的空中移载车有机配合，实现了库内三维空间自动搬运。空中移载车对库内保管效率和叉车运动线路毫无影响，作为高水平搬运设备，它大幅度减少了叉车的搬运作业范围。从各层的拣选作业到卡车发货工作，空中移载车作为分类搬运装置，发挥了极大作用。

（5）仓库楼2。在仓库楼2，装备了家具桌面自动装配线；从自动仓库到出库零件的打包、分类、供给、组装和成品的输送,是由以圆形带输送机为主体的自动生产线完成的。这条生产线使用空气平衡器和计算机控制,从而大大减少了较重物体的搬运作业量,减少了装配作业人数,缩短了装配时间,提高了工作效率。此外,该生产线还装备了与旋转货架相匹配的高级自动分类供给系统和堆垛机器人,这不但大幅度缩短了整体作业时间,而且节省了许多人力。

(6) 人、物、信息流一体化。物流中心管理计算机已实现网络在线化,物流中心管理计算机直接与物流机械控制计算机和以管理计算机为中心的系统相联系,从而形成了货物在库管理、作业程序管理、运输车辆管理信息管理的一体化。

问题讨论

1. 该物流中心仓库由哪些部分组成?这种组成方式有什么优点?
2. 该物流中心仓库中有哪些典型设备?如何为不同设备配置合适的数量?
3. 你认为该仓库在规划上是否有缺点?

复习思考题

1. 影响仓库选址的主要因素有哪些?
2. 仓库选址应注意哪些问题?
3. 简述仓库选址的基本程序。
4. 仓库总平面规划的基本要求有哪些?
5. 仓库总平面布置一般划分为哪几个区域?
6. 作业区布置应注意哪些因素?
7. 货品在仓库中流动有哪些形式?各有何特点?

实训题

调研一家本地的专业化仓储公司,利用本章所学知识,分析该公司的仓库在布局上是否存在不合理的地方,若有请提出改进建议。

第九章

仓储管理绩效评价

◆学习目标◆

通过本章学习,学生要掌握仓储绩效评价指标的制定原则,掌握四类常见评价指标的含义和计算方法,理解仓储绩效评价的意义和标准,了解评价指标的分析方法。

开篇案例

某药品公司的混合仓储改革

某药品和杂货零售商在开展并购后,销售额急剧上升,需要扩大分拨系统以满足需要,该公司最先提出的方案是利用6个仓库供应约1000家分店。该公司以往的物流战略是全部使用自有仓库和车辆为各分店提供高水平的服务,此次计划投入1200万元新建一个仓库,用来缓解仓储压力。新仓库主要供应某个大型城市附近的市场,通过配置最先进的搬运、存储设备和进行流程控制来降低成本。公司管理层已经同意了这一战略,且已经开始寻找修建新仓库的地点。然而同时进行的一项网络设计研究表明,新仓库并没有完全解决仓储能力不足的问题。这时,有人建议采用混合战略,即除使用自建仓库外,还可以租赁第三方仓库,这样做的总成本比全部使用自建仓库的总成本要低。该公司先将部分产品转移至营业型仓库,然后安装新设备,腾出足够的自有空间以满足可预见的需求,而新设备的成本仅为120万元。就这样,该公司通过混合仓储战略避免了因单一仓储模式而可能带来的巨额投资。

(资料来源于网络,文字有删改)

第一节 仓储管理绩效评价概述

一、仓储管理绩效评价的意义

仓储管理是物流管理中的一个重要过程,仓储活动担负着生产经营所需的各种货品的收发、储存、保管保养、监督和保证生产需要等多项业务职能,而这些职能都与生产经营及经济效益密切联系。仓储活动的各项考核指标,是仓储管理成果的集中反映,是衡量仓储管理水平的尺度,也是考核评价仓库各方面工作和各作业环节工作成绩的重要手段。因此,利用指标考核管理手段,这对加强仓储管理工作、提高管理的业务和技术水平是十分必要的。

利用指标考核仓储工作的意义具体体现在以下两方面。

(一)对内加强管理、降低仓储成本

仓储部门和物流企业可以利用仓储生产绩效考核指标对仓库各个环节的计划执行情况作出评价,纠正运作过程中出现的偏差。具体表现为以下几点。

1. 有利于提高仓储现代化管理水平

通过对指标,特别是关键指标的分析,仓储管理员能发现仓储工作存在的问题,从而自觉地钻研业务,提高业务能力及管理工作的水平。

2. 有利于落实仓储管理的经济责任制

仓储的各项指标是实行经济核算的根据,也是衡量仓储工作质量的标准。仓库要推行仓储管理的经济责任制,实行按劳分配物和进行各种奖励评定,都离不开指标考核。

3. 有利于推动仓库装备的现代化改造

仓储活动的开展必须依靠技术、设备,通过指标考核,仓库可以发现消耗高、效率低、质量差的设备,并逐步淘汰,有计划、有步骤地采用先进技术,提高仓储机械

化水平。

4. 有利于提高仓储的经济效益

经济效益是衡量仓储工作的重要标志，通过指标考核，仓库可以对各项活动进行全面测定、比较、分析，选择合理的储备定额、仓储设备，选择最优的劳动组合、先进的作业定额，从而提高储存能力和收发保养工作质量，降低费用开支，加快资金周转速度，以尽可能少的劳动消耗获取尽可能好的经济效益。

（二）进行市场开发、接受客户评价

仓储部门和物流企业还可以充分利用仓储生产绩效考核指标对外进行市场开发和客户关系维护，给货主企业提供相对应的质量评价指标和参考数据。具体表现为以下几点。

1. 有利于说服客户、扩大市场占有率

货主企业在仓储市场中寻找供应商的时候，在同等价格的基础上，服务水平通常是最重要的因素，如果仓储部能提供令客户信服的服务指标体系和数据，就会在竞争中获得有利地位。

2. 有利于稳定客户关系

在我国目前的物流市场中，以供应链方式确定下来的供需关系并不太多，供需双方的合作通常以 1 年为期，到期客户将对物流供应商进行评价，以决定今后是否继续合作，这时如果客户评价指标反映良好，仓库则将继续拥有这一合作伙伴。

例如，某公司大约每 3 个月就要对其物流供应商进行绩效考核，如果某物流供应商的服务差错率、准时交货率等不能达到公司所要求的水平，则该供应商就会收到来自公司的限期纠正通知，如果逾期不能改正，则该供应商就会被公司从供应链中清除。

二 仓储管理绩效评价的标准

仓储管理绩效评价是将实际管理绩效与目标管理绩效进行对比，这就涉及目标绩效的选择依据问题，通常有以下四种情形。

（一）计划（预算）标准

计划（预算）标准是指以本企业事先制定的仓储绩效计划指标为标准。当使用计划标准时,一定要注意计划本身的质量和客观性,如果计划工作本身具有重大的缺陷或者缺乏科学性,那么就不能把计划标准作为实际仓储绩效的评价标准。

(二)历史标准

历史标准是指以本企业历史仓储绩效状况为当期仓储绩效评价的标准。一般选取企业正常状况下或是较好状况下的历史数据。需要注意的是,历史绩效跟企业过去的经营环境有密切的联系,如果现在的经营环境跟过去有了较大的变化,就不能采用历史绩效来对现在的仓储绩效进行评判。

(三)客观标准

客观标准是指以行业平均水平或行业内先进企业的绩效数据为评判标准。选取时,应该注意客观性。

(四)客户标准

客户标准是指以客户对仓储环节的满意度为评判仓储活动绩效的标准。

由于仓储管理只是整个物流管理活动中的一个环节,仓储管理的成本绩效跟企业整体的成本绩效并不完全成正比关系,单纯对仓储绩效进行评判可能会导致企业管理出现重局部而轻整体的情况。为了避免这一情况发生,客户标准在很多时候是一个不错的选择。

三 仓库管理绩效评价指标的制定原则

为了保证仓储管理考核工作的顺利进行,使指标能起到应有的作用,仓库在制定评价指标时,必须遵循如下原则。

(一)科学性原则

科学性原则要求设计的指标体系应能够客观、如实地反映仓储管理的实际水平。

(二)可行性原则

可行性原则要求指标简单易行,数据容易得到,便于统计计算,便于分析比较,现有人员很快能够灵活掌握和运用。

(三)协调性原则

协调性原则要求各项指标之间相互联系、互相制约、相互协调、互为补充,指标间不能相互矛盾或重复。

(四) 可比性原则

在指标的分析过程中，很重要的是要对指标进行比较，如现在与过去比较，本单位的指标与其他单位的指标比较等，因此，指标必须具有可比性。

(五) 稳定性原则

指标体系一旦确定之后，就应在一定时间内保持相对稳定，不宜经常变动、频繁修改。指标在执行一段时间之后，通过总结，可以进行不断改进和完善。

四 绩效管理的一般工具

(一) 目标管理

目标管理是企业广泛采用的绩效考核方法。在考核期初，被考核者与主管根据组织目标制定在考核期间须达到的工作目标。考核期末，双方共同考核目标的实现情况。

目标管理法的优点是：企业能通过目标的制定有效指导与监控员工的工作行为，同时有助于加强员工自我管理意识，从而提高工作绩效。以目标的达成情况为评价标准，客观性较强。缺点是订立目标的过程复杂，耗费时间多，成本高。由于目标与评分标准因员工不同而不同，考核结果在同级员工中缺乏可比性。当所确定的目标不够明确、不具有可衡量性时，目标管理法往往面临失效。同时目标管理法在推行过程中，往往倾向于只注重短期效益，而忽视长期效益的实现，因此，只用目标管理法来进行绩效管理是不够妥当的做法。

(二) 关键绩效指标 (KPI)

KPI是衡量企业战略实施效果的关键指标，其目的是建立一种机制，将企业战略转化为内部过程和活动，以不断增强企业的核心竞争力，使企业持续地取得高效益。通过KPI，企业可以落实战略目标和业务重点，传递企业的价值导向，有效激励员工为企业战略的实现共同努力。KPI可以使各级管理人员明确部门的主要责任与任务，并以此为基础，明确部门人员的业绩衡量指标。建立明确的切实可行的KPI体系，是做好绩效考核的关键。

（三）平衡计分卡（BSC）

BSC 强调绩效管理与企业战略目标之间的紧密关系，特别是从财务、客户、内部流程与学习发展四个维度提出一套具体的指标框架体系。BSC 改变了以往只依靠财务指标来衡量绩效的缺陷。BSC 需要企业有非常明确和具体的目标体系，同时，需要建立全面、庞大的数据库，为各项指标提供数据来源。就某一个企业来说，并非所有的岗位指标都能分解为上述四个维度，因此，BSC 的实施需要企业在进行业务流程设计时就要考虑指标问题。

第二节　仓储管理绩效评价指标体系

一、资源利用程度方面的指标

（一）仓库面积利用率

仓库面积利用率是衡量和考核仓库平面利用程度的指标，它一方面与仓库规划有关，另一方面也与货品的储位规划和堆放方式有关。仓库的面积利用率越大，表明仓库面积的有效使用情况越好。其计算公式如下。

仓库（或货场）面积利用率＝仓库可利用面积/仓库建筑面积×100%

（二）仓容利用率

仓容利用率是指一定时期内，存储货品的实际空间占用与整个仓库的实际可用空间的比率，实际上反映了仓库的立体空间的利用效率。其计算公式如下。

仓容利用率＝存储货品实际占用的空间/整个仓库实际可用的空间×100%

仓容利用率是仓储管理重要的绩效指标，它可以反映仓库空间利用的合理程度，也可以为提高仓容的有效利用程度提供依据。仓容利用率越高，说明空间利用率越好，仓储成本越低。

（三）设备完好率

设备完好率是指在一定时期内，仓库设备处于完好状态、可随时投入使用的台数与仓库所拥有的设备总台数的比率。它反映了仓库设备所处的状态。其计算公式如下。

$$设备完好率 = 期内完好设备台时数 / 同期设备总台时数 \times 100\%$$

完好设备台时数是指设备处于良好状态的累计台时数，其中，不包括正在修理或待修理设备的台时数。

（四）设备利用率

设备利用率是指在一定时期内，设备实际使用台时数与制度台时数的比率，表明运输、装卸搬运、加工、分拣等仓储设备的利用和节约的程度。其计算公式如下。

$$设备利用率 = 设备实际使用台时数 / 制度台时数 \times 100\%$$

（五）资金利润率

资金利用率是指一定时期内仓库利润与同期全部资金占用的比率。它是反映仓库资金利用效果的指标。其计算公式如下。

$$资金利润率 = 利润总额 / （固定资产平均占用额 + 流动资金平均占用额） \times 100\%$$

（六）全员劳动生产率

全员劳动生产率是指一定时期内，仓库全体员工平均每人完成的出入库货品的数量，一般以年为单位。其计算公式如下。

$$全年劳动生产率 = 仓库全年吞吐量 / 年平均员工人数 \times 100\%$$

式中，年平均员工人数等于 12 个月的月平均人数之和除以 12。

二 服务水平方面的指标

（一）客户满意程度

客户满意度是衡量企业竞争力的重要指标，客户满意度不但影响企业经营业绩，而且影响企业的形象。客户满意度指标，不仅能反映企业服务水平的高低，还能衡量企业竞争力的强弱。其计算公式如下。

$$客户满意程度 = 满足客户要求数 / 客户要求数量 \times 100\%$$

（二）缺货率

缺货率是对物流配送中心货品可得性的衡量尺度。将全部货品所发生的缺货次数汇总起来，可以反映一个企业满足客户需求的程度及实现服务承诺的情况。其计算公式如下。

$$缺货率 = 缺货次数/客户订货次数 \times 100\%$$

缺货率可以衡量仓储部门进行库存分析的能力和企业及时补货的能力。

（三）准时交货率

准时交货率是满足客户需求的考核指标，是指准时交货次数占总交货次数的比例。其计算公式如下。

$$准时交货率 = 准时交货次数/总交货次数 \times 100\%$$

（四）货损货差赔偿费率

货损货差赔偿费率是反映仓库在整个收发保管作业过程中作业质量的综合指标。其计算公式如下。

$$货损货差赔偿费率 = 货损货差赔偿费总额/同期业务收入总额 \times 100\%$$

（五）平均收发货时间

平均收发货时间是指仓库收发每笔货品（即每张出入货单据上的货品）平均所用的时间。收发时间总和一般按天计算。平均收货时间既能反映仓储服务质量，也能反映仓库的劳动效率。其计算公式如下。

$$平均收发货时间 = 收发时间总和/收发货总笔数$$

收发货时间的一般界定标准为：收货时间指自单证和货品到齐后开始计算，货品经验收入库后，直到把入库单送交会计入账为止；发货时间自仓库接到发货单（调拨单）开始，经备货、包装、填单等，直到办完出库手续为止。

三 能力与质量方面的指标

（一）计划期货品吞吐量

货品吞吐量，又叫"货品周转量"，指计划期内进出库存货的业务总量，一般以"吨"表示。货品吞吐量指标常以一个经营期间（月、季、年）为计算口径。其计算公式如下。

计划期货品吞吐量=计划期货品总进库量+计划期货品总出库量+计划期货品直拨量

总进库量指验收入库后的货品总量。总出库量指仓库按正规手续发出的货品总量。直拨量指货品在港口、车站或专用线未经卸车（船）直接拨给客户的数量。

有了仓储业务量的计划指标，就有了现代物流的市场营销。仓储业要补偿投入，就必须在竞争中去争取更多的市场机会。扩大业务量就是扩大仓储服务收入，为市场（产出）提供更多的仓储服务产品。因此，制定和考核货品吞吐量等指标是仓储企业的重要工作手段。

● （二）账货相符率

账货相符率是指在货品盘点时，仓库货品保管账面上的货品储存数量与相应库存实有数量的符合程度。一般在对仓储货品进行盘点时，要求逐笔核对。账货相符率是考核员工责任、制定赔偿标准的依据。其计算公式如下。

账货相符率=账货相符单数/储存货品总单数×100%

或：账货相符率=账货相符件数（重量）/账面储存总件数（重量）×100%

这两种算法的结果有一定差异，若一单货件数较多，若按单算相符率低，若按件算相符率高，因此，按件算较真实。此项指标可以衡量仓库货品保管账面的真实程度，反映保管者的工作水平。

● （三）收发货差错率（原进、发货准确率）

收发货差错率是以收发货所发生差错的累计单数占收发货累计总单数的比率来计算的，它反映了收发货作业的准确度。其计算公式如下。

收发货差错率=收发货差错累计单数/收发货累计总单数×100%

或：收发货差错率=账货差错件数（重量）/期内储存总件数（重量）×100%

这两种算法的结果有一定差异，若一单货件数较多，若按单算差异率就低，若按件算差异率就高，因此，按件算较真实。

● （四）货品缺损率

货品缺损主要有以下两种原因，一是保管损失，即因保管养护不善而使货品霉变、残损、变质、丢失，产生超定额损耗；二是自然损耗，即因货品易挥发、失重或破碎而产生的损耗。货品缺损率是指在仓库保管期中的货品损耗总量或总额与账面库存总量或总额的比率,也可以按每一笔货品来计算,即某货品自然减量的数量占原来入库的数量的比率。货品缺损率指标可用于反映货品保管与养护的实际状况。对于存货人的原因长期积压超过保管期限的货品损耗或合理范围内的损耗,损失不应计算在货品损耗总量中。其计算公式如下。

$$货品缺损率 = 期内货品缺损额 / 同期货品保管总额 \times 100\%$$

或:
$$货品缺损率 = 期内货品缺损量 / 同期货品库存总量 \times 100\%$$

对于易挥发、易破碎的货品,仓库可事先制定一个相应的损耗标准,将损耗率与货品损耗标准相比较,凡是超过限度的损耗均属于超限损耗。

(五)平均储存费用

平均储存费用是指保管每吨货品每个月平均所需的费用开支。货品在保管过程中消耗的一定数量的活劳动和物化劳动的货币形式即为仓储费用。仓储费用包括货品在出入库、验收、存储和搬运过程中消耗的材料费、燃料费、员工工资和福利费、固定资产折旧费、修理费、照明费、租赁费以及应分摊的管理费等。这些费用的总和构成仓库的总费用。

平均储存费用是仓库经济核算的主要指标之一。它可以综合地反映仓库的经济成本、劳动生产率、技术设备利用率、材料和燃料节约情况和管理水平等。其计算公如下。

$$平均储存费用 = 每月储存费用总额 / 月平均储存量$$

四 储存效率指标

储存效率指标主要是指库存周转率。库存周转率又叫"库存货品的周转速度",是反映仓储工作水平的重要效率指标。在货品的总需求量一定的情况下,降低仓库的货品储备量,货品周转速度就会加快。从降低流动资金占用量和提高仓储利用效率的要求出发,应当减少仓库的货品储备量。但是,一味地减少库存,有可能影响货品的供应。因此,仓库应该核定库存定额,在货品出库后就要启动采购业务补足库存量,以保持库存定额,保证货品供应,使企业的生产销售顺利实现。对于独立核算的仓库,每一批货品入库出库都会产生相应的收入。因此,加快库存周转速度是仓库管理的重要内容。仓库的货品储备量应建立在保证供应需求量的前提下,尽量地降低库存量,加快货品的周转速度,提高资金利用率和仓储效率。

库存周转率可以用货品周转次数和货品周转天数两个指标来反映。

●（一）库存周转天数

货品周转天数＝（全年货品平均储存量×360）/全年消耗货品总量

或： 货品周转天数＝全年货品平均储存量/货品平均日消耗量

●（二）库存周转次数

货品周转次数＝全年货品消耗总量/全年货品平均储存量

或： 货品周转次数＝360/货品周转天数

式中，全年货品消耗总量是每年度仓库实际发出货品的总量，全年货品平均储存量为每月初货品储存量的平均数。

关于库存周转率，应该具体问题具体分析，不能一概认为库存周转率高，库存绩效就一定好，库存周转率低，库存绩效就一定差。

例如，当销售量超过标准库存水平，缺货率远远超过允许的范围时，制造（生产）型企业丧失大量的销售机会，从而影响制造（生产）型企业经营绩效。对于仓储型企业，库存周转率还与客户相关，其提高幅度受到客户的库存控制策略的影响。

第三节 仓储管理绩效评价指标的分析

货品仓储工作的各项评价指标是从不同角度反映某一方面的情况的，如果仅凭某一项指标，仓库很难了解工作的总体情况，也不容易发现问题，更难找到产生问题的原因。因此，要全面、准确、深刻地认识仓储工作的现状和规律，把握发展的趋势，仓库必须对各个指标进行系统而周密的分析，以便发现问题，并透过现象，认识内在的规律，采取相应的措施，从而使各项工作效率得到提高，进而提高企业的经济效益。

进行指标分析的意义主要有：

其一，了解货品仓库各项任务的完成情况和取得的成绩，及时总结经验；

其二，发现货品仓库工作存在的问题及薄弱环节，以便查明原因并加以解决；

其三，弄清仓储利用程度和潜力，进一步提高仓储作业能力；

其四，考核仓库作业基本原则的执行情况，对作业的质量、效率、安全、成本等开展评估，为仓库的发展规划提供依据。

指标分析的方法有很多，常用的有比较分析法、因素分析法和价值分析法等。

一 比较分析法

（一）比较分析法的定义

比较分析法是将两个或两个以上有内在联系的、可比的指标（或数量）进行对比，从对比中寻差距、查原因。比较分析法是指标分析法中使用最普遍、最简单和最有效的方法。

（二）比较分析法的种类

根据分析问题的需要，比较分析法主要有以下几种。

1. 计划完成情况的对比分析

计划完成情况的对比分析是将同类指标的实际完成数或预计完成数与计划数进行对比分析，从而反映计划完成的绝对数和程度，通过帕累托图、工序图等进一步分析计划完成或未完成的具体原因。

2. 纵向动态对比分析

纵向动态对比分析是将仓储的同类有关指标在不同时间上进行对比，如本期与基期（或上期）比、与历史平均水平比、与历史最高水平比等。这种对比可先反映事物的发展方向和发展速度，表明是增长或是降低，再进一步分析产生结果的原因，提出改进措施。

3. 横向类比分析

横向类比分析是将仓储的有关指标在同一时期相同类型的不同空间条件下进行对比。类比单位的选择一般是同类企业中的先进企业，可以是国内的，也可以是国外的。通过横向对比，企业能够找出差距，从而采取措施，赶超先进。

4. 结构对比分析

结构对比分析是先将总体分为不同性质的各部分，再通过部分数值与总体数值比较来反映事物内部构成的情况，一般用百分数表示。例如，在货品保管损失中，可以计算分析因保管养护不善而产生的产品霉变残损、丢失短少、不按规定验收、错收错付等各占比例为多少。

（三）比较分析法应注意的事项

应用对比分析法进行对比分析时，需要注意以下几点。

1. 要注意所对比的指标或现象之间的可比性

在进行纵向动态对比时，主要考虑指标所包括的范围、内容、计算方法、计量单位、所属时间等是否相互适应、彼此协调；在进行横向类比时，要考虑类比的单位之间的经济职能或经济活动性质、经营规模应基本相同，否则就缺乏可比性。

2. 要结合使用各种对比分析方法

每个对比指标只能从一个侧面来反映情况，只作单项指标的对比，会出现片面，有时甚至是误导性的分析结果。把有联系的对比指标结合运用，有利于全面、深入地研究分析问题。

3. 需要正确选择对比的基数

对比基数的选择，应根据不同的分析目的进行，一般应选择具有代表性的基数，如在进行纵向动态指标对比分析时，应选择发展比较稳定的年份作为基数，只有这样的对比分析才更具有现实意义。若与发展不稳定的年份作比较，则达不到预期的目的和效果。

二、因素分析法

因素分析是依据分析指标和影响因素的关系，从数量上确定各因素对指标的影响程度。因素分析法的基本做法是，在影响指标变化的诸因素中，假定只有一个因素在变动，而其余因素必须是同度量因素（固定因素），逐个进行替代，从而得到每项因素对指标的影响程度。

在采用因素分析法时，应注意各因素要按合理的顺序排列，并注意前后因素按合乎逻辑的衔接原则处理。如果顺序改变，则各因素变动影响程度之积（或之和）虽仍等于总指标的变动数，但各因素的影响值会发生变化，得出不同的答案。

以两因素分析为例，一般是数量因素在前，质量因素在后。在分析数量指标时，质量指标的同度量因素固定在基期（或计划）指标；在分析质量指标时，数量指标的同度量因素固定在报告期（或实际）指标。在进行多因素分析时，同度量因素的选择，要按顺序依次进行。即当分析第一个因素时，其他因素均以基期（或计划）指标为同度量因素，而在分析第二个因素时，则是在第一个因素已经改变的基础上进行，即第一个因素以报告期（或实际）指标为同度量因素，其他类推。例如，K指标的计算公式如下。

$$K=\frac{A}{B}$$

从公式中可以看出，K指标的变化，受A、B两因素的影响，现在用单因素变化分析法来分析两因素对K指标的影响程度。

先假定A因素变化，B因素不变化，则对K的影响值如下。

$$\Delta K_A=\frac{A_{实际}-A_{计划}}{B_{计划}}$$

再假定B因素变化，A因素不变化，对K的影响值如下。

$$\Delta K_B=\frac{A_{计划}}{B_{实际}-B_{计划}}$$

两因素分别变化综合影响的结果ΔK如下。

$$\Delta K=\Delta K_A+\Delta K_B$$

三 价值分析法

要提高仓储的经营效益，无非是要采用开源和节流的方法，降低成本便是为了节流。

"价值分析"（Value Analysis，VA），是一种以提高产品或服务价值为目标的定量分析方法。价值分析从功能研究开始，利用集体的智慧，探索如何合理地利用人力与物力资源，乃至时间和空间资源，提供能够满足客户的价廉物美的产品或服务。

(一) 价值分析法的定义

所谓"价值分析"，就是以最低的寿命周期成本，可靠地实现产品的必要功能，着重于功能分析的有组织的活动，这是价值分析的广义定义。仅从设备管理的角度考虑，价值分析法是在满足仓储基本要求及服务水平的前提下，使总费用最低的一种系统方法。

在价值分析中,"价值"不同于政治经济学中的货品价值,而是作为一种"尺度"提出来的,即"评价事物(产品或作业)有益程度"的尺度。相对而言,价值高,则说明有益程度高、效益好、好处多;价值低,则说明有益程度低、效益差、好处少。这一概念在人们的生活中是不乏其例的,例如,当事人做事欠妥时,别人可以说:"你做的这件事毫无价值。"此时,"价值"二字的含义,显然是价值分析中的价值概念。再如,人们购买货品时,总要考虑一下它能做什么?质量如何?花这么多钱买值不值得?假如有功能完全一样,但价格不同的货品可供选择,人们就会认为价格低的货品的价值高,也就愿意买它。价值分析的一般表示式如下。

$$V=F/C$$

式中:V 表示价值系数,F 表示价值化了的功能,C 表示寿命成本。仅从设备管理角度考虑,V 表示仓储服务的特定价值,F 表示仓储服务的功能,C 表示仓储服务的成本。

● (二)价值分析法的特点

1. 以提高仓储服务价值为目的

这是指用最低的寿命周期成本实现必要的功能,使客户和企业都得到最大的经济利益。因此,价值分析法不是单纯降低费用,而是以满足客户要求为前提,在保证仓储基本功能和预定服务水平的条件下,以最低的寿命周期费用实现功能。

2. 以功能分析为核心

价值分析法不是通过一般性措施来降低成本,而是通过对功能的系统分析,找出存在的问题,提出更好的方法来实现功能,从而达到降低成本的目的。这样降低成本就有了可靠的依据,方法更科学,也就能取得更好的成果。

3. 一种依靠集体智慧所进行的有组织、有领导的系统活动

利用价值分析研究提高仓储服务价值,涉及整个供应系统和各部门、各单位的工作,因此,必须依靠全体职工,有计划、有组织地进行。

● (三)价值分析法的基本步骤

1. 选择对象

仓储管理由许多环节组成,在现代化改良的过程中,如果要对所有环节都进行价值分析既无必要，也不经济。因此，必须采用一种方法找出部分环节作为价值分析的重点改进对象，通常采用前面介绍过的 ABC 分类法，即以占成本 80%，占环节 20% 的主要过程为重点对象。

2. 收集情报

确定主要环节之后，就可以围绕主要环节来收集经济情报，情报的内容包括完成主要环节所需的单位工时、单位成本、采用的方法和设备等。

3. 功能分析

当价值分析对象确定后，便可着手对搜集到的有关情报资料进行功能分析。价值工程的主要工作就是系统地分析仓储的环节和工作及采用的方法、设备等，找出提高价值的潜在途径。

（四）价值分析法的基本原则

采用价值分析法对仓储管理进行绩效分析，必须遵循以下基本原则：

消除浪费，排除无用的环节和工作；

尽可能采用标准化和规范化方法；

经常尝试用更好的方法来替代现在使用的方法。

在上述基本原则下，还应对以下问题进行考察：

现在采用的方法是什么？

其作用（或功能）是什么？

采用这种方法的成本是多少？

是否存在其他可以完成同样工作的方法？

如果存在，那么其成本开支是多少？

（五）提高价值的途径

在仓储管理中，采用价值分析法的目的就是尽量提高仓储作业选定的价值分析对象环节的价值。从价值分析的一般表达式中可以看出，提高价值的途径有以下几种。

1. 功能不变，用降低成本的方法提高价值

$$V\uparrow = F/C\downarrow$$

2. 成本不变，用提高功能的方法提高价值

$$V\uparrow = F\uparrow/C$$

3. 既提高功能又降低成本，这是提高价值的最佳方法

$$V\uparrow = F\uparrow / C\downarrow$$

4. 小幅度提高成本、大幅度提高功能的方法来提高价值

$$V\uparrow = F\uparrow\uparrow / C\downarrow$$

5. 小幅度降低功能、大幅度降低成本的方法来提高价值

$$V\uparrow = F\downarrow / C\downarrow\downarrow$$

◆本章小结◆

绩效评价是仓储管理的有机组成部分。仓储管理绩效评价是将实际管理绩效与目标管理绩效进行对比。在制定仓储管理绩效评价指标时，必须遵循科学性原则、可行性原则、协调性原则、可比性原则、稳定性原则。仓储绩效评价指标体系由资源利用程度方面的指标、服务水平方面的指标、能力与质量方面的指标、储存效率指标等构成。仓储绩效评价指标的分析的方法有很多，常用的有比较分析法、因素分析法和价值分析法等。

■案例分析■

从某公司物流运作中得到的启示

某公司全部库房在年终盘库时发现只丢了一根电缆，而半年一次的盘库，由公证公司做第三方机构检验，前后统计结果只差几分钱，陈仓损坏率为0.03%，运作成本不到营业总额的1%……这些都发生在拥有10多个仓储中心，每天库存货品上千种的某公司中。

1. 评价指标

从以下几个指标数字就能看出该公司的成功所在。

（1）0.123元。该公司库中所有的货品在摆放时，货品标签一律向外，并且没有一个倒置。这是在进货时就按操作规范统一摆放的，目的是在出货和清点库存时查询方便。公司计算过，如果货品标签向内，则以一个熟练的库房管理人员操作，将其恢复至标签向外，需要约 8 分钟，这 8 分钟的人工成本是 0.123 元。

（2）3 千克。公司的每一个仓库都有一本重达 3 千克的行为规范指导书，内容细致到怎样检查等。在行为规范指导书中，每一项工作都有详细流程图和文字说明，任何受过基础教育的员工都可以从规范指导中查询和了解到每一个物流环节的操作规范，并遵照执行。在仓库中，只要有动作就有规范，操作流程清晰的观念为每一个员工所熟知。

（3）5 分钟。统计和打印全国各个仓库的劳动力生产指标，包括人均收货多少钱，人均收货多少行（即多少单，其中人均每小时收到或发出多少行订单是仓储系统评价的一个重要指标），只需要 5 分钟。

（4）10 厘米。仓库空间是经过精确设计和科学规划的，甚至货架之间的过道也是经过精确计算的，为了尽量增大库存可使用面积，只给运货叉车留出了 10 厘米的空间，叉车司机的驾驶必须稳而又稳，尤其是在拐弯时，因此，叉车司机要经过专业培训。

（5）1 个月。库房是根据市场的现状和需求而建设的，目标清楚，能支持现有生产经营模式并做好随时扩张的准备。每个地区的仓库经理要能够在 1 个月之内完成一个新增仓库的考察。在公司的观念中，如果人没有准备，则有钱也没用。

2. 注重细节

（1）公司的很多记事本是收集已印一面的纸张装订而成的，即使在经理层也不例外。

（2）所有进出库房过程都须严格按照规章进行，每一个环节的责任人都必须明确，违反操作流程，即使有总经理的签字也不可以。

（3）货架上的货品号码标识用的都是磁条，这同样是为了节约成本，若用打印标识纸条，因为进仓货品经常变化，占据货位的情况也不断改变，所以打印成本很高。

（4）公司要求合作的所有货运公司在运输车辆的厢壁上必须安装薄木板，以避免因厢壁不平而使运输货品的包装出现损伤。

（5）在物流运作过程中，厂商的包装和特制胶带都不可再次使用，否则，视为侵害客户权益。因为包装和胶带代表着公司自身知识产权，这是法律问题。如有装卸损坏，则必须运回原厂请厂商再次包装。而如果由公司自己包装散件产品，则全都统一采用印有指定总代理公司标识的胶带进行包装，以分清责任。

3. 日积月累

公司在分销渠道中最大优势是运作成本低，而这一优势又往往被归于采用了先进的物流管理系统。但从以上描述中可以看出，公司运作优势的获得并不简单，而是要对每一个操作细节不断改进，日积月累而成。从所有的操作流程看，成本概念和以客户需求为中心的服务观念贯穿始终，这是竞争力的核心所在。

作为市场销售的后勤支持部门，公司认为，真正的物流应是一个集中运作体系。公司能围绕新的业务，通过订单把后勤部门全部调动起来，这是一个核心问题。产品的覆盖面不见得是公司物流能力的覆盖面，物流能力覆盖面的衡量标准应该经得起公司业务模式的转换检验，即使换了产品仍然能覆盖到原有的区域，解决这个问题的关键是建立一整套物流运作流程和规范体系。

（资料来源：中国物流与采购网，文字有删改）

问题讨论

1. 如何看待评价指标在提升物流企业绩效中的作用？
2. 物流企业的核心竞争力到底是什么？
3. 建立集中运作体系的困难有哪些？

复习思考题

1. 仓储管理绩效评价有哪些意义？
2. 制定仓储管理绩效评价指标应遵循哪些原则？
3. 仓储管理绩效评价的常见指标有哪些？
4. 仓储绩效评价的比较分析法有哪几种？
5. 简述因素分析法的评价机理。
6. 什么是价值分析？价值分析在仓储绩效评价中有何作用？

实训题

分别以家电企业分销物流中心、超市仓库、原材料仓库为背景，设计一套年度仓储管理绩效评价指标，就评价体系是否符合教材中所列的原则进行讨论。

第十章
综合研讨案例

◆学习目标◆

本章安排了三个研讨案例,可以配合开展各类教学改革活动,引导学生充分理解仓储作业管理、经营管理和仓储战略制定与实施中的现实挑战,并能运用现代管理理论和技术手段,消除案例反映的管理难点,提高仓储管理效率和效益,促进企业改进供应链运作效能。

案例1 联合利华怎样才能规避仓库断货风波?

在2007年,联合利华更换第三方物流服务商事件是如何演变成一场总仓断货风波的?

联合利华位于上海长桥物流基地的仓库,负责整个华东地区的食品配送,上海区域的日化产品也是从该库发出。断货风波的直接起因是仓库管理者的更换事件,联合利华通过招投标流程,用法国弗玛物流公司(FMLogistics)取代了此前负责该仓库业务的DHL-EXEL。

据知情人士透露,"在接手的第一天,仓库就频繁出现了拣货错误",而在新的货物入库后,更出现了库存混乱的问题。弗玛物流并非等闲之辈,它在欧洲排名前五,年营业额达40亿欧元。当时,弗玛物流进入中国市场不久,这一次与联合利华合作,仅仅是拿上海仓库小试身手。

一位曾在联合利华任职的人士对此有些惊讶:"供应商更换都会出一些问题,但这一次并未涉及迁库,混乱时间持续得太长了。"他认为,如果继续此种情况,负责该项目的主管位置将岌岌可危。

据知情人士透露,DHL-EXEL把仓库操作人员调走,而弗玛物流新招入的人员对产品并不熟悉,这是导致交接混乱的主要原因。"有的员工在拣货时发现产品外表明明相同,但其实不是同一个SKU,从而导致错漏。"此外,不同产品有不同的配送方法,有的是先按SKU全部取出,然后依照订单分拣;有的则是按照订单直接取货,一旦流程疏漏,就是全盘混乱。"箱数给错了都是问题,"一位专业人士说,"如果立马更改,立体库会增加操作难度,客户的订单也不等人!"

综合研讨案例 第⑩章

联合利华上海仓库并没有 WMS 系统,而是使用一套 ERP 系统,如果员工操作不熟练,繁多的系统功能只能给出错误导向,这无异于是火上浇油。而一旦仓库内部混乱,配错的订单会被超市退回,造成损失不说,按照预定时间接货的车队计划就会全盘打乱。实际上,熟悉产品运送线路规程,能高效率地完成任务的车队只有几家,当他们不再等候,而去接其他货物时,再往回招就困难了。

在 2007 年的"十一"前后,联合利华上海总仓终于断货。联合利华物流经理 James 每天都会在长桥仓库熬到凌晨一两点钟。而联合利华内部对弗玛物流的信任度也下降到了冰点。

据知情人士透露,从 10 月 7 日开始,华东地区的大批货物已由联合利华合肥仓和广州仓做长线补给,而南京仓也开始发货。但远水难救近火,各地的运输商无法长期长线补给,外地司机对上海市内配送又不熟。

联合利华食品每个月有 20 亿元的销售额。"华东地区的货物差不多一半是从上海仓库里发出的。"除了应急人员调拨费、仓库成本、运输成本、卖场方面的违约费、重新进场费等,"而最关键的是直接销售损失和顾客的信任度锐减"。让热心购买的顾客找不到商品是对品牌美誉度的最大戕害。

众人都在掐表计算上海仓的恢复时间,据了解,弗玛物流已经辞退了 3 个仓库管理人员,而联合利华各仓库的操作人员也紧急往上海调集。

仅仅是一个仓库的操作,何以让弗玛物流应付得如此狼狈?据知情人士透露,作为联合利华华东地区物流的老供应商,DHL-EXEL 觉得联合利华给的价格过低,曾数次要求联合利华把区域仓库由长桥搬至奉贤仓储基地,这样可以降低管理成本,但几次提交方案均被联合利华驳回。

恰在此时,弗玛物流介入。此前,凭借总公司和联合利华高层的良好关系,弗玛物流已经得到了一些线路上的运输订单。这一次,弗玛物流终于争取到了上海仓库的操作权,但两家供应商的交接过程并不顺利。DHL-EXEL 并没有给弗玛物流留下仓库操作的熟手。而自视拥有仓管经验的弗玛物流,也没有事先把新招人员送到仓库进行观摩和模拟操作。此前,弗玛物流在中国并没有多少操作经验,中层管理人员对联合利华的产品和系统也谈不上熟悉,更不要谈对本土车队和卖场游戏规则的了解了。

"熟悉流程的仓管是最重要的,他们看一眼订单就知道这批产品该用多大车装。在应急时,更能妥善梳理业务,安排人员定岗。"据内部人士透露,当年 DHL-EXEL

从 IDS（利和物流）手中接下联合利华上海仓时，就聪明地在事前准备了三个月，并且把 IDS 的仓库管理人员都留了下来。这位人士透露："IDS 虽然不做联合利华中国区的业务了，但在亚太地区与联合利华还有其他广泛的合作，在交接中也很积极配合。"在这种情况下，DHL-EXEL 在接手第一天，就把各项 KPI 控制在 99% 以上。

同样，林孚克斯物流在接手联合利华北京仓库时，也遇到过类似问题。只有在一夜之间，把仓库操作人员从 20 人增加到 60 人，才勉强渡过难关。

不巧的是，就在弗玛物流接手上海总仓的时候，联合利华也遇到了麻烦。仓库在易手前，甲方负责的仓库经理突然休病假。取而代之的是从合肥基地调过来的一位同行，该人士对供应商、车队、本公司的销售团队的了解明显不如被替代者。

对于目前的尴尬局面，一位内部人士表示，在发现甲方管理人员能力薄弱的情况下，物流主管应该未雨绸缪，抽调人员组成临时管理小组作决策。

当下在中国，还没有一家第三方物流公司能强大到不经甲方协调就能顺利接受项目。因此，甲方团队应该保留两三个储运实操人员，以保证在乙方不受控制时，随时可以支持业务运作。遗憾的是在联合利华的团队中，现今并没有这个设置。

"应急计划应该事先做好，在这个事件中，节假日里就应该开始跨区域调货，而不是等到 10 月 7 日之后。"一位快消品公司的物流总监说。他认为在事故发生后，物流经理应该和供应商详细交涉并去仓库和实操人员交谈，对什么时候能恢复供应做到心中有数，并迅速启动应急计划。

"例如计划一是弗玛物流要需要两周时间调整停当；计划二是把 DHL-EXEL 返聘回来，但需要增加一倍的佣金；计划三是请其他供应商如宝供物流派遣操作团队介入，交换条件是继续给业务，时间则需要一周半。""在短期解燃眉之急，从长期来看则是审视供应商的能力以及仓库各项指标的持久保证。"

"联合利华的物流经理现在再去仓库待着，作用就不大了。"一位甲方物流经理认为，"他需要顶着压力搞关系了"。他所指的搞关系，是带着承担风险的意识，协调链条上的各个部门，让损失降到最低。"例如在仓库机能初步恢复时，立刻找到愿意出手相助的运输商，这个时候在圈子里的人脉就变得非常重要了。"

"遇到库存混乱的情况，找一家民营物流通常更容易解决。"一位拥有十几年零售物流经验的咨询人士告诉记者，"他们通常会完全遵照甲方的意见，要换人就立马换；要求上系统，也会言听计从。物流经理和甲方库管坐在一起彻夜研究方案是常事。再加上对终端市场的了解,通常能更快地做好配套工作"。

同样的情况,如果换成为沃尔玛和家乐福配送货物的成协物流或者利丰物流,说不定一天就能挽回局面。而外资企业体系庞大,决策效率低,人员流动大,应变突发状况时,容易固执己见。

不过,这些灵活的民营企业也许根本不能进入一些大型快消品和零售企业的选择中。"从长远来看,民营企业因人员素质和操作经验的限制,在解决问题、快速成长后通常会遇到发展天花板。"外资企业则是慢热型的,初期磨合需要时间,但随后就会配合进度一起成长。

在现今的频繁招投标中,民营企业开始丧失了全力解决问题的信心,更多做一些短期行为。而外资企业也可能会碰到磨合许久,却在一朝被弃用的尴尬。这让他们不由自主地丧失了各自的优势,甲方企业更是左支右绌,损失巨大,为了节约成本而进行一年一次的招投标,最后有可能适得其反。

(资料来源于网络,文字有删改)

案例2 行业巨头为何争相布局零售前置仓?

"新零售"的概念在2016年第一次提出时,很多人认为这不过是商业炒作行为。网购时代还没有过去,实体零售店缘何再次兴起?

配合新物流兴起的是前置仓的布局。前置仓是指在企业内部仓储物流系统内,离门店最近、最前置的仓储物流。传统的物流配送格局已经由"电商平台+快递企业+消费者"转变为"电商平台+前置仓+即时物流(或消费者)",或者"前置仓+消费者"。在前置仓的建设上,阿里巴巴、京东、顺丰都已取得不小进展。

一 阿里巴巴的前置仓

阿里巴巴推出了零售通业务,零售通是阿里巴巴B2B事业群针对线下零售小店推出的一个为城市社区零售店提供订货、物流、营销、增值服务等的互联网一站式进货平台,实现互联网对线下零售业的升级。2017年8月,阿里巴巴零售通首个前置仓在浙江义乌举行开仓仪式,阿里巴巴集团副总裁、零售通总经理表示,零售通将在全国

2000多个城市布局前置仓，并与区域仓形成有效的互补，去整合优质商品，让小店更赚钱。

据相关媒体报道："零售通前置仓对上整合品牌商资源，对下以街道为单位精选优质经销商仓配资源，通过系统和数据赋能中小经销商转变成为小区域内共配服务商，用最低的成本、最高的效率、最透明的全链路数据链接工厂仓库与小店货架。"

零售通前置仓覆盖半径大约为30千米，主要覆盖小型城市。通过前置仓，整个行业可节约仓配资源投入80%，商品、数据流转效率提高200%以上，减少了供应链建设的重复投入和资源消耗。

早在2017中国零售创新峰会上，菜鸟网络B2B总监就表示，菜鸟网络已经着手在B2B领域打造全新的物流模式：通过全面布局前置仓，帮助商品提前下沉、包裹越库集货，形成集约式共同配送，高效服务全国数百万家小店。按照规划，菜鸟将把小店前置仓规模扩大到数百个之多，覆盖全国主要城市。此前，菜鸟在小店配送方面已经与阿里巴巴零售通一起，推出了区域仓和城市仓，此次打造前置仓是物流触角的进一步延伸，让商品离小店更近。

2018年1月，天猫与菜鸟方面宣布，即日起联合物流伙伴"点我达"和商家推出基于门店发货的"定时达"服务。消费者在网购下单时，可以选择从就近的实体门店送货，最快2小时可以送达，还可以预约特定时段送货。目前，屈臣氏天猫旗舰店已经开通该服务。屈臣氏在上海、广州、深圳、杭州、东莞五大城市的200多家门店变身"前置仓"，可以给3千米内的网购消费者送货。

经过"门店发货"模式试运行后，菜鸟门店发货的订单量显著增长。菜鸟宣布将"门店发货"的模式进行升级，以提升用户的购物体验。

在天猫年中大促之际，菜鸟宣布门店发货已覆盖全国30个省（自治区、直辖市）的100多个城市，其中屈臣氏门店增加到1000家，马克华菲、Lily、361°等品牌最新接入。至此，菜鸟可以宣布，新物流迈上"分钟级"配送时代新台阶。

二 京东的前置仓

京东的前置仓战略包括京东新通路、达达—京东到家、与山姆会员店共建的山姆云仓以及京东便利店。

综合研讨案例 第十章

京东新通路是2015年京东利用强大的商品供应系统和物流优势，取代品牌商品经销环节，让品牌商的商品直达线下零售终端的B2B销售体系。2016年，京东获得沃尔玛40亿美元投资，沃尔玛接入"京东到家"，双方合作优势互补，京东到家从沃尔玛获得门店资源，且减弱单纯O2O企业的盈利焦灼感，沃尔玛从京东到家得到线上增量。

2018年3月20日，京东正式发布"京东新通路无界零售战略"，宣布推出一套全新的联合仓配体系，全面升级B2B通路效率，并正式进军餐饮B2B，将联合仓配体系在全国范围内复制推广。京东新通路的联合仓配定位于服务当地3~5千米半径内京东掌柜宝客户（夫妻店）的末端物流体系。这可以看作打造服务夫妻店的前置仓体系。业务模型则是整合、召集各区域中小经销商、批发商的仓配资源，将京东的中央仓与仓配资源打通，实现货从京东中央仓到联合仓，再到夫妻店的业务流程。

联合仓配模式的本质是在"知人、知货、知场"的基础上升级零售的基础设施，联合品牌商、中小经销商、批发商的力量，有效提升配送效率，扩大"最后一千米"配送的可实现范围，提升用户体验，让整个通路的势能完全释放，从而创造一张完整的无界零售图景。

不仅如此，京东新通路推出京东便利店。2017年4月，京东宣布在全国范围内实施"百万便利店计划"，要在2018年年底前每天新增1000家京东便利店，在主要城市中每隔300米有一家。京东便利店的开店模式并非连锁加盟形式，而是以品牌赋能型的松散合作为主，这使得京东便利店能在短时期内大范围覆盖全国，创造便利店神话。随处可见的京东便利店无疑是京东布局前置仓最重要的砝码之一。

京东物流也面临很大挑战，一是日益提高的时效需求，从天级到小时级，再到分钟级；二是海量SKU和订单的管理，从万级到五百万级，再到千万级；三是零售市场波动大，波峰/波谷订单量差近10倍，并且还在扩大。这就需要京东不断改善供应链体系，打造仓配一体化网络模式，以客户为中心持续创新，重视与加大对智慧化技术应用的投入。前置仓还要解决"基于京东区域仓与前置仓两级仓库网络，准确地预测不同地区对商品的需求，通过运筹优化算法，制定补货与调拨政策，降低库存与缺货成本，在保障时效的前提下降低运营成本"的问题。

三 顺丰的前置仓

顺丰的方法与阿里巴巴和京东不同,顺丰是采线下体验店和"前置仓+店配"模式。

顺丰的线下体验店经历了一轮市场洗牌探索期。顺丰于2014年上线"顺丰嘿客",主要解决"最后一千米"物流难题,但在市场遇阻之后,2015年更名为"顺丰家",与优选联手打造社区O2O,2016年,全国范围内的顺丰嘿客、顺丰家门店逐步改变成顺丰优选实体店。在顺丰优选的官网界面上,写着如下介绍:顺丰优选由顺丰商业集团倾力打造,以"优选商品,服务到家"为宗旨,依托线上电商平台与线下社区门店,为用户提供日常所需的全球优质美食。顺丰优选的商品覆盖全球60多个国家和地区,并深入国内外产地进行直采合作,品类覆盖肉类海鲜、熟食蛋奶、水果蔬菜、酒水饮料、休闲食品、冲调茶饮、粮油干货等。

产品品类虽然与其他便利店无大差别,但顺丰优选与其他便利店的定位显著不同。顺丰优选主要定位于生鲜商品,且以进口生鲜商品为主,客户人群定位于高端客户。目前,虽然顺丰优选在全国只有数千家门店,与阿里巴巴和京东相比,可谓是小巫见大巫,但三股势力之间的发展路径并不相同,也不能一概而论。

2018年,顺丰速运杭州区率先开启了"前置仓+店配"的新模式,顺丰速运的"前置仓"设在收货方客户较集中区域的速运营业网点,从而充分利用分点部现有资源(场地、仓管员、电脑、监控、设备等),同时将配送半径缩小到1~3千米,满足同步配送5~10家门店的要求,大大减少串点线路后端门店等待时间,达到快速配货的目的。顺丰欲借助速运网点的前置仓资源,承接更多的相关服务,将自身的配送优势充分发挥,实现同城生活圈内1小时和2小时等几个不同配送时效。

综上所述,关于前置仓的布局,阿里巴巴的零售通、京东的新通路可以覆盖到乡村的门店,菜鸟和京东的线下便利店可以实现从门店到个人的服务,顺丰的前置仓主要分布在城市。阿里和京东的线上线下运营能力决定二者胜负,而顺丰想要创造与阿里巴巴、京东相抗衡的新商业局面,完美地把强大的顺丰快递网络、线上交易平台、线下实体三者结合起来,还有很长的一段路要走。

(资料来源于网络,文字有删改)

案例 3　应用 ABC 分类法改进库存管理绩效

某公司是一家专门经营进口医疗用品的公司，该公司经营的产品有 26 个品种，有 69 个 B 端客户，年营业额为 5800 万元人民币。因为进口产品交货期较长、库存占用资金大，所以公司的库存管理显得尤为重要。

一、ABC 分类法的应用概况

该公司按销售额的大小，将其经营的产品进行排序，划分为 ABC 类。排序在前 3 位的产品占到总销售额的 97%，因此，把它们归为 A 类产品；第 4、5、6、7 种产品每种产品的销售额在 0.1%~0.5% 之间，把它们归为 B 类；其余的 21 种产品（共占销售额的 1%），将其归为 C 类。其库存物品统计如下表：

表 1　公司库存物品的 ABC 分类

类别	库存产品种类	销售价值（万元）	销售价值百分比（%）	占库存比例（%）
A	3	5625	97	11.5
B	4	116	2	15.4
C	19	58	1	73.1

在此基础上，该公司对 A 类的 3 种产品实行连续性检查策略，即每天检查其库存情况。但由于该公司每月的销售量不稳定，所以每次订货的数量不相同，另外，为了防止预测结果及工厂交货的不确定性，该公司还设定了一个安全库存量。该类产品的订货提前期为 2 个月，即如果预测在 6 月份销售的产品，则应该在 4 月 1 日下订单给供应商，只有这样才能保证产品在 6 月 1 日出库。该公司对 A 类产品的库存管理方案如下：

安全库存=下一个月预测销量的 1/3

当实际的存货数量+在途产品数量=下两个月的销售预测数量+安全库存时，就下订单。

订货数量=第三个月的预测数量

该公司对 B 类产品采用周期性检查策略。每个月检查库存并订货一次，目标是每月检查时应有以后两个月的销售数量在库里（其中一个月的用量视为安全库存），另外在途还有一个月的预测量。每月订货时，再根据当时剩余的实际对于库存数量，决定需订货的数量，这样就会使B类产品的库存周转率低于A类。

对于C类产品，该公司采用了定量订货的方法。根据历史销售数据，得到产品的半年销售量，为该种产品的最高库存量，并将其两个月的销售量作为最低库存。一旦库存达到最低库存时，就订货，将其补充到最高库存量。这种方法比前两种更省时间，但是库存周转率更低。

该公司在对产品进行ABC分类以后，该公司又对其客户按照购买量进行了分类。发现在69个客户中，前5位的客户购买量占全部购买量的75%，将这5个客户定为A类客户；到第25位客户时，其购买量已达到95%。因此，把第6到第25的客户归为B类，其他的第26~69位客户归为C类。对于A类客户，实行供应商管理库存，一直保持与他们密切的联系，随时掌握他们的库存状况；对于B类客户，基本上可以用历史购买纪录，以需求预测作为订货的依据；而对于C类客户，有的是新客户，有的一年也只购买一次，因此，只在每次订货数量上多加一些，或者用安全库存进行调节。

二、ABC分类法应用后的效果

该公司对库存进行ABC分类控制与管理，这符合该企业的特点。

首先，该公司经营的产品种类繁多且各产品的需求量变化幅度较大，对产品进行ABC分类，有利于库存管理、销售量的统计、需求预测、订货计划的编制、成本控制及会计核算等环节的实施。

其次，在ABC分类的前提下，该公司对A类产品进行连续性检查策略，这样防止因A类产品缺货而产生的缺货损失，同时也避免了因盲目进货而带来的不必要的存储成本。由于A类产品的订货周期为2个月且销售价值占总销售价值的97%左右，对A类产品实施重点控制和管理是有必要的，也可以尽可能地把库存成本降至最低。

再次，该公司对客户进行ABC分类管理，不仅有利于掌握重要客户的市场信息，还可以增强这类客户的满意程度。除此之外，更有利于公司对未来市场的需求预测，从而避免了因信息不对称而盲目预测销售量，避免公司蒙受损失。

最后，有什么样的企业管理体制，就有什么样的企业形象，该公司对产品和客户实行 ABC 分类后,该公司的内外经营环境得到里很大改善,树立了良好的企业形象,提升了企业的市场竞争力。

综上所述,实行 ABC 分类以后,该公司的库存管理效果主要体现在以下几个方面:

降低了库存管理成本,减少了库存占用资金,提高了主要产品的库存周转率;
避免了缺货损失、过度超储等情况;
提高了服务水平,增强了客户的满意程度;
树立了良好的企业形象,增强了企业的竞争力。

三 未来面临的新挑战

目前,该公司的产品主要供应给医院、医药销售公司等需求相对稳定的 B 端客户,公司基于以往销售数据,可以对未来销售趋势作出预测。随着市场环境的变化,该公司有意开设网络旗舰店,通过在线方式直接向个人客户销售 5~10 种医疗用品,其中包含少量 A 类及 B 类产品,公司将不得不面对复杂多变的网络零售市场,进而需要在库存管理方法上进行适应性调整。由于公司管理体制、定价策略、销售团队组建方法等都需要优化,对于在线销售的前景,公司内部认为不确定性很大,但着眼于长远发展,构建双渠道的销售体系是值得尝试的。一旦网络销售启动运营,公司先前的 ABC 分类管理法在库存管理上还能奏效吗?在线销售规模及种类占比是如何影响公司的库存管理策略的?如果公司打算在线上线下都销售更多种类的进口医疗用品,则对于库存管理又会带来哪些影响?

(资料来源于网络,文字有删改)

参考文献

[1] 储雪俭. 物流配送中心与仓储管理. 北京：电子工业出版社，2006.

[2] 高均. 仓储管理. 南京：东南大学出版社，2006.

[3] 何景伟. 仓储管理与库存控制. 北京：知识产权出版社，2006.

[4] 欧阳泉，刘智慧. 仓储与配送. 上海：上海交通大学出版社，2006.

[5] 赵涛. 仓储经营管理. 北京：北京工业大学出版社，2006.

[6] 周云霞. 仓储管理实务. 北京：电子工业出版社，2007.

[7] 刘俐. 现代仓储管理与配送中心运营. 北京：北京大学出版社，2008.

[8] 周文泳. 现代仓储管理. 北京：化学工业出版社，2010.

[9] 蒋长兵，白丽君，吴承健. 仓储管理战略、规划与运营. 北京：中国物资出版社，2010.

[10] 付旭东. 金融物流. 北京：新世界出版社，2013.

[11] 刘云霞. 仓储规划与管理. 北京：清华大学出版社，2013.

[12] 李蔚田，谭恒，杨丽. 物流金融. 北京：北京大学出版社，2013.

[13] 邵正宇，周兴建. 物流系统规划与设计（第2版）. 北京：清华大学出版社，2014.

[14] 何庆斌. 仓储与配送管理（第二版）. 上海：复旦大学出版社，2015.

[15] 傅莉萍. 仓储管理. 北京：清华大学出版社，2015.

[16] 赵小柠. 仓储管理. 北京：北京大学出版社，2015.

[17] 田源. 仓储管理（第三版）. 北京：机械工业出版社，2015.

[18] 真虹，张婕姝，胡蓉. 物流企业仓储管理与实务（第3版）. 北京：中国财富出版社，2015.

[19] 陈胜利，李楠，雷福民. 仓储管理与库存控制. 北京：经济科学出版社，2015.

[20] 耿富德. 仓储管理与库存控制. 北京：中国财富出版社，2016.

[21] 陈德良. 物流系统规划与设计. 北京：机械工业出版社，2016.

[22] 周兴建，蔡丽华. 现代仓储管理与实务（第2版）. 北京：北京大学出版社，2017.

[23] 陈建梅. 现代仓储管理与实务（第2版）. 北京：化学工业出版社，2018.

[24] 杨鹏. 仓储与配送管理. 北京：经济科学出版社，2018.

[25] 张亮. 物流学. 北京：电子工业出版社，2018.

后 记

第二版教材出版后,很多热心师生通过各种方式,向编写组反馈了教材使用意见和建议,在肯定内容安排符合教学需要的同时,也指出未能紧密联系行业实践的缺憾,因此,以安徽省高等学校质量工程项目建设为契机,我们启动了第三版教材的修编工作。

本次修订主要遵循三个基本原则。第一,继续坚持内容精炼的编排风格,以满足仓储业工作人员的从业教育和经营管理需要为宗旨,科学设计章节内容,引导学生识物、明理、善行。第二,充分展现物流业最新发展动态,在延伸阅读模块中,穿插介绍很多知识性或事件性的补充材料,以便开阔学生视野,激励学生关注教材之外的知识点。第三,大幅度更新案例素材,除了开篇案例和各章末尾案例之外,还根据教学改革需要,专门设置命名为"综合研讨案例"的第十章,其中包含三篇篇幅较长的仓储管理相关案例,我们建议授课教师在课程计划末尾阶段,根据实际需要组织学生开展案例讨论,如此既可以训练学生分析问题和解决问题的能力,又兼顾复习相关章节知识点。

由于编者水平有限,本次修订恐难消除教材存在的所有缺陷。在编写过程中,我们参考了很多正式出版的文献资料,包括但不局限于末尾的文献清单。在选择案例素材时,我们又大量引用了互联网资源,在此表示感谢。

同时,感谢安徽大学出版社耐心、细致、专业的编辑审核工作。与原定计划相比,本教材的修订工作已经滞后不少时间,但是获得了出版机构的理解和配合,这让我们十分感动。为了进一步提高教材质量,编写组恳请广大读者和同仁继续批评指正。